国家软科学研究计划重大合作项目（2014GXS2D016）

黑龙江省哲学社会科学研究规划项目（12B027）

粮食供应链利益补偿协调机制优化研究

冷志杰　刘永悦 等　著

科学出版社

北　京

内 容 简 介

　　跨省的大宗粮食供应链的利润从上游种植环节向下游销售环节流动成为一种趋势,这种趋势无法靠供应链内部的集成机制反向平衡,在供应链外部环境上,需要由政府沿供应链向上游逐渐增强补贴等支持政策。本书重点研究粮食供应链利益补偿协调机制的理论与实践,通过分析国内粮食供应链利益补偿协调现状,重构商品粮相关的几类供应链利益补偿协调机制,分别从政府层面和核心企业层面分析构建粮食供应链利益补偿协调机制的支持体系,并通过企业案例验证供应链利益补偿协调效果。

　　本书可供高等农业院校教师、研究生及从事相关领域研究的科学工作者参考使用。

图书在版编目（CIP）数据

粮食供应链利益补偿协调机制优化研究/冷志杰等著. —北京：科学出版社, 2016.11
　ISBN 978-7-03-050889-8

　Ⅰ. ①粮…　Ⅱ. ①冷…　Ⅲ. ①粮食–供应链–利益–补偿机制–研究–中国　Ⅳ. ①F326.11

中国版本图书馆 CIP 数据核字(2016)第 280477 号

责任编辑：李　迪 / 责任校对：张怡君
责任印制：张　伟 / 封面设计：刘新新

科 学 出 版 社 出版
北京东黄城根北街 16 号
邮政编码：100717
http://www.sciencep.com

北京九州迅驰传媒文化有限公司 印刷
科学出版社发行　各地新华书店经销

*

2016 年 11 月第 一 版　　开本：720×1000 B5
2017 年 7 月第二次印刷　　印张：13
字数：259 000
定价：**88.00 元**

(如有印装质量问题, 我社负责调换)

作 者 简 介

冷志杰（1964~），女，博士，黑龙江八一农垦大学经济管理学院教授，博士生导师；主持完成国家自然科学基金、国家社科基金等5项省级以上课题，出版专著2部、教材3部，发表学术论文70余篇，获得黑龙江省社会科学优秀成果奖三等奖等5项，是国内首批农产品物流与供应链管理专家，中国物流学会理事，黑龙江农垦总局重点学科带头人，大庆物流与采购联合会副会长，中国国际商会大庆商会副会长。

刘永悦（1979~），男，博士生，黑龙江八一农垦大学经济管理学院讲师，主要研究方向为农产品物流与供应链管理、农村合作经济。

刘新红（1982~），女，博士生，黑龙江八一农垦大学经济管理学院讲师，研究方向为物流与供应链系统优化。

高艳（1975~），女，博士，黑龙江八一农垦大学经济管理学院副教授，硕士生导师，主要研究方向为农产品物流与供应链管理、技术经济及管理。

田静（1988~），女，硕士，师从冷志杰研究农产品供应链管理，现任清科集团高级咨询顾问，目前主要研究方向为私募股权投资策略、区域战略规划和科技创新服务。

序　一

　　虽然我国粮食产量实现"十二连增"，但是由粮食生产者与加工企业、经销商构成的商品粮供应链整体竞争实力较弱。各经营主体在决策过程中主要考虑自身利益最大化而忽略供应链整体利益最优，导致供应链松散，利润在各主体间分布不均衡。粮食供应链的松散状况会造成一些生产、加工主体由于利润受损而退出粮食产业，而大量粮食进口会造成粮食产业整体竞争力受损，威胁粮食安全。在此背景下，有必要构建合理的粮食供应链利益补偿协调机制，形成供应链各经营主体风险共担、利益共享的协作模式，促进商品粮供应链协调可持续发展，实现粮食供应链集成。冷志杰教授带领的科研团队对此问题进行了深入系统的研究，在国家软科学研究计划重大合作项目"粮食主产区利益补偿及其机制创新"（2014GXS2D016）和黑龙江省哲学社会科学研究规划项目"粮食供应链利益补偿协调机制优化研究"（12B027）的共同支持下，完成了《粮食供应链利益补偿协调机制优化研究》书稿。

　　该书以黑龙江省粮食主产区为背景，针对跨省的大宗粮食供应链的利润从上游种植环节向下游销售环节流动的问题，展开利益补偿研究，研究目标明确，内容丰富，思路清晰；设计的结构框架合理，研究体系完整且逻辑性强；选用研究方法科学，选择的数据翔实，论证过程严谨；研究成果突出，观点新颖，具有重要的理论意义和实际应用价值。

　　研究者在对基本理论进行分析及粮食供应链利益补偿协调现状调研的基础上，提出针对分散运作的粮食供应链，必须通过供应链参与方之间的契约机制来激励信息等各种资源的共享，这些契约机制形成各种集成供应链的补偿激励机制。同时，发现跨省的粮食供应链呈现利润从上游种植环节向下游销售环节流动的趋势，且该趋势无法靠供应链内部的集成机制反向平衡，需要在供应链外部环境上由政府沿供应链向上游逐渐增强补贴等支持政策。依据此研究思路，分别从粮食加工企业、粮食处理中心、粮食销售企业和信息平台等多个经营主体角度，提出粮食供应链利益补偿协调机制及实施策略，并从政府角度设计了支持体系；从农机服务、生产基地人力资源、粮食物流园的增值服务等方面建立补偿激励机制，进一步建立粮食供应链相关服务主体的服务补偿协调机制。通过商品粮供应链利益补偿协调机制实际案例分析，得到商品粮供应链利益补偿协调机制的应用条件、流程及效果，进而在政府干预路径、措施方面提出粮食供应链利益补偿协调契约应用的保障措施。

　　在商品粮三级供应链利益补偿协调机制的组合优化和组合契约规范问题上，该书的研究成果实现了突破：通过多周期的组合契约，形成了长期的供应链成员间利益补偿协调机制；创新性地将讨价还价博弈方法应用于粮食处理中心对原粮供应链的治理优化中；以真实的案例分析得到粮食供应链利益补偿协调机制的具体应用和保障措施，其结论更加具有说服力。综上所述，该研究对于粮食供应链的发展具有重要的理论意义与实践价值。一方面深化了供应链利益补偿协调机制理论，通过模型方法的应用扩展了该领域的研究思路；另一方面为政府在产业政策制定、企业在粮食供应链运营决策等方面提供了重要的参考依据。该研究成果有利于促进粮食供应链集成，提高我国粮食供应链竞争实力，进而有效应对可能的粮食危机，保障国家粮食产量和质量安全。

郭翔宇

东北农业大学

2016 年 6 月 20 日

序　二

　　农业一直是我国国民经济的命脉，"三农"问题既是我国社会经济稳定发展急需解决的突出问题之一，也是学术界历来备受关注的热点话题。尤其是如何调动农民种粮积极性，提高农业产供销整体经济效益，保障农民和涉农企业受益更是关系社会经济稳定发展的关键问题。当前，从粮食供应链角度研究利益协调优化方面的问题并不多见，该书以黑龙江省粮食生产基地为背景，开展粮食供应链利益补偿协调研究，将拓展农产品供应链管理领域新视野，有助于完善农产品供应链管理理论体系，并具有显著的经济和社会价值，将为解决"三农"问题作出积极的贡献。

　　黑龙江八一农垦大学经济管理学院冷志杰教授在农产品物流与供应链管理领域具备多年的积累，与黑龙江省尤其是黑龙江垦区有密切的联系，具备成熟的教学科研实践基地，能将理论与实践很好地融合。冷教授团队丰富的理论和实践经验，对农产品供应链领域热点的准确把握，使其获得创新性成果，主要体现在以下三个方面。

　　（1）依托粮食主产区，由价格补贴、收入共享等供应链协调激励措施组合利益补偿协调模式，形成三个环节以上粮食供应链利益补偿协调机制，可以突破粮食产业链上粮食增产、有效流通的整体效益高而局部环节不经济的利润均衡问题。

　　（2）建立政策激励供应链成员协调的流程模型，以反映和验证政策激励的规律，突破了三个环节以上粮食供应链协调机制支持政策的量化研究瓶颈。特别是针对粮食处理中心是粮食"最初一公里问题"的关键环节，对亟待解决的粮食处理中心原粮供应链治理模式进行了研究，通过总结实际原粮供应链治理模式，发现针对粮食处理后未来增值利润，事前确定粮农和粮食处理中心双方均衡分配比率是核心问题，对此，构建 Rubinstein 讨价还价博弈模型，达成了有效的利益补偿均衡契约，根据均衡契约的影响因素分析，通过明示烘干、风险等成本的信息协调方式，可减少均衡契约获得的谈判成本；优化了处理中心的原粮供应链治理模式，有助于粮食物流企业服务模式的转型。

　　（3）粮食主产区到主销地的粮食供应链利益补偿协调机制的研究，独特地解决了主产区粮食产业链上独立经济主体的利益目标不一致和行为不协调问题，得出政府沿供应链向上游逐渐增强补贴、平抑粮价等支持该机制的政策，可以解决粮食供应链利润向下游流动的趋势无法靠供应链内部的集成机制反向平衡的难题，为确保国家粮食安全、促进城乡一体化发展、依托粮食主产区强化产业链提供了微观实现的路径。

该书的研究成果不仅对于农产品供应链管理领域具有重要的理论意义，而且对于黑龙江省粮食主产区发展，商品粮供应链的稳定运行，以及对于中国粮食安全保障具有重大的实践意义。我相信该书对农业经济管理，特别是农产品供应链管理研究领域的学者具有重要的参考价值，对国家和地方政府相关政策的制定具有借鉴意义。

白世贞

哈尔滨商业大学

2016 年 6 月 20 日

前　　言

　　粮食进口国政府支持构建本国主产区粮食供应链集成竞争优势，是保障粮食安全的必要策略。中国粮食供应链利润从上游种植环节向下游销售环节流动的趋势无法靠供应链内部的集成机制反向平衡，需要政府沿供应链向上游逐渐增强补贴支持力度，需要粮食核心企业构建供应链成员间的利益补偿协调机制。在国家软科学研究计划重大合作项目"粮食主产区利益补偿及其机制创新"（2014GXS2D016）、黑龙江省哲学社会科学研究规划项目"粮食供应链利益补偿协调机制优化研究"（12B027）课题的共同资助下，完成了如下研究成果。

　　（1）界定粮食供应链利益补偿协调的概念、微观组织模式的种类；从粮食供应链协调机制契约应用的风险、契约应用的前提、契约设计的基础模式、契约选择方法等方面进行研究；最后得出粮食供应链利益补偿协调机制的研究框架。

　　（2）研究中国粮食供应链的自然分布状况，提炼了中国粮食供应链主要代表是大宗商品粮三级供应链，界定研究对象为大宗商品粮三级供应链中各主体之间的利益协调关系；根据本研究的主旨，也就是在微观层面上研究粮食供应链的利益补偿协调机制，界定研究粮食供应链所涉及的利益主体，并在实地调研的基础上，分析各主体彼此之间的利益关系；基于供应链竞争力视角，分析了目前商品粮供应链存在的一些问题和成因。

　　（3）研究了大宗商品粮三级供应链利益补偿协调机制优化性重构的指导思想、基本原则；基于大宗商品粮三级供应链利益补偿协调机制优化性重构的内涵研究，给出了重构的主要步骤。

　　（4）构建了政策激励粮食供应链成员协调的流程模型，该模型包括两方面作用，一方面，在供应链运行环境上，政府在产业链层面构建支持粮食供应链利益补偿协调机制实施的政策体系；另一方面，大宗商品粮供应链的生产、加工、销售各主体要善于应用政府相关的政策，两交易主体之间形成、履行供应链利益补偿协调机制的契约，最终提高粮食供应链的竞争力，其中，针对粮食处理中心是粮食"最初一公里问题"的关键环节，对亟待解决的粮食处理中心原粮供应链治理模式进行了研究，通过总结实际原粮供应链治理模式，发现针对粮食处理后未来增值利润，事前确定粮农和粮食处理中心双方均衡分配比率是核心问题，对此，构建 Rubinstein 讨价还价博弈模型，得到了一份非线性激励契约函数，由此达成的利益补偿契约是均衡和有效的，根据该均衡契约的影响因素分析，通过明示烘干、风险等成本的信息协调方式，可减少均衡契约获得的谈判成本；优化了处理中心的原粮供应链治理模式，有助于粮食物流企业服务模式的转型。

（5）电子商务环境下，首先设计一种农产品网站企业盈利模式，在此基础上，研究基于折扣的粮食供应链信息平台企业的利益补偿协调机制、利益补偿协调策略，以及超市粮食可追溯与甄别信息系统的利益补偿协调机制，最后，研究一家互联网平台企业构建和应用长期利益补偿协调机制，以整合大宗粮食供应链。

（6）从农机服务、生产基地人力资源、粮食物流园增值服务，以及平衡敏捷和效率型供应链的物流服务 4 种角度，建立粮食供应链上利益补偿协调激励机制；进一步明确粮食供应链相关服务主体的服务补偿协调方法。

（7）分析黑龙江省粮食主产区种植主体、经销商和加工企业在不同程度上协调大宗商品粮供应链的案例，得出黑龙江省大宗商品粮三级供应链利益补偿协调机制的应用条件，包括不同核心主体供应链应用条件、规模约束条件和利益补偿方式，并讨论应用效果；然后，通过利益补偿协调机制应用案例调研，在研究应用中反馈问题；最后，在政府干预路径和措施方面提出对大宗商品粮三级供应链利益补偿协调契约应用的保障措施。

黑龙江八一农垦大学的冷志杰、刘永悦、刘新红、高艳、田静撰写工作如下：冷志杰主持全书设计并统稿，撰写第 1 章、第 2 章、3.1~3.2 节，3.4~3.6 节，4.1 节，4.3~4.4 节，4.7~4.8 节，5.2 节，第 6~8 章，以及所有章的引言和小结；刘永悦撰写 3.7 节、5.3 节和 5.4 节；刘新红撰写 4.9 节；高艳撰写 5.1 节；研究生田静撰写 3.3 节、4.2 节、4.5~4.6 节和附录 1~4。博士研究生于晓秋，硕士研究生蒋天宇、李恕梅、陈晓旭、贾鸿燕、崔海彬、焉禹、蒋天宇、计春雷等参加了部分资料的整理和研究工作，课题组进行了国内多处现场调研，本科生李明垚、石永鑫、刘珊、李小青、杨亚男、吴勇、于子龙、彭伸源、张盼和冯晓曼参与了调查和资料的整理工作，向他们的努力工作表示感谢。在研究阶段，参考了众多研究与实践者的资料，这里一并表示感谢！

最后感谢黑龙江八一农垦大学资助出版了本专著，感谢科学出版社李迪编辑的工作。

冷志杰

2016 年 3 月

黑龙江八一农垦大学经济管理学院

目　　录

第1章　绪论 ………………………………………………………………………… 1
　1.1　粮食供应链利益补偿协调机制问题的提出 ………………………………… 1
　　1.1.1　粮食主产区的现有补贴政策解决不了农民增收的问题 ………… 1
　　1.1.2　粮食主产区的利益补偿观点 ……………………………………… 2
　　1.1.3　粮食主产区的粮食利益补偿协调机制向产业链和供应链
　　　　　发展的观点 ………………………………………………………… 3
　　1.1.4　粮食主产区的粮食供应链利益补偿协调机制问题的聚焦 ……… 5
　　1.1.5　粮食供应链利益补偿协调机制的研究意义 ……………………… 6
　1.2　粮食供应链利益补偿协调机制的内涵 ……………………………………… 7
　　1.2.1　粮食供应链的概念 ………………………………………………… 7
　　1.2.2　粮食供应链利益补偿协调机制概念的界定 ……………………… 8
　1.3　粮食供应链成员间利益补偿协调机制研究进展 …………………………… 10
　　1.3.1　粮食供应链成员间利益补偿协调机制的国外研究进展 ………… 10
　　1.3.2　粮食供应链成员间利益补偿协调机制的国内研究进展 ………… 13
　1.4　粮食供应链成员间利益补偿协调机制研究评价 …………………………… 18
　1.5　本书研究框架和导读 ………………………………………………………… 18
　　1.5.1　本书研究对象的界定 ……………………………………………… 18
　　1.5.2　粮食供应链利益补偿协调机制的研究目标 ……………………… 19
　　1.5.3　粮食供应链利益补偿协调机制的研究框架及导读 ……………… 19
第2章　粮食供应链利益补偿协调理论 ………………………………………… 23
　2.1　粮食供应链利益补偿协调的微观组织模式种类 …………………………… 23
　　2.1.1　以粮食生产者为核心的粮食供应链组织模式 …………………… 23
　　2.1.2　以加工企业为核心的粮食供应链组织模式 ……………………… 23
　　2.1.3　以销售企业为核心的粮食供应链组织模式 ……………………… 24
　　2.1.4　以物流公司为核心的粮食供应链组织模式 ……………………… 27
　2.2　粮食供应链协调机制的契约模式研究 ……………………………………… 29
　　2.2.1　粮食供应链协调机制契约模式应用的风险 ……………………… 29
　　2.2.2　粮食供应链协调机制契约模式应用的前提 ……………………… 30
　　2.2.3　粮食供应链利益补偿协调机制契约设计的基础模式 …………… 31
　　2.2.4　粮食供应链利益补偿协调机制的契约模式选择方法 …………… 34
　2.3　粮食供应链利益补偿协调机制的研究框架 ………………………………… 36

2.4　小结 ……………………………………………………………………37
第3章　中国粮食供应链利益补偿协调现状 ……………………………38
　3.1　中国主要粮食供应链的选取 ………………………………………38
　　3.1.1　中国粮食自然分布现状 ………………………………………38
　　3.1.2　中国南北粮食供应链分布 ……………………………………39
　　3.1.3　大宗商品粮三级供应链的选取 ………………………………39
　3.2　大宗商品粮三级供应链的调研 ……………………………………41
　3.3　大宗商品粮三级供应链的结构分析 ………………………………42
　　3.3.1　一般粮食供应链结构分析 ……………………………………42
　　3.3.2　大宗商品粮三级供应链中的"四流"分析 …………………42
　　3.3.3　大宗商品粮三级供应链协调的组织模式提取 ………………44
　3.4　大宗商品粮三级供应链利益补偿的现状 …………………………46
　　3.4.1　粮食生产者与粮食加工企业的利益补偿现状 ………………46
　　3.4.2　粮食加工企业与成品粮经销商的利益补偿现状 ……………47
　　3.4.3　产地在黑龙江省的商品粮三级供应链的利益关系分析 ……48
　　3.4.4　商品粮三级供应链利益补偿的主要种类 ……………………48
　3.5　大宗商品粮三级供应链利益补偿的主体和客体分析 ……………49
　　3.5.1　商品粮三级供应链中主体和客体利益补偿的环境影响因素 …49
　　3.5.2　商品粮三级供应链中主客体利益补偿要素的影响因素 ……50
　　3.5.3　商品粮三级供应链利益补偿主客体界定 ……………………52
　3.6　大宗商品粮三级供应链利益补偿协调的主要问题和成因 ………52
　　3.6.1　商品粮供应链上主体间利润不均衡 …………………………52
　　3.6.2　商品粮三级供应链主体间缺乏长期利益分享和风险共担
　　　　　意识及体验 …………………………………………………52
　　3.6.3　商品粮三级供应链协调中缺乏长期而自适应的利益补偿
　　　　　协调机制 ……………………………………………………53
　3.7　大宗商品粮三级供应链利益补偿协调主要问题的加拿大研究启示 …53
　　3.7.1　基于契约固定技术进步带来的标准、服务等协调商品粮
　　　　　供应链发展的研究 …………………………………………54
　　3.7.2　基于博弈改变供应链中敌对关系的利益补偿协调机制
　　　　　实施的支持体系研究 ………………………………………55
　　3.7.3　用于商品粮三级供应链风险管理战略的风险分担利益补偿
　　　　　契约研究 ……………………………………………………56
　3.8　小结 ………………………………………………………………58
第4章　大宗商品粮三级供应链利益补偿协调机制优化性重构 ………59
　4.1　指导思想 …………………………………………………………59

4.2　基本原则 ·· 59
　　4.2.1　信息共享以达成供应链成员目标一致性 ························· 60
　　4.2.2　实现供应链整体利益最大化 ··· 60
　　4.2.3　协调粮食生产者高效率及客户安全 ································ 60
4.3　大宗商品粮三级供应链利益补偿协调机制优化性重构的内涵 ······· 60
4.4　粮食生产者与加工企业风险分担的利益补偿契约构建 ··············· 61
　　4.4.1　基本假设 ··· 61
　　4.4.2　符号解释说明 ··· 62
　　4.4.3　粮食生产者接受罚金时的风险分担利益补偿契约 ············· 63
　　4.4.4　粮食生产者自主集货时的风险分担利益补偿契约 ············· 65
4.5　商品粮三级单供应链利益补偿协调契约的选择 ······················· 68
　　4.5.1　商品粮三级单供应链与二级单供应链利益补偿协调机制
　　　　　 对比分析 ··· 68
　　4.5.2　商品粮三级单供应链协调结构分析 ································ 69
　　4.5.3　粮食生产者与加工企业之间协调契约选择 ······················ 69
　　4.5.4　粮食加工企业与粮食经销商之间协调契约选择 ··············· 70
4.6　商品粮三级单供应链利益补偿协调机制的组合优化 ·················· 71
　　4.6.1　基本假设 ··· 71
　　4.6.2　符号解释说明 ··· 72
　　4.6.3　4 种利益补偿协调契约组合及各自利润分析 ··················· 72
　　4.6.4　4 种利益补偿协调组合契约的供应链最优订购量对比分析 ···· 77
4.7　商品粮三级供应链利益补偿协调机制的多周期契约优化 ············· 79
　　4.7.1　商品粮三级供应链利益补偿协调机制的多周期契约框架 ····· 80
　　4.7.2　基于博弈论的商品粮三级供应链利益补偿协调机制的多
　　　　　 周期契约优化 ·· 81
4.8　商品粮三级供应链利益补偿协调机制的组合契约规范 ··············· 82
　　4.8.1　商品粮三级供应链利益补偿协调机制的一种多周期组合
　　　　　 契约 ··· 82
　　4.8.2　商品粮三级供应链利益补偿协调机制的一种多周期组合
　　　　　 契约规范 ··· 83
4.9　供应链利益补偿机制绩效评价综合指标 ······························· 84
　　4.9.1　约束条件及单项指标选取的主要原则 ···························· 84
　　4.9.2　供应链利益补偿机制绩效评价的约束条件和单项指标 ······· 85
　　4.9.3　供应链利益补偿机制绩效评价综合指标构建 ··················· 88
　　4.10　小结 ·· 89

第 5 章 大宗商品粮三级供应链利益补偿协调机制实施的支持体系研究 ·········91
　5.1 政策激励商品粮三级供应链成员协调的流程模型 ·····················91
　　5.1.1 外部政策激励商品粮三级供应链成员协调的流程模型 ·········91
　　5.1.2 核心企业结合政策构建商品粮三级供应链协调机制的流程
　　　　　模型 ···93
　5.2 基于粮食处理中心讨价还价博弈模型的原粮供应链治理模式 ·······94
　　5.2.1 粮食处理中心原粮供应链的治理模式及博弈问题的提出 ·······94
　　5.2.2 文献回顾 ···95
　　5.2.3 粮食处理中心与粮农讨价还价博弈模型的构建 ···············97
　　5.2.4 粮食处理中心的原粮供应链治理模式优化 ·················103
　5.3 商品粮三级供应链利益补偿协调机制实施的政府支持体系 ·······104
　　5.3.1 政府主导的对上游粮食生产者进行利益补偿的支持政策 ·····104
　　5.3.2 政府主导的对粮食主产区进行利益补偿的支持政策 ·········105
　　5.3.3 粮食主销区对主生产区的利益补偿支持政策 ···············106
　5.4 运营主体实施利益补偿协调机制的策略研究 ·····················106
　　5.4.1 生产主体随环境变化应用供应链利益补偿协调机制的实施
　　　　　策略 ···106
　　5.4.2 加工主体随环境变化应用供应链利益补偿协调机制的实施
　　　　　策略 ···107
　　5.4.3 销售主体随环境变化应用供应链利益补偿协调机制的实施
　　　　　策略 ···108
　5.5 小结 ···108
第 6 章 电子商务环境下粮食供应链利益补偿协调激励机制的研究 ·······110
　6.1 基于农业网站集成农产品供应链盈利模式的设计及效果评价 ·······110
　　6.1.1 基于农业网站的供应链集成盈利模式案例分析 ·············111
　　6.1.2 农产品网站企业盈利模式优化设计 ·······················112
　　6.1.3 农产品网站盈利模式效果评价 ···························114
　6.2 基于定价视角的粮食供应链信息平台企业与生产主体的利益补偿
　　　协调机制 ···115
　　6.2.1 粮食供应链信息平台企业的集成问题及假设条件 ···········116
　　6.2.2 农户与合作社基于粮食供应链信息平台购买的最优定价策略 ···117
　　6.2.3 基于折扣的粮食供应链信息平台企业的利益补偿协调机制
　　　　　的步骤 ···119
　6.3 信息平台企业实施粮食供应链利益补偿协调机制的策略 ···········119
　　6.3.1 信息平台企业的集成粮食供应链的构成 ···················119
　　6.3.2 信息平台企业实施利益补偿协调机制的集成策略 ···········120

　　　6.3.3 信息平台企业实施利益补偿协调机制的信誉维护策略 ········· 121
　　　6.3.4 信息平台企业构建粮食可追溯与甄别信息系统的策略 ········· 122
　6.4 以超市为信息平台企业的粮食可追溯与甄别信息系统 ·········· 123
　　　6.4.1 文献回顾 ········· 123
　　　6.4.2 系统总体框架的设计 ········· 124
　　　6.4.3 系统主要功能与流程的设计 ········· 124
　　　6.4.4 系统的实现 ········· 128
　6.5 互联网平台企业整合大宗粮食供应链的长期利益补偿协调机制的
　　　应用 ········· 128
　　　6.5.1 讷河市粮食供应链构建供应链利益补偿协调机制之前存在
　　　　　的问题 ········· 129
　　　6.5.2 以青农公司为核心的粮食供应链利益补偿协调机制的构建 ··· 131
　　　6.5.3 青农公司整合讷河市粮食供应链利益补偿协调机制的实施 ··· 133
　　　6.5.4 讷河市粮食供应链利益补偿协调机制的应用效果 ········· 134
　6.6 小结 ········· 135
第7章 粮食供应链三种服务补偿协调激励机制 ········· 136
　7.1 商品粮的三级农机供应链服务补偿协调机制 ········· 136
　　　7.1.1 三级农机供应链界定 ········· 136
　　　7.1.2 农机配套服务的协调优化 ········· 137
　　　7.1.3 三级农机供应链上服务补偿协调机制 ········· 138
　7.2 商品粮的生产基地基层管理者的人力资源补偿协调机制 ········· 138
　　　7.2.1 垦区基层管理人员胜任素质模型的构建 ········· 139
　　　7.2.2 高等农业大学对生产基地基层管理者的人力资源补偿协调
　　　　　机制及应用 ········· 142
　7.3 粮食物流园的增值服务补偿问题与对策 ········· 144
　　　7.3.1 粮食物流园先进增值服务的功能和项目 ········· 144
　　　7.3.2 大庆市粮食物流园增值服务的调研 ········· 145
　　　7.3.3 粮食物流园实现增值服务的补偿对策 ········· 145
　7.4 协调面食敏捷型供应链和原粮效率型供应链的物流服务补偿协调
　　　激励机制 ········· 146
　　　7.4.1 哈尔滨面食供应链分销渠道的推拉平衡点定位调查 ········· 148
　　　7.4.2 面食供应链分销渠道的物流服务模式比较 ········· 148
　　　7.4.3 基于推拉平衡点的哈尔滨面食供应链分销渠道的物流服务
　　　　　补偿协调激励机制 ········· 149
　7.5 小结 ········· 150

第8章　大宗商品粮三级供应链利益补偿协调机制应用研究 ……………… 151

8.1　黑龙江省产地加工企业不能协调种植者和经销商的案例 …………… 151

8.2　黑龙江省产地经销主体协调商品粮供应链的案例 ……………………… 152

　　8.2.1　讷河市优质高蛋白大豆联合社供应链现状 ……………………… 152

　　8.2.2　大豆联合社构建供应链利益补偿协调机制之前存在的问题 … 152

　　8.2.3　高蛋白供应链利益补偿协调机制的目标 ………………………… 153

　　8.2.4　高蛋白大豆供应链利益补偿协调机制的构建与实施 ………… 154

　　8.2.5　高蛋白大豆供应链利益补偿协调机制的应用效果 …………… 155

　　8.2.6　联合社进行供应链利益补偿协调机制持续实施的政府保障

　　　　　措施 ……………………………………………………………………… 156

8.3　黑龙江省产地加工企业协调商品粮供应链的案例 …………………… 157

　　8.3.1　黑龙江北大荒丰威食品有限公司小麦供应链现状 …………… 157

　　8.3.2　黑龙江北大荒丰威食品有限公司小麦供应链利益协调的主

　　　　　要问题 ……………………………………………………………………… 157

　　8.3.3　黑龙江北大荒丰威食品有限公司小麦供应链利益补偿协调

　　　　　机制重构 ………………………………………………………………… 158

8.4　黑龙江省商品粮三级供应链利益补偿协调机制的应用条件 ……… 159

　　8.4.1　不同核心主体应用商品粮三级供应链利益补偿协调机制的

　　　　　条件分析 ………………………………………………………………… 159

　　8.4.2　商品粮三级供应链各主体规模约束条件分析 ………………… 160

　　8.4.3　商品粮三级供应链利益补偿方式分析 ………………………… 161

8.5　大宗商品粮三级供应链利益补偿协调机制的应用流程和效果 …… 161

　　8.5.1　商品粮三级供应链利益补偿协调机制的契约选择 …………… 161

　　8.5.2　黑龙江省商品粮三级供应链利益补偿协调契约的应用效果 … 162

8.6　基于供应链利益补偿协调机制的杂粮产业链升级落实机制 ……… 162

　　8.6.1　指导思想和原则 …………………………………………………… 162

　　8.6.2　杂粮供应链利益补偿协调机制重构的内涵 …………………… 163

　　8.6.3　整合大庆市杂粮产业链的物流共同配送协调机制研究 …… 164

　　8.6.4　大庆市杂粮产业链升级的政府协调机制 ……………………… 167

8.7　黑龙江省商品粮三级供应链利益补偿协调契约应用中的反馈问题 … 169

8.8　黑龙江省商品粮三级供应链利益补偿协调契约规范的应用保障

　　措施 ……………………………………………………………………………… 169

　　8.8.1　政府干预路径 ……………………………………………………… 169

　　8.8.2　政府干预措施 ……………………………………………………… 170

8.9　小结 ……………………………………………………………………………… 171

参考文献⋯⋯⋯⋯⋯⋯⋯⋯⋯⋯⋯⋯⋯⋯⋯⋯⋯⋯⋯⋯⋯⋯⋯⋯⋯⋯⋯⋯⋯⋯⋯⋯⋯172
附录 1　著者与本书相关的论文与课题⋯⋯⋯⋯⋯⋯⋯⋯⋯⋯⋯⋯⋯⋯⋯⋯⋯181
附录 2　黑龙江省粮食生产者协调模式调查问卷⋯⋯⋯⋯⋯⋯⋯⋯⋯⋯⋯183
附录 3　粮食加工企业协调模式调查问卷⋯⋯⋯⋯⋯⋯⋯⋯⋯⋯⋯⋯⋯⋯184
附录 4　粮食经销商（零售商）协调模式调查问卷⋯⋯⋯⋯⋯⋯⋯⋯⋯187

第 1 章 绪 论

1.1 粮食供应链利益补偿协调机制问题的提出

1.1.1 粮食主产区的现有补贴政策解决不了农民增收的问题

粮食主产区是指具有适合粮食作物生产的气候与土壤等资源禀赋，同时在粮食生产上具有竞争优势的区域[1]。中国粮食主产区，分为小麦、玉米和稻谷 3 个优势产区，包括黑龙江、吉林、辽宁、内蒙古、河北、山东、河南、安徽、江苏、湖北、湖南、江西和四川等 13 个省份。粮食主产区以发展粮食产业为主导产业，承担着保障国家粮食安全的重任，在中国农业和农村经济发展全局中具有举足轻重的地位。粮食产量占全国的 76%，为全国人民提供了 80%的商品粮，中国用约占世界 9%的耕地和 6.5%的淡水资源，满足了世界约 20%人口的温饱，这与 2004年以来的粮食相关补贴和临时储备政策有着极大的关系。但是，粮食主产区陷入如下困境。

（1）粮农利润空间受到现有粮食补贴机制的挤压，有关粮食补贴机制问题亟待研究。随着国内粮食连年丰产，我国粮食储备量占消费量的比重已经超过 70%以上，在黑龙江等粮食主产区，对粮农而言，政府临时收储（简称"临储"）价格形成天花板价格，种粮成本成为地板价格。天花板价格因粮食质量安全更受重视而降低。例如，在收储端，代表国家收储的中国储备粮管理总公司（简称"中储粮"）等企业，质检逐年严格，依据国粮发〔2010〕178 号《关于执行粮油质量国家标准有关问题的规定》玉米生霉粒含量超过 5.0%不得收购。而《关于 2015 年东北地区国家临时存储玉米收购有关问题的通知》规定，不完善粒中生霉粒含量超过 2%不得收购。地板价格不断上升，玉米由于种植机械化发展，直收成为主要方式，水分含量通常为 18%~32%，如果不及时烘干，两天就开始霉变，况且，农机等服务需求加大，粮食处理成本增加，进一步挤压农民的利润空间，补贴机制改革势在必行。

（2）对粮农而言，粮食增产不一定增收，甚至会出现卖粮难的问题，说明政府对粮食主产区支持政策存在非有效问题。国家粮食安全完全由粮食主产区承担是不合理的，因此，国家需要对粮食主产区承担的粮食安全义务进行利益补偿，以调动主产区提供商品粮的积极性，促进主产区粮食产业可持续发展。黑龙江省实施的粮食补偿方式主要包括粮食直补、综合补贴、良种补贴和农机购置补贴四大类。但是，2015 年，黑龙江主产玉米仍然出现卖难问题，许多农民亏损，主产区财政支持困难。由于主产区粮食生产具有明显的正外部性，粮食主销区和全体社会成员从中获益，粮食主产区和农民因粮食生产损失了一部分发展权益但并未获得足够而有效的补偿，在一定程度上弱化了农户种粮的积极性和粮食主产区的均衡发展，陷入了"粮食多、收入低、财政穷"的发展怪圈，这在一定程度上抑制了粮农和主产区政府发展粮食产业的积极性，主产区应获得政府的各种补偿政策支持。

1.1.2 粮食主产区的利益补偿观点

因为主产区粮食生产是保障国家粮食安全必须完成的任务，因此，针对上述问题，学界普遍支持粮食生产需要利益补偿的观点，但是，也都承认粮食补偿机制需要随着实际的变化而改进[1,2,3,4]，这已经是普遍的共识。在此基础上，如何进行主产区利益补偿激励机制的改进，存在两种主要观点。

1. 建立粮食主产区动态补偿机制的观点

焦晋鹏于 2014 年提出了粮食主产区动态补偿机制[2,3]。如图 1-1 所示，他认为粮食主产区动态补偿机制与传统补偿机制相比，不仅将粮食补偿各相关主体纳入机制中，而且进一步明确了补偿资金的构成及针对农户的补偿方式。其中，动态补偿机制的主体为中央政府和粮食主销区，粮食主销区按照每年实际调出粮食数量给予粮食主产区一定的补偿，黑龙江省粮食主产区则应作为粮食动态补偿机制的客体，接受中央政府的专项财政补贴和粮食主销区的转移支付基金，形成补偿专项资金用于支付种粮农户的粮食直补费用；动态补偿机制合理调整补贴标准、补贴范围、补贴方式及补贴依据。为进一步提高黑龙江省农民选择种粮的比例，对种粮农户的利益补偿标准应能保证农户种粮的收益不低于从事经济作物种植或

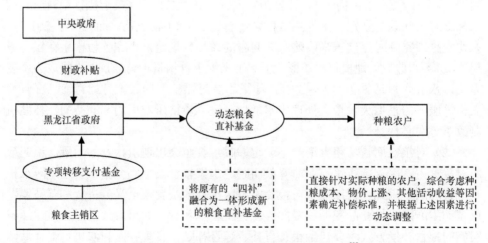

图 1-1 黑龙江省粮食主产区动态补偿机制[2]

务工所获取的收益；补贴范围以现行粮食补偿的补贴范围为基础并适度扩大；补偿方式采取直接指向实际种粮农户的方式，并依照种粮面积和向国家出售商品粮的数量、质量进行补偿，切实保障种粮农户的收益；实行以粮食出售量为补偿依据，由财政和粮食储备部门联合印制粮食收购统一票据，凭票据结算，补贴到人；动态补偿机制强化利益补偿基金的核心地位，动态补偿机制下的补偿基金支出主要集中于粮食主产区的基础设施建设、公共服务投资及对种粮农民的直接补贴。动态补偿机制强调粮食主销区对黑龙江省粮食主产区的反哺。

2. 不能满足自身粮食供给的主体向超额实现自身粮食供给的主体提供利益补偿或进行利益转移的补偿观点

沈琼于 2014 年研究得出[1]，以保障国家粮食安全为目标，根据国家粮食安全的公共产品属性，基于公平性和激励性原则，需要对受损利益主体进行补偿，利益受损主体包括粮农和主产区政府，他们成为粮食主产区利益补偿的对象；依据平均利润率和机会成本距原理比较单位面积粮食作物与油料作物等的净利润差距，以及土地转让收入和单位非农用地税收收入等，提出粮食主产区粮农和主产区政府利益补偿标准，主要观点：一是补贴由数量向质量转变，明确粮食安全利益补偿的目标是质量安全。FAO 界定：某个国家或地区粮食自给率达到 95%，年人均粮食产量 400kg，粮食储备达需求量的 18%，即实现粮食安全。这一目标，我国 2012 年已经实现。二是区分粮农对象，按照生产规模进行补偿。三是组建粮食安全补偿基金，鼓励政府与市场混合化运作。四是以产业链延伸为契机，设计粮食主产区的内在激励机制。

1.1.3 粮食主产区的粮食利益补偿协调机制向产业链和供应链发展的观点

1. 粮食产业链上粮食利益补偿协调机制的研究紧迫而必要

现有的研究表明，为了继续激励主产区粮食生产，保障国家粮食安全，对粮食生产者和粮食主产区政府进行补贴得到广泛的认可，但是，粮食补贴研究更需要从产业链上考虑补偿协调机制。例如，在黑龙江，由于补贴激励粮农而没有激励产地加工业，出现“稻强米弱”的现象，加工企业开工不足，原粮存储压力加大，为了给新粮腾出库容，2015 年 4 月，为促进黑龙江省粮食精深加工企业加快发展，经省政府同意，对全省单个企业具备年加工能力 10 万吨及以上的水稻和玉米深加工企业，政府补贴每吨 200 元，对粮食加工企业竞购国储粮的每吨水稻补贴 200 元（黑龙江黑财经〔2015〕21 号文件《黑龙江省水稻加工和玉米深加工企业竞购加工政策性粮食补贴管理办法》）。虽然这种产业链上的补贴机制存在一定问题，但是事实表明，从粮食产业链上研究粮食供应链利益补偿协调机制紧迫而必要。

2. 粮食利益补偿协调机制驱动产业链整合

在粮食产业链上，政府对生产者或者加工者的补贴，是针对行业中满足一定条件的群体进行补偿。例如，黑龙江黑财经〔2015〕21号文件规定，全省单个企业具备年加工能力10万t及以上的水稻和玉米深加工企业，可以获得每吨200元的政府补贴。这种补贴驱动粮食从产业链的上游向下游流动，使得产业链进一步整合。所谓粮食利益补偿协调机制就是指驱动核心主体实施产业链整合的方法和模式，如表1-1所示。

表1-1　农产品产业链整合机制

按驱动主体分类	产业链整合驱动主体	衔接（整合）方法	产业链整合模式	评价指标
加工行业	大型农产品加工企业	(1) 建立混合纵向一体化的链接机制[7] (2) 深化企业与上下游环节的利益联结机制，协调与整合整个产业链的物流、信息等资源[8]	(1) 垂直整合产业链，纵向一体化[9] (2) 公司+园区+农户 (3) 利益与风险共享、共同物流协作	(1) 基地规模、品牌数量、流通效率 (2) 标准化生产和标准化管理、养殖户的组织程度 (3) 加工产品成本
	龙头生产企业	(1) 股权并购、战略联盟 (2) 建立通畅的原料供应渠道，加强战略联系[8]	龙头生产企业+合作社（生产基地）	(1) 基地规模、品牌数量、流通效率 (2) 产品成本、标准化生产、标准化管理、生产户的组织程度 (3) 订货周期、产品竞争力
合作组织	农户合作组织:农民合作社	合作经济组织中充当中介，为农户提供产前、产中、产后服务[10]	农户+合作社	
	企业合作组织:多家农产品企业合作	企业合作牵市场、市场牵龙头、龙头带基地、基地联农[10]	公司+农户	
物流行业	物流企业	不同环节物流企业进行重组、合并、联合[11]	连锁物流模式[11]、物流行业协会+物流企业	配送成本、流通效率、配送服务水平、标准化管理

3. 粮食产业链整合的实施需要研究核心企业构建粮食供应链集成机制

粮食产业链整合的实施是靠多个驱动主体依靠供应链集成机制整合自己的供应链形成的，也可以理解为多个供应链形成产业链。例如，刘阳于2013年提出农产品生产环节、流通环节及生产流通环节的供应链一体化集成和整合模式[5]。杨为民于2007年在基于供应链物流的整合模式下应用交易费用理论，利用企业自身的物流储运网络和掌握的终端渠道资源，整合上游农产品资源与零售终端，将供应链上游（产地）与下游（销售终端）流通渠道优化整合，缩减流通环节，实现整个供应链过程上产地到终端市场整合优化。这样既能够降低流通成本，又可以避免传统流通模式——多层级渠道供应所产生的弊病，将过去中间渠道商层层加码获取的利益完全释放给市场两端的生产者和消费者，实现对整个供应链系统的全程管理与控制[6]。核心企业构建粮食供应链集成机制见表1-2，包括集成的方法和组织整合模式。

表 1-2 核心企业集成供应链的机制

按驱动主体和服务主体分类	供应链整合的驱动主体	物流企业集成方法	组织整合模式	供应链网络集成或整合评价指标
驱动主体	种植企业驱动	(1) 以农产品质量标准集成供应链[12] (2) 股份制企业整合,产品推拉结合型驱动[13],其中物流企业承担衔接中下游的运输服务	(1) 产学研整合模式 (2) 农业循环经济模式	(1) 产品竞争力、产品特性、流通效率 (2) 管理水平和信息化水平 (3) 产品成本
	加工企业驱动	纵向联合,其中物流企业承担衔接上下游的运输服务[14]	加工龙头企业+合作社(生产基地) 加工龙头企业+农户+合作社	标准化生产和标准化管理 加工成本、品牌数量
	销售企业驱动	核心企业牵头,建立成员企业战略合作伙伴关系[15],其中物流企业通过承担衔接上中游的运输服务建立网络销售平台,其中物流企业承担信息支持、运输服务[16]	销售龙头企业+合作社 销售龙头企业+农户+合作社	市场安全性、产品特性、产品竞争力 配送成本、品牌数量、流通效率
服务主体	物流企业驱动(物流园区)	(1) 共同配送,协作配送采用率超过 50%,特定区域下实现共同配送模式[17] (2) "透明供应链"产品质量透明管理,形成统一的信息系统、资金结算系统、商品编码系统 (3) 与食品生产、加工、B2C合作形成网络化销售全产业链无缝衔接[18] (4) 顾客需求选择供应链协作策略	物流企业联盟模式[18] 配送中心+连锁超市 生产基地+共同配送中心+连锁超市 农超对接模式	(1) 配送成本、流通效率、配送服务水平 (2) 标准化管理 (3) 订货周期

比较表 1-1 和表 1-2 发现,供应链整合实际上是产业链整合的基础,供应链集成的核心是打通产业链各环节的联系,使产业链方实现紧密的协作。从驱动主体看,与粮食产业链整合有一定的重叠,既可以是以加工企业或粮食生产企业为主体,向上或向下进行供应链整合,也可以第三方物流企业为主体,通过联合实现物流过程的共同配送,提高配送效率达到供应链整合。从实施过程看,除了需要由一个驱动主体推进供应链建设外,还需要根据地区的实际情况选择合适的组织模式。

1.1.4 粮食主产区的粮食供应链利益补偿协调机制问题的聚焦

在国内外的实践中,Duval 和 Biere 于 1998 年指出政府支持大企业构建粮食供应链集成竞争优势已成为一种共识[19],Griswold 于 2006 年指出"ABCD"四大国际粮商构建纵向一体化供应链,操控进口国粮食定价权,使进口国一些粮农、加工商因获利更薄而退出粮食产业[20],从而弱化进口国粮食产业整体竞争力。2010 年,益海嘉里在黑龙江产区通过与农民利益分享、运作循环经济项目等协调机制构建大米供应链,链上每吨稻谷比传统产值多 662 元;2007 年,中华人民共和国发展和改革委员会（国家发改委）制定《粮食现代物流发展规划》，依据供应链管理思想试图解决粮食供应链松散和脆弱等双边际化（double marginalization）问题，虽然没有达到解决大宗粮食供应链跨省协调不畅的难题，但是，政府的努力标志着粮食供应链管理时代已经到来，粮食供应链中的大型主体也开始接受供应链的管理，中粮集团开始实施粮食供应链资源整合，中储粮、北大荒集团等企业主体逐步跟进。我国粮食供应链上核心企业和其他成员急需构建包括契约规范在内的供应链成员间利益补偿协调机制。

粮食供应链中的生产者、加工者和消费者之间存在商流、物流、资金流和信息流的关联，但是，在决策上都为了实现自我收益最大而相互独立，呈分散运作模式，在粮食供应链运作过程中存在诸多的利益冲突，必然出现供应链的总利润在各主体分布不均衡，甚至整体利润下降的情况，即供应链的双边际化。因此，针对分散运作的粮食供应链，必须通过供应链参与方之间的契约机制来激励信息等各种资源的共享，甚至需要建立主体间的利益补偿机制，这些契约机制形成各种集成供应链的补偿激励机制，将提高供应链整体收益。但是，针对黑龙江省这一中国最大的粮食主产区而言，跨省的大宗粮食供应链的利润从上游种植环节向下游销售环节流动成为一种趋势，研究表明，这种趋势无法靠供应链内部的集成机制反向平衡，还需要在供应链外部环境上，由政府沿供应链向上游逐渐增强补贴等支持政策[21]。

粮食进口国政府支持构建本国主产区粮食供应链集成竞争优势，是保障粮食安全的必要对策。本研究针对产地在黑龙江的大宗粮食供应链，研究粮食核心企业如何构建供应链成员间的利益补偿协调机制，均衡大宗粮食供应链各主体的收益；在此基础上，研究政府对粮食产业链的支持政策；明确粮食核心企业如何结合政策等外部环境，确定自己多周期的组合契约，形成供应链成员间的长期利益补偿协调机制，从而提高粮食供应链的竞争力，推而广之，保障国家粮食产量和质量安全的底线。

1.1.5　粮食供应链利益补偿协调机制的研究意义

1. 理论意义

依托收益模型，优化由价格补贴、收入共享等组合的协调模式，研究三级粮食供应链利益补偿协调机制，可以突破粮食产业链上粮食增产、有效流通的整体效益高而局部环节企业或成员利润分配不均衡问题，开拓研究的新方法和新内容。具体而言，针对粮食供应链利益补偿协调机制的研究为粮食供应链上主体协调提供了理论基础，有助于政府对粮食供应链的生产扶持政策形成，增强我国粮食安全系数，从而推动粮食供应链上主体间的整合[22]。对粮食物流与供应链管理理论而言具有重要的理论作用，同时为粮食主产区利益补偿理论增加新观点。

2. 实践意义

中国粮食对全国经济发展及社会稳定有重要的影响作用。中国科学院农业政策研究中心基于深入的实证研究和模型预测，粮食自给率将从 2009 年的 92.5% 下降到 2020 年的 87% [23]。而且由于进口粮食价格较国内低，中国的粮食对外需求比重逐年加大，企业进口粮食获得的相对利润空间要比国内传统粮食供应链大，一旦短时间内大量进口国外廉价的粮食商品，而国内粮食供应链竞争力较弱，必然会对国内本已脆弱的粮食生产形成巨大冲击与破坏。所以有必要进行利益补偿协调，加强本国粮食供应链整体实力。

研究粮食供应链的利益补偿协调机制，得出政府支持政策和相关企业主体的对策，有利于提高我国粮食企业整体竞争力，防范可能的粮食危机，保障粮食安全。具体而言，粮食行业具有垄断性和竞争性并存的特性，粮食生产者利润微薄，粮食加工企业间的竞争激烈，还有国际粮商抢占我国粮食市场，粮食经销商成品粮销售渠道不稳定，粮食供应链上的主体想要谋求长久稳定的发展，必须加强上下游主体间的合作，整合粮食供应链整体资源，提升整条供应链的竞争力，使得我国粮食供应链能够在激烈的市场环境中提高竞争能力。因此，基于粮食供应链上主体间的利益协调，对粮食供应链利益补偿协调机制展开研究，保障粮食供应链的长久稳定发展，是一个重要的研究方向。依托黑龙江省粮食主产区的大规模粮食种植生产，以大宗粮食供应链作为研究对象，分析大宗粮食供应链上主体间的利益关系，甄选利益补偿协调契约和收入共享契约，作为主体间的联结手段，目的在于获得粮食供应链的长效运作模式，从而构建大宗粮食供应链利益补偿协调机制，有利于大宗粮食供应链的协调、稳定发展，从而对明确粮食主产区有效的补偿机制具有十分重要的实践意义。

1.2 粮食供应链利益补偿协调机制的内涵

1.2.1 粮食供应链的概念

粮食供应链的概念最早由 Julie Kenneth 和 Murray Fulton 提出，并以小麦为例提出了小麦质量等级管理有利于加强小麦供应链中的垂直合作[24]。Hobbs 和 Young 进一步指出粮食供应链垂直合作有利于协调种植者、经营加工企业和决策者的利益[25]。粮食供应链可以为粮食产业发展中存在的问题提供解决办法。国内对于粮食供应链的集中关注开始于粮食流通体制改革，粮食供应链运作逐渐成为了解决粮食产业问题的一种有效管理方式。

但关于粮食供应链的定义在理论界没有统一，典型或比较完整的粮食供应链一般涉及粮食生产、流通与消费三大领域，狭义的粮食供应链是粮食企业与其供应商、分销商、物流服务提供商建立最佳合作伙伴关系[26]；陈倬于2011年提出，粮食供应链是由农户、粮食生产组织、粮食收储中心、粮食加工企业、粮食经销企业、粮食物流服务商及消费者等各方成员组成的一个完整的环节链，从粮食的生产布局到粮食的加工增值、交易流通一直延伸到成品粮的销售服务[27]。广义的粮食供应链是以粮食物流为中心，包括种子化肥生产商、农户与农业种植公司、粮食加工企业、粮食经销企业、粮食供应物流服务商及最终用户在内的物流和信息流网络[28]。通过对物流、信息流和资金流的控制，将粮食及其产品生产和流通中涉及的各个环节主体连成一体[29]。归纳2005年、2007年、2011年三位核心学者洪岚、崔晓迪、吴志华的粮食供应链界定[28, 29, 30]得出，粮食供应链是指粮食产加销等环节成员形成的网链结构及业务流程。粮食供应链集成（或整合）是指以粮食大企业为核心，基于对上下游的资源整合，形成最佳合作伙伴关系，使整个供应链上的成员价值增加。粮食供应链可包括粮食产前的生产资料购买，产中的种植、收割，以及产后的收购、运输、储藏、搬运、装卸、加工、包装、配送、分销、信息回馈等一系列环节，涉及生产资料供应商、粮食生产者、粮食加工企业、物流、粮食经销商、零售部门及消费者等主体，原粮从供应链上游到下游的整个过程中逐渐增值，最终变为粮食产品进入市场，实现整条粮食供应链利润增加。

杜京娜和王杜春、朱自平等分别讨论了粮食在供应链上因加工、包装、储存、运输、配送等物流活动（或劳动）而增值（或产生价值），并给供应链上的核心企业及节点企业带来经济效益的问题[31,32]，提出粮食供应链不仅是一条物料链，也是一条价值增值链，在粮食供应链中通过多个环节和多种方式实现粮食的价值增值，从而为粮食供应链提供利润，因此在粮食供应链中进行利益协调，成为最直接有效的协调方式。

1.2.2　粮食供应链利益补偿协调机制概念的界定

利益补偿一般是指利益补偿主体以各种形式与途径对利益补偿客体的利益损失进行适当的赔偿，以维护受损者及天赋较低的弱势群体利益的行为过程[33]。在2010年，田建民以粮食主产大省河南省为例，分析了粮食主产区现代化推进过程中存在的粮食生产与经济发展、地方财力、农民收入、工业化和城镇化的突出矛盾；在其研究成果中还分析了粮食生产对区域发展的影响机制：粮食生产在土地、农民就业、配套资金等方面付出的过多机会成本，在流通环节粮食生产成果被转移；进而在整个粮食层面提出对粮食主产区的利益补偿政策[34]。在2012年，李琪也在粮食主产区经济普遍落后、农民的比较收益低、基础设施建设滞后等问题基础上，提出完善我国粮食主产区利益补偿机制，由政府主导建立粮食价格长效调控机制，完善粮食补贴政策，完善粮食主产区与主销区的利益平衡机制，建立粮食主产区巨灾保险体系[35]。龙方和卜蓓在 2013 年研究粮食补贴政策对粮食增产的效应，提出我国粮食生产者利益补偿政策效率不理想，要提高补偿政策的效率，就必须改进补偿方式[36]。康涌泉于 2013 年提出需要中央政府、粮食主产区、粮食主销区三方共同努力，建立完善的粮食主产区利益补偿制度，健全对农民的利益保护机制，增加粮食主产区财政收入，以调动其"重农抓粮"的积极性，从而保证国家粮食安全[37]。王守祯在 2013 年也对粮食主产区现行的利益补偿机制存在的问题进行了分析，并提出完善粮食生产利益补偿机制的建议[38]。赵波于 2011 年指出我国粮食主产区建设要突破困境，必须在借鉴经济外部性理论，特别是实现外部效应内部化的公共政策机制的基础上，构建与完善粮食主产区利益补偿机制[39]。

粮食供应链中利益补偿是指核心主体作为利益补偿主体，通过各种方式和途径对供应链中弱势主体为了共同目标而产生的损失进行的适当赔偿，目的是维护供应链紧密联系，实现供应链利益最大化。鉴于粮食方面的利益补偿大多集中在粮食主产区粮农、加工企业或者主销区的规模采购商的利益补偿方面，体现在政府从供应链外部的政策扶持上。但是，缺乏粮食供应链内部各主体之间的利益补偿研究，无法确定政府补贴供应链的什么主体、补贴多少，才能促进多个核心企业整合其供应链，从而达到产业链整合。

粮食供应链利益补偿协调机制首先是一种集成供应链发展的协调机制，是指供应链的某一成员通过某种手段，在供应链系统上合理配置资源，使供应链总体利益最高，缩小供应链各成员个体与供应链总体利益和目标的差异。这种协调机制常用契约（合同）表达，契约上规定手段是利益补偿还是服务补偿，补偿的条件是什么，补偿的目标是什么。当补偿条件无法实施，且具有普遍性时，政府作为优化资源配置的主体，可以直接对弱势主体直接补贴或者通过支持补偿主体实施契约，从而提供粮食供应链的竞争力。

粮食供应链利益补偿协调机制实质可分为两部分。

（1）定性的粮食供应链利益补偿协调机制。以粮食供应链整体利益和个体利益不下降为供应链协调目标，分析供应链成员结构，寻找补偿主体、补偿手段、补偿客体，以此形成粮食供应链利益补偿机制，这里补偿手段是一个定性的描述，也可以是补偿标准。例如，供应链的平台企业为使粮农提供标准化的原粮，提供会员价的农资供给服务，会员价是随着市场价格而变化的，而这种服务能使粮农愿意加入平台企业的供应链，使得平台企业经营规模化的供应链产生高增加值。由于该机制能够协调供应链成员达成粮食供应链整体利益和个体利益不下降的目标，因此，将粮食供应链利益补偿机制称为粮食供应链利益补偿协调机制。

（2）定量的粮食供应链利益补偿协调机制。在定性研究的基础上，为达到某一段时间供应链总体目标，研究利益补偿手段的量化区间。为此，构成粮食供应链成员间利益补偿协调模式，根据政府支持这种模式的手段，通过优化政府支持协调机制的政策，得出这段时间内，补偿主体、补偿手段、补偿客体是什么，且如何规范成契约形式，这样的定量的粮食供应链利益补偿协调机制更易于实际使用。

1.3 粮食供应链成员间利益补偿协调机制研究进展

1.3.1 粮食供应链成员间利益补偿协调机制的国外研究进展

1. 粮食供应链集成的国外研究

提高供应链响应度和降低成本可以通过强化供应链集成（整合）实现，供应链集成发展可分为市场谈判（open market negotiation）、合作（cooperation，指供应链中双方或多方共同完成某一方面的合作，一般指具体协作的策略）、协调（coordination）到整体协作（collaboration，指供应链的各个成员共同来完成某一件事情的整体合作）4 个阶段[40]。所以，协调对"合作"、"协作"、"竞争"等意义具有包容性[41]。协调是供应链集成的最关键阶段。协调实质是通过某种手段，在供应链系统上合理配置资源，使供应链总体利益最高，缩小供应链各成员个体与供应链总体利益和目标的差异，其中利益目标常用成本最低表达。成员间供应链协调机制常用契约（合同）表达，是研究的重点和难点。

2. 供应链协调层次的国外研究

在 1960 年，Clark 和 Scarf 对多级库存/销售系统进行初步研究[42]，随后的研究逐步丰富和深入。Bhatnagar 等[43]在 1993 年研究并建立了多工厂协作模型，不再单从一个层次研究供应链协调问题，而是分为两个层次，包括一般协调和多工厂协调，其中一般协调又包括供应与生产活动的协调、生产与分销活动的协调、库存与分销活动的协调；而多工厂协调则是研究多个工厂之间的彼此生产计划与批量，以及库存方面的协调问题。陈原指出，1996 年 Thomas 等进一步根据供应链中采购、生产与分销三个阶段，将供应链协调分为买卖的协调、生产与分销活动的协调、生产与库存活动的协调，以及库存与分销活动的协调，在战术与运作层面进行局部关系协调管理研究[44]。

3. 供应链协调机制契约的国外研究

供应链契约协调是供应链协调机制研究中的重要体现，协调机制主要由契约（也称合同）进行表达。在 2006 年，Xu 和 Beamon 基于 4 种属性选择相应的供应链协调机制，这 4 种属性分别是资源共享结构（resource sharing structure）、决策风格（decision style）、控制水平（level of control）和风险分担与收入共享

（risk/reward sharing）[45]，其中收入共享契约是供应链协调机制研究的热点之一。例如，供应链协调机制表示一种收入共享契约，该契约可以表达供应链下游经销商的批发价格契约，此批发价格一般要求低于供应链上游供应商的生产成本，经销商按照此批发价格从链上供应商处订购产品，经销商销售后，将获得收入的一定比例作为补偿，在销售期结束后返还给供应商[46]。或者在供应链成员企业中进行收入共享契约，主要包括不同企业之间的利润共享和亏损分担。一种形式分享可以是普通股份公司中一个普通合伙人和有限合伙人之间，另一种形式分享是在商业联盟中的公司之间。Cachon 和 Lariviere 在 2005 年提出了收入共享供应链策略，可以对供应链的绩效产生一定的影响[46]。Veen 和 Venugopal 在 2005 年研究音像出租行业的收入共享策略，指出收入共享不仅能够协调一条供应链上的单个零售商，还能够协调多个完全竞争的零售商[47]。但是，如果零售商的行动影响需求，收入共享可能不具有吸引力，当需求完全受零售商努力的影响时，应当避免收入分享契约[48]。除此之外，在销售返利与回购的组合方面，Krishnan 等在 2004 年证明了此种组合可以在零售商的努力影响需求变化的情况下促进供应链各主体的进一步合作[49]。Tregurtha 和 Vink 在 2002 年研究得出，订单农业合同也属于供应链协调机制的一种形式，这种合同双方的信任关系，在一定程度上可以比正式的法律制度更为有效，确保合同的履约率[50]，Bogetoft 和 Dlsen 于 2002 年研究表明，在设计订单时必须要考虑协调、激励及交易成本问题[51]，Zylbersztajn 于 2003 研究得出农户的履约率与农户经营的规模呈正向关系，规模越大，履约率越高[52]。

4. 粮食供应链协调管理的国外研究

关于粮食供应链方面的协调管理，2003 年 12 月在印度新德里举办了题为 "From Parastatals to Private Trade：Why，When，and How" 的专题研讨会，讨论粮食交易主体从国有企业向私人企业转变过程中的方式方法问题[53]。Aker 以非洲中西部于 2004 年发生的严重干旱为例，阐述非洲国家遭遇自然灾害时在粮食生产方面面临的困境，造成了粮食价格上涨和食品危机，通过对比分析得出结论，在粮食供应链中需要建立预警机制，以监视由于自然原因引起的粮食价格上涨和供给危机问题[54]。吴志华和胡非凡于 2011 年研究表明，国外关于粮食供应链集成的研究较薄弱[30]，建立粮食供应链协调机制促进粮食供应链集成成为前沿研究方向。根据政府通过政策重点激励供应链成员的不同，将粮食供应链协调机制分成两种：一是供应链核心企业通过集中决策协调激励供应链系统（纵向一体化模式）；二是供应链成员企业通过分散决策协调激励供应链系统。其中，成员间利益补偿协调激励机制是研究的关键。Omar 在 2009 年首次综述了规划模型在粮食等作物供应链研究中的应用，表明对粮食主产区种植环节的技术选择等综合方案、政策优化的模型应用居多，包括种植、仓储、运输和加工等三环节以上的供应链规划模型应用研究很少[55]，Apaiah 在 2006 年针对荷兰一种部分进口的豆类蛋白产品，以成本最低为目标，用混合整数规划模型设计了包括种植收获、运输和加工等环节的供应链网络[56]。综上，Omar 等学者研究表明，粮食供应链的高复杂性，导致成功应用制造业供应链系统优化模型的研究不多，粮食供应链利益补偿协调机制模型的研究更少，但粮食安全问题将促使发展中国家产生更多这方面成果。

美国是世界上粮食生产大国和出口大国，其粮食安全保障机制是通过法制手段和市场调节来实现的。美国的粮食生产利益补偿机制主要包括：一是大量补贴生产者。1995 年 1 月 1 日 WTO 农业协议生效前后，美国调减价格支持和出口支持，转而增加直接补贴。目前，美国政府对农民的直接补贴也是其他国家不能比的，高额的补贴调动了农民生产的积极性，同时也确保了其粮食产业在国际上的竞争力。二是通过法制建设和市场机制保证生产者利益。美国运用价格支持政策、限耕限售政策和鼓励出口政策对粮食生产者进行利益补偿。三是建立粮食调控机制。将政府储备和民间储备相结合，建立起一套系统的"生产、储备、信息引导、预测预警、投放"有效机制，保障农民的利益。

欧盟的前身欧洲共同体在 1962 年 1 月设立了一个数额庞大的欧洲农业指导与保证基金。基金来源于欧盟总预算，用于两部分：一是保证部分，用于农产品市场管理，如农产品的出口补贴、农产品干预收购；二是指导部分，用于农业结构改革，如结构调整措施、地区发展措施及环境保护措施等。目前农业保证基金中，用于价格支持的保证部分占 90%~95%，而用于农业结构改革的指导部分仅占 5%~10%。

日本采取的粮食直接补贴政策主要有：一是收入补贴，主要是对受自然条件限制的山区和半山区农民的直接补贴，以此来提高低收入地区农民的收入；二是生产资料购置补贴；另外还有灾害补贴、农业保险补贴、贷款优惠等。

印度政府对粮食生产者利益补偿机制主要通过两种方式实现：一是价格支持，制度收购。当粮食过剩，市场粮食价格过低时，政府则按规定的价格在市场上收购。二是实行粮食配售。印度的粮食销售分政府配售和自由贸易两部分，配售实际上是政府通过对粮食的储备来进行粮食市场调控，维持粮食供给稳定。

国外关于粮食供应链协调机制的研究具有一定基础，在微观层面上对供应链多环节组织或企业实体进行协调已有一些相关结论，但是，利用相关契约构建利益补偿协调机制的研究不多，针对粮食这一特殊农产品的供应链协调机制研究就更少了，然而收入共享与风险分担的协调契约可尝试运用于粮食供应链中，特别是对于生产者、加工商、经销商参与的三级粮食供应链，粮食经销商的市场活动不会对市场需求产生较大影响，经销商需要与加工企业之间形成紧密的合作关系，对外提高整体竞争力，对内增加收入，使得收入共享契约可以实现减少成本或增加收益的目的。

1.3.2 粮食供应链成员间利益补偿协调机制的国内研究进展

1. 粮食供应链集成的国内研究

供应链集成可分为市场谈判、合作、协调到整体协作 4 个发展阶段。粮食供应链整合研究强调粮食供应链的整体发展与一体化运作，如吴志华和胡非凡以常州市粮食现代物流中心为例，构建以糙米增值供应链为核心内容的粮食供应链整合体系[30]。目前，由我国农户、企业构成的弱势供应链与世界粮商及相关成员构成的强势供应链之间的非对称供应链竞争已经逐渐受到各级政府和相关企业的关注和重视。2012 年 11 月 2 日，国家粮食局、中国农业发展银行在《国家粮食局、中国农业发展银行关于进一步加强合作推进国有粮食企业改革发展的意见》（国粮财〔2012〕205 号印发）中指出，着力改变国有粮食购销企业"买原粮、卖原粮"的单一经营发展模式，推动有条件的国有粮食企业向收购、仓储、物流、加工、销售等一体化方向发展，延伸和完善产业链条；中粮集团自 2007 年开始正式启动全产业链价值战略，通过对农业服务、种植、收储物流、贸易、加工、养殖屠宰、食品制造与营销等多个环节的有效组织和管理，打造从田间到餐桌的全产业链，实现食品安全可追溯；中国储备粮管理总公司扩展产业链的步伐在近几年明显加快，不仅从粮油仓储扩展至下游加工、贸易、物流等环节，而且在上游为农民提供无息资金购置种子、化肥和推广大面积订单农业。此外，2013 年中央一号文件中提出要努力提高农户集约经营水平，采取奖励补助等多种办法扶持联户经营、专业大户、家庭农场等规模化经营组织，这将使得中国粮食供应链生产环节的微观基础得到显著加强，使粮食供应链整合的实施更具可操作性；粮食物流中先进信息技术的广泛运用、信息系统的建设和试点运行等又为供应链整合提供了可行的技术支持[22]。

粮食供应链管理有生产者利益实现和消费者效用满足两重目标[57]。一方面，粮食生产存在着明显的产业缺陷，与其他部门相比，粮食部门的生产效率和生产者收入都较低，粮食供应链管理应促使粮食生产者的经济利益能够实现，管理的目标为"高效"；另一方面，粮食消费处于基础性地位，粮食供应链管理应保证消费者能够充分、持续地获得与其需要相符的粮食，管理的目标为"安全"。如何兼顾粮食供应链管理中的"高效"与"安全"问题，实现粮食供应链综合效益的最大化，是粮食供应链管理中所要考虑的基本问题。在粮食供应链整体问题方面，洪岚和安玉发从粮食供应链认知及物流设计与信息技术水平落后等方面，分析我国粮食供应链整合困难的原因[58]，杜文龙则指出粮食供应链整合中，没有把粮食产业的所有环节作为一个整体来研究和改造，生产、储存、运输、消费未形成完整的统一链条[59]。

综上所述，粮食供应链管理的本质就是协调供应链响应度和成本的集成管理，即需要把粮食供应链看成是由一系列节点活动形成的一个完整的运作流程，对流程进行协调响应度和成本管理，以避免或减少各环节之间的延误、浪费，更易使新产品更快、更好地在流程中产生和销售，达到用更少的总成本实现更多的价值增值，供应链各主体（成员）实现利益共享、风险共担的局面。

2. 供应链协调层次的国内研究

供应链管理与企业内部管理存在很大的不同，供应链节点企业是独立的法人或经济实体，供应链管理没有组织机构和行政隶属关系作为支撑，供应链的良好运作是以成员企业互相合作为基础的。供应链成员企业间的信任和合作不能仅通过道德实现，必须通过可行的机制去规范和约束。如何设计供应链合作机制成为有效管理供应链的前提，而供应链节点企业的合作机制主要包括契约制和协商制。2008 年，侯琳琳和邱菀华研究表明，鉴于我国目前的社会诚信体系不健全，借助法律手段的契约制比协商制发挥着更大的效力[60]。

协调源于系统研究，而供应链是典型的、需要协调的系统[61]。供应链协调是供应链集成的第三个发展阶段，促使供应链个体和供应链整体都达到更有效率和效益的状态。供应链协调可以有效增加供应链整体利润使其更加接近集中控制下的系统利润，另外供应链的协调可以促进供应链成员共担风险。供应链协调机制的设计最主要的目的还是实现成员的共赢，最终目的是使得每个成员在采用契约时要比不采用契约能获得更多的利益，实现帕累托改进；否则，供应链成员就没有动力去采用协调机制，只局部运行自己的机制[62]。陈剑和肖勇波认为供应链中的协调可以包括企业内部协调及合作伙伴之间的协调[63]。马士华等根据职能的划分，将供应链的协调分为不同职能之间的协调和同一职能但不同层次的活动协调[64]。两人都是在强调协调的范围层次，是针对一个主体内部的生产、供应、销售、库存等环节的信息流、物流、资金流的协调，还是针对多个合作成员，如供应商、制造商和销售商之间的互相协调。

三级供应链研究多数集中在制造商、分销商和零售商三个环节上，针对的是高端产品或者知名企业的产品，较少有基于供应商、制造商和销售商三级供应链的契约研究，对于三级粮食供应链就更少了[65,66]。

3. 供应链协调机制契约的国内研究

供应链协调[67]研究主要是协调策略和方法，大致可以分为两类，一类是业务运作方面的协调，主要研究供应链成员应采取什么方法或形式进行正常的沟通或协同，如何发现并解决运行过程中可能出现的问题和冲突，如基于 Multi-Agent 的协调机制等；另一类是利益目标方面的协调，主要讨论的是如何通过适当的策略和措施协调各供应链成员的决策，以提高供应链的整体运作绩效，如快速反应模式（quick response）、精确反应策略（accurate response）、供应商管理库存策略

（VMI）、信息共享等，而其中研究较多的是供应链契约式协调，即在交易双方的契约中设计恰当的交易价格、交易数量等条款，以达到协调供应链成员的决策、提高供应链整体绩效的目的。

供应链是由不同的企业实体组成的，当供应链的各成员都试图最优化自己的利润时，供应链整体的利润将不可避免地受到损害，这就是所谓的"双重边际化"。供应链契约是为了尽量减少这种损害而提出的一种解决办法。因此，供应链契约引起了越来越多研究者的关注[67]。

所谓供应链契约[67]，是指通过提供合适的信息和激励措施，保证买卖双方协调、优化销售渠道绩效的有关条款。它通常提供一些激励措施，通过调整供应链的成员关系来协调供应链，使分散决策的供应链的整体利润与一个集中决策供应链系统下的整体利润尽量相等。即使达不到最好的协调（最好的协调是分散供应链的整体利润与集中供应链系统下的利润完全相等），也可能存在帕累托（Pareto）最优解（即每一方的利润至少不比原来差）。

采用供应链契约要考虑以下几个问题[67]。

（1）采用各种契约协调的目的是什么？各种契约的作用不同，有的是为了降低系统风险，有的是为了降低运营成本，有的是为了增加系统利润，有的是为了分配利润，有的是为了提高供应链的反应速度，有的是为了提高供应链的柔性，还有的是上面所述的几种作用的综合。对于契约的选择需要同供应链管理的目标相结合。

（2）采用什么样的契约？因为能够协调供应链各方合作的契约类型很多，不同的契约对不同的环境和供应链的不同特征具有不同的效果，因此，设计、选择适用于不同环境的契约是一个有关协调效率的重要问题。

（3）各种契约的效率如何？某些情况下不同契约可以达到同一个目标，但是不同契约的实施效率不同，实施成本也不同，因此对不同契约的比较就显得非常重要。

供应链契约既是供应链成员间博弈的约束，又是供应链成员间博弈的结果[67]。一方面，显性供应链契约通过调整分配方式条款、监督激励条款、违约惩罚条款，以及具体的权利、义务条款等对供应链成员的策略空间、偏好进行一定的限制，引导供应链成员向供应链总体利益最大的方向努力，防止机会主义行为，实现"个体理性"向"集体理性"的转变。另一方面，供应链契约的内容体现了供应链成员之间力量的对比，供应链契约的签订和变更都是供应链成员博弈的结果。

供应链上游和下游成员之间的界限模糊，供应链某成员欲制订某种契约，需完成如下步骤：契约伙伴的选取；契约双方针对该种契约的谈判；契约谈判的收敛；契约的执行。采用哪些切实有效的方法来自动完成上述过程，使协商时间缩短，谈判成功率高。采用自动协商的方法能够快速有效地完成契约的制订过程，但制订契约自动协商的规则、方法及应用范围没有明确的表示。

国内关于成员间供应链协调机制也常用契约（合同）表达。供应链协调在实践中可以通过签订相关的契约来实现，供应链契约主要分为定价和定量两类。其中，数量折扣、回购、返利、价格补贴及收入共享属于定价类契约；最小购买量、数量柔性及后备协议属于定量类契约[68]。特别在收入共享契约手段方面，邱若臻和黄小原于 2006 年研究了在随机需求的情况下，以零售商为主并且以供应商从属的供应链渠道协调，采用收入共享契约，研究得出零售商的最优收入共享比例和供应链及其成员绩效都取决于需求价格弹性和零售商成本分摊比例[69]。赵小芸和李传昭在 2006 年采用博弈论的方法，针对线性市场需求下的供应商和零售商利润分配机制进行研究[70]。曹武军等在 2007 年通过研究也发现，仅仅单独使用供应商管理库存（VMI），对供应链的效率提高效果不明显，而与收益分享合同合并运用，可以达到有效协调供应链成员之间活动的目的[71]。熊中楷等在 2007 年研究了网络环境下基于动态定价的供应链协调，研究发现，仅依靠收益分享机制无法达到供应链协调，而收益分享合同与返利合同的组合能够实现供应链协调[72]，实现供应链成员企业之间关于增加利润的分配。林略等于 2011 年针对一个生产商、分销商和零售商构成的鲜活农产品三级供应链，构造出在运输过程中依赖于运输时间的新鲜度和损耗比例模型，并证明通过收益共享契约能够有效协调三级鲜活农产品供应链[73]。在 2012 年肖迪、潘可文则针对单个供应商和单个零售商构成的供应链进行研究，分别通过对零售商使用收益共享契约，以及供应商与零售商合作，还使用批发价格契约这三个协调方法进行分析，得出收益共享契约的使用对供应商更为有利[74]。黄大荣等于 2011 年，在双渠道条件下，研究了由供应商、制造商和分销商组成的三级供应链的协调机制问题，通过收入共享机制协调三级供应链渠道利益冲突，并得到了企业双赢的一些条件[75]。赵红梅等在 2010 年以利润最大化为目标，通过构建收入共享契约模型，协调制造商、分销商和零售商组成的三层供应链利润问题，验证选择恰当的契约参数可以使得供应链各成员的利润大于在简单市场环境下的利润，实现收入共享和利润协调[76]。在 2010 年，邓爱民和潘再阳在模糊需求环境下，研究由制造商、零售商和第三方回收商组成的三级闭环供应链系统，证明在第三方回收商参与回收、处理、加工回收废旧品的供应链中，收入共享契约可以有效协调各方利润，并使得供应链系统的总利润达到集中决策时的水平[77]。在 2008 年胡珑瑛等运用博弈论及系统优化相关理论方法，建立了三级供应链运作绩效数学模型[78]，分析了三级供应链契约协调机制，提出系统整体利益在供应链成员间的重新分配，可以激励供应链成员承担更多的风险，以实现系统协调和利润增长，并讨论了供应链利润在成员间的分配情况和如何设置共享系数以达到三级供应链成员之间的整体协调，从而有助于改善成员企业在供应链中的行为决策能力和市场竞争能力。

除此之外，对于供应链协调机制的其他契约方面，逐渐表现出各种条件下利益补偿协调机制的研究呈现多样化，包括徐慧于 2012 年提出基于回馈与惩罚策略的差别回购契约[79]、桑圣举于 2012 年应用的集中决策模型和收益—费用共享契约模型[80]。孙玉忠在 2007 年探讨了订单农业模式中利益联结机制的类型及利益联结机制存在的问题[81]。李凯等于 2012 年研究在生产商和分销商构成的供应链在需求均匀分布市场条件下的惩罚和奖励相结合的契约模型并构建渠道协调机制[82]。

4. 粮食供应链协调管理的国内研究

从 1994 年 8 月 28 日莱斯特·布朗（Lester Brown）在《华盛顿邮报》上发表"中国能使世界挨饿吗?——它的崛起正在消费掉全球粮食供给"后，我国粮食安全成了国内外关注的问题。2010 年益海嘉里在黑龙江产区，通过与农民利益分享、运作循环经济项目等协调机制构建大米供应链，链上每吨稻谷比传统产值多 662 元；2007 年，国家发改委制定《粮食现代物流发展规划》，依据供应链管理思想试图解决粮食供应链松散和脆弱等问题，孙宏岭指出粮食供应链管理时代已经到来，中粮集团开始实施粮食供应链资源整合，中储粮、北大荒集团等逐步跟进，我国粮食供应链上核心企业和其他成员急需构建供应链成员间利益补偿协调机制。而国内针对粮食供应链利益补偿协调机制的研究很少，粮食供应链相关界定还没有统一，粮食供应链集成（或整合）是指以粮食大企业为核心基于对上下游的资源整合，形成最佳合作伙伴关系，使整个供应链上的成员价值增加。通过定性分析粮食供应链主体及主要问题，获得供应链集成（整合）的不同模式，包括协调机制的粗略思路，如完善利益分配机制思路等[27, 30, 58, 83, 84, 85]；而针对生产、加工企业等三个环节以上的粮食供应链，进行利益补偿协调机制量化研究较少。张中文和张孝青于 2011 年建立核心企业和多个成员的粮食物流联盟收益分配模型，依据各粮食物流参与者的确定性等价收益最大时，粮食物流联盟实现最优的原则，引入了确定性等价收益（期望收益与风险成本两者之差）的概念[86]。吴志华和胡非凡于 2011 年以江苏省常州市粮食现代物流中心为例，研究了互利共赢的大米供应链增值及返利整合机制，比较了该机制下的供应链新模式比旧模式成本节约和增值效果，涉及稻谷供应商、物流中心、大米加工企业、热电厂、运输企业 5 个供应链主体[30]。

粮食供应链中的主体之间可以形成最佳的合作关系，这种合作关系可以通过收入共享和风险共担契约形成供应链协调机制，可以增加整体效益。针对黑龙江省粮食生产者进行调查，发现粮食生产者面对风险较为理性，具有一定生产规模的粮食生产者属于风险中性，能够承担一定的自然与市场风险，而不是一味逃避风险，这使得在加工企业主导型的粮食供应链中，粮食生产者作为追随者可以与加工企业形成风险共担契约。

5. 粮食供应链利益补偿协调机制的国内研究

陈倬于 2011 年认为有必要建立一套可以量化的利益分配机制来保证粮食供应链的稳定和有效运行，针对为了实现整体目标而使个体目标受损的成员给予补偿[27]。归纳文献[21,87,88,89]研究，冷志杰等完成了以下研究：一是运用利润比较方法获得协调集成的条件，得出政府补贴粮库建设可提高大型生产商和加工商的集成程度和总收益；二是利用完全静态博弈方法，得出政府补贴建库时的大型粮食供应商和加工商协调定价最优履约公式；三是调查得出主产区粮食供应链利润向下游流动的趋势无法靠供应链内部的集成机制反向平衡，需要政府沿供应链向上游逐渐增强补贴等支持力度；四是基于临界协整模型研究主产区三环节粳稻供应链节点市场价格联动规律，得出政府应重点调控产地粳稻和加工地粳米市场价格，提出调控措施。

1.4   粮食供应链成员间利益补偿协调机制研究评价

国内外实践和研究表明，急需包括种植、仓储、运输和加工等三个环节以上的粮食供应链成员间利益补偿协调激励机制研究，其难点在于粮食供应链成员间利益补偿协调模式的优化及政府支持协调机制的政策量化研究。现有定性研究居多，得出的对策措施过于笼统，结合种植等三个环节以上粮食供应链协调机制支持政策的量化研究存在瓶颈。

（1）国内外实践和研究表明，粮食供应链是需要协调的典型系统，供应链协调机制可有效保障整个供应链的平衡和稳定。供应链协调机制主要体现在签订契约（合同）方面，特别是收入共享契约手段可以提高供应链优势和市场竞争力。

（2）在农业领域，利用相关契约，构建利益补偿协调机制的研究不多，针对粮食这一特殊农产品的供应链协调机制研究则更少，其难点在于粮食供应链成员间利益补偿协调模式的优化，目前研究聚焦在供应链协调机制，它的实质是通过某种手段，在供应链系统上合理配置资源，使供应链总体利益最高，缩小供应链各成员个体和供应链总体利益和目标的差异，利益目标常用成本最低表达，成员间供应链协调机制常用契约（合同）表达，是研究的重点和难点，供应链契约本质上是一种协调激励机制。根据政府通过政策重点激励供应链成员的不同，将粮食供应链协调机制分成两种：供应链核心企业通过集中决策协调激励供应链系统（纵向一体化模式），供应链成员通过分散决策协调激励供应链系统。其中，面对粮食安全和供应链竞争力弱的问题，利益补偿协调机制是研究的关键，可以有效增强粮食供应链整体竞争力，研究三个环节的粮食供应链利益补偿协调机制可产生创新成果。

1.5   本书研究框架和导读

1.5.1   本书研究对象的界定

针对黑龙江粮食产地的大宗粮食供应链，研究粮食核心企业如何构建供应链成员间的利益补偿协调机制，均衡大宗粮食供应链各主体的收益；在此基础上，研究政府对粮食产业链的支持政策；明确粮食核心企业如何结合政策等外部环境，确定自身多周期的组合契约，形成长期的供应链成员间的利益补偿协调机制，从而提高粮食供应链的竞争力，推而广之，保障国家粮食产量和质量安全的底线。该研究具有紧迫性和重大应用前景。

针对生产节点企业位于黑龙江主产区的大宗跨省粮食供应链，满足契约交易的三个特点[90]：农业经营规模化、具备粮食的国家标准、规模企业形成诚信经营的良好社会氛围，因此，研究契约这一供应链成员间利益补偿协调机制的显化载体，不仅可行，而且有望取得重大研究成果。

1.5.2 粮食供应链利益补偿协调机制的研究目标

根据国际国内理论研究经验，运用归纳和演绎方法，确定粮食供应链利益补偿协调机制的科学研究框架；结合调研，进行我国粮食供应链利益补偿协调现状、存在问题与成因诊断；运用价格补贴、收入共享等激励措施组合协调模式，建模优化，进行粮食供应链利益补偿协调机制重构，形成契约规范；研究各环节利润流动规律，以探索企业对策和政府的政策；进行典型试验研究。

1.5.3 粮食供应链利益补偿协调机制的研究框架及导读

本书中，粮食供应链利益补偿协调机制的研究框架如图 1-2 所示。

1）全书导读

为了方便读者，结合图 1-2，将本书的结构和思路表征如下：根据国际国内理论研究经验，界定粮食供应链利益补偿协调机制的科学研究模式框架，在第 1 章完成。然后，在第 2 章，完成本书的核心部分，结合供应链协调理论，指出供应链利益补偿机制的实质是供应链协调机制，该机制用契约规范表达，从而形成粮食供应链利益补偿协调机制的研究框架。以此框架，展开粮食供应链利益补偿协调机制的研究。

在第 3 章，进行我国粮食供应链利益补偿协调现状调查，分析存在的问题，进行成因诊断。首先，结合调研，研究中国粮食供应链的地理分布和特征，确定代表中国粮食供应链的主要构成情况，确定主要供应链作为研究对象；确定主要供应链的结构、组织协调模式，调研总结粮食供应链利益补偿的现状，分析影响因素，找出瓶颈问题；针对探究到的瓶颈问题进行深入分析，结合加拿大和我国粮食供应链发展水平相当时期的文献，得出研究启示。

在第 4 章，研究中国主要粮食供应链利益补偿协调机制优化性重构。针对粮食供应链利益补偿的瓶颈问题，研究中国粮食供应链利益补偿协调机制优化性重

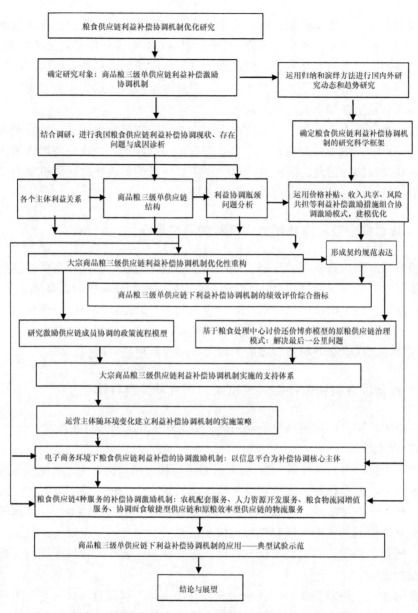

图 1-2　粮食供应链利益补偿协调机制优化的研究框架

构的指导思想、原则、重构的内涵、评价的综合指标；在上述基础上，优化重构主要三级粮食供应链粮食补偿契约，形成契约规范，最后，提供得到供应链利益补偿协调机制绩效评价的综合指标。依据此综合指标，核心企业可以根据企业经营数据及上下游企业调研数据进行供应链利益补偿协调机制评分。

　　在第 5 章，研究中国主要粮食供应链利益补偿协调机制实施的支持体系。根据上述主要粮食供应链利益补偿协调机制优化性重构获得的主要规律，以有利于供应链协调的产业链政策为重点，研究激励供应链成员协调的政策流程模型；在此基础上，探索有利于粮食供应链利益补偿协调机制实施的政府支持体系，以及粮食供应链运营主体进行利益补偿协调的对策。

第 6~8 章为大宗商品粮三级供应链利益补偿协调机制应用研究。将上述部分研究结果用于实际，或者进行典型案例收集；进行典型试验研究。第 6 章，电子商务环境下粮食供应链利益补偿的协调激励机制研究。探讨通过电子信息系统交易的粮食供应链供需情况，分析商品价格及信息平台使用价格模型。以超市为信息平台运营主体，设计粮食可追溯与甄别系统，实现电子商务环境下粮食供应链有效协调的实施。第 7 章，粮食供应链农机、人才、物流三种服务的补偿协调激励机制研究。针对粮食生产基地急需解决的农机配套服务、人力资源开发服务、粮食物流园增值服务、协调面食敏捷型供应链和原粮效率型供应链的物流服务，进行利益补偿协调机制研究。第 8 章，调研了黑龙江省产地种植主体和加工企业不同程度协调商品粮供应链的三个案例，从不同核心主体、主体的规模、利益补偿方式三方面，分析黑龙江省商品粮三级供应链利益补偿协调机制的应用条件，讨论应用效果，发现应用中存在的问题，从政府干预路径和干预措施方面，提出对商品粮三级供应链利益补偿协调契约应用的保障措施。

2）本书的主要研究方法

运用归纳和演绎的方法，研究粮食供应链利益补偿协调理论，得出粮食供应链利益补偿协调机制的契约研究框架；运用调研方法，提炼了中国粮食供应链主要代表是大宗商品粮三级供应链，在此基础上，运用系统结构模型明确粮食供应链成员之间的利益关系；运用收入共享契约等组合契约构建三级单商品粮单供应链利益补偿协调机制单周期和多周期优化模型；从产业链层面的政府政策和微观层面的粮食供应链利益协调机制出发，研究建立大宗商品粮三级供应链利益补偿协调机制实施的支持体系；基于讨价还价博弈模型，研究了以粮食处理中心为核心主体的原粮供应链治理模式；建立了定价视角的粮食供应链信息平台企业与上游粮食生产主体的利益补偿协调机制；运用风险共担契约等组合契约构建以互联网平台服务企业为核心的大宗粮食供应链利益补偿协调机制优化模型；运用系统模型方法，构建三级农机供应链上服务补偿协调机制；运用案例研究方法，分析重点应用案例。

3）研究的重点和难点

重点：我国粮食供应链利益补偿协调现状、存在问题与成因诊断，粮食供应链利益补偿协调机制中协调目标的表达，运用价格补贴、收入共享等供应链激励措施组合可行的协调模式，利用博弈等模型方法优化；企业和政府支持协调机制的体系研究。难点：运用价格补贴、收入共享等供应链激励措施组合可行的利益补偿协调模式，利用博弈等模型优化成利益补偿协调机制，需要克服数据调研和建模的双重困难；政府支持协调机制的政策研究难点在于验证政策激励规律，结合供应链和产业链的关系解决，建立政策激励粮食供应链成员协调的流程模型。

4）重要观点

粮食进口国政府支持构建本国主产区粮食供应链竞争优势，是保障粮食安全的必要策略。中国粮食供应链利润从上游种植环节向下游销售环节流动的趋势无法靠供应链内部的集成机制反向平衡，需要政府从产业链视角，沿供应链向上游逐渐增强补贴等政策支持力度；需要核心企业构建利益补偿协调机制，商品粮三级供应链利益补偿协调机制显化成契约更具推广价值。融合政府粮食产业链政策目标和供应链协调的目标，构建的协调绩效综合评价指标更具客观性。

5）本书研究成果的学术价值

依托粮食主产区，构建三个环节大宗商品粮供应链利益补偿协调契约模型，显化粮食供应链利益补偿协调机制，形成的契约规范表达了该协调机制的重构规律；建立政策激励商品粮三级供应链成员协调的流程模型，以及供应链利益补偿机制绩效综合评价指标，体现了将政府产业层次的政策、目标与供应链微观企业层次的机制实施对策、目标相融合。补充了中国粮食供应链利益补偿机制理论体系，提供了粮食供应链协调激励机制的方法和模型。

6）本书研究成果的应用价值

显化粮食供应链利益补偿协调机制重构的契约模型方法，为大宗商品粮三级供应链核心主体提供了增加供应链整体收益和提高订货量的方法；形成的契约规范表达了该供应链的协调规律，有利于制订协调契约；政策激励商品粮三级供应链成员协调的流程模型，不仅能够推动供应链核心企业向政府申请合理的产业链政策，也能够给出供应链核心主体随环境变化实施利益补偿协调机制的对策；供应链利益补偿协调机制绩效评价的简洁综合指标融合了政府层面和供应链层面的目标。该研究独特地解决了主产区粮食产业链上独立经济主体的利益目标不一致和行为不协调问题，得出政府沿供应链向上游逐渐增强补贴等支持该机制的政策，可以解决粮食供应链利润向下游流动的趋势无法靠供应链内部的集成机制反向平衡的难题。

第 2 章　粮食供应链利益补偿协调理论

在本章，首先，界定粮食供应链利益补偿协调的微观组织模式种类；其次，鉴于契约是表达供应链利益补偿协调机制的显性形式，契约研究也是供应链协调的主要研究方向，从粮食供应链利益补偿协调机制的契约模式应用的风险、应用的前提、契约设计的基础模式、选择方法等方面进行研究；最后，期望得出粮食供应链利益补偿协调机制的研究框架。

2.1　粮食供应链利益补偿协调的微观组织模式种类

根据粮食供应链核心企业不同，粮食供应链利益补偿协调的微观组织模式归纳如下。

2.1.1　以粮食生产者为核心的粮食供应链组织模式

粮食生产者是商品原粮的供给者。粮食生产者主要包括普通农民、种植大户、粮食种植企业、农民专业合作社、家庭农场及国有农场等。其中普通农民属于规模较小型的粮食生产者，而其他粮食生产主体可实现规模经营。考虑到需要与加工企业签订契约，参与供应链协调机制构建，因此研究中选择的粮食生产者为具有一定原粮规模的主体，其商品原粮的供给数量能够促使生产者具备市场谈判能力。

粮食生产者作为粮食供应链的原粮供给主体，对其自身的粮食生产规模具有较大的要求，调研农场时发现，有上万斤①原粮生产能力的生产者已经具备与粮食采购商讨价还价的能力，此时的粮食生产者主要为农民专业合作社、家庭农场或国有农场，能够实现原粮大量供给，并且具备较强的协调能力，能够在市场交易中占据重要地位，有需求也有意愿与粮食供应链中的粮食加工企业和粮食经销商进行协调，组织原粮按照粮食加工者、销售者的计划和要求进行加工、销售，从而实现最终利润增加的目的。其实施协调机制的表现形式主要为契约。

2.1.2　以加工企业为核心的粮食供应链组织模式

粮食加工企业是商品原粮的加工主体，负责生产并销售成品粮。在国家粮食

---

① 1 斤=500g

资源整合发展的前提下，倾向于对大型粮食加工主体的扶持，鉴于主要研究以加工企业为核心的商品粮供应链，因此选择大中型粮食加工企业作为供应链核心主体，具备协调其他主体参与供应链合作的能力。其他小型加工企业，无法形成较强的带动力，不能集成竞争力强的供应链成员，虽然数量众多，但质量安全上难以保障，这种类型加工主体不能成为供应链核心主体。

这种粮食供应链微观组织模式通常为"原粮生产者+加工企业+粮食经销商（零售商）"或"粮食中间商（粮库）+加工企业+粮食经销商（零售商）"。前者为粮食加工企业与原粮生产者直接联系，采购原粮；后者为粮食加工企业从粮食中间商或者粮库处获得原粮用于加工需求，实际操作中粮食中间商多为长期从事粮食收购的商贩，而从粮库获得的粮食多为转储粮或陈粮。在研究粮食加工企业为核心的供应链模式中，要着重区分加工企业的加工形式及规模，其决定了粮食供应链的长度、维持稳定的能力及进一步发展的能力。

2.1.3 以销售企业为核心的粮食供应链组织模式

1. 以批发市场为核心的粮食供应链组织模式

其微观组织模式通常为"农户+生产服务层+流通服务层+消费服务层"，生产服务层包括农民合作社、涉农企业、专业协会、农业生产基地等，其主要功能是从农民处收集农产品进行简单加工。流通服务层主要是指批发市场，包括农产品集散地的产地批发市场和农产品批发销售地的销地批发市场，它们是联系"生产服务层"与"消费服务层"的桥梁，并为其提供交易信息和交易场所，产地批发市场的主要功能是建立一个农产品批发商、分销商和零售商聚集的交易平台。消费服务层主要是指集贸市场、超市和零售商等，它们直接为城镇家庭提供农产品。

由于批发市场仅起着场地提供者和市场运营监督者的角色，因而批发市场作为供应链的节点，但不是真正的主体，它虽然集成大量的供求主体，但难以对这类主体实施真正意义上的管理与协调。我国批发市场内部普遍存在管理混乱、作业低效等问题；"一锤子买卖"使供求主体之间的关系临时、松散，供求双方之间合作意识淡薄，因信息不对称及利益冲突所致逆向选择、道德风险等问题层出不穷；供应商与供应商之间、需求者与需求者之间的相互关系表现为恶性和对抗性。因此，有必要对传统的农产品批发市场进行企业化改造[91]，建立以企业化批发市场为核心的农产品供应链[92]。

以批发市场为核心的粮食供应链利益补偿协调方式为：上游方面，为了最大限度地提升供应链的生产能力和规范化程度，配送中心（批发市场）通过为农户提供技术与资金支持，对产品进行二次加工从而实现农产品价值增值；下游方面，配送中心（批发市场）和批发商、大型超市等签订长期供货合同，采取统一配送的方式进行销售[93]。

粮食批发市场在招商过程中要对入场经营的经销商设立选择标准，只有达到设立的标准才能入场经营。在此基础上，与合格的粮食经销商签订入场经营协议，规范其经营行为，约定双方的权利和义务。粮食批发市场的管理者还要对粮食经销商的销售业绩、规范经营、顾客满意度等方面进行评估，对做得好的经销商进行公开、公正的奖励作为激励措施，引导粮食经销商做大、做强并与粮食批发市场保持长期互利的合作关系[94]。

2. 以超市为核心的粮食供应链组织模式

以超市为核心的粮食供应链有三种微观组织模式。

第一种微观组织模式可以为"超市+农民专业合作社+农民"，其具体合作体现在"农超对接"形式上，农民按照一定协议合约和操作方式直接把所生产的标准化农产品销售给超市，或超市直接从农产品生产者手中采购标准化的农产品[95]。

这种模式是指超市通过农民专业合作社与农户联系，向符合要求的农民专业合作社进行采购，由合作社组织社员进行生产。具体操作过程是：由超市成立专门的"直采"小组，在全国各地的农民专业合作社中挑选能生产出符合要求的优质农产品的合作社，与他们签订协议，开展合作，并提供相关的技术指导及支持，然后合作社组织农民生产，提供安全优质的农产品。这种模式的典型代表是家乐福超市所实行的"农超对接"。家乐福的"农超对接"都是大宗采购，一般不与分散的农户合作，通常通过各地的农民专业合作社进行"直采"，一是因为有对接采购量大的基础，二是可以统一执行超市的采购标准。家乐福定期对合作社进行相关培训，提高合作社的管理能力和生产技术，帮助合作社在当地寻找物流和包装供应商，加强合作，达到共赢。此种微观组织模式有紧密型对接和半紧密型对接两种运作方式。

一是紧密型对接运作方式。超市免费提供种子，确定种植面积、品种、标准，按协议价格收购，即通过签订固定价格契约实现超市与合作社对接。之所以采取固定价格的契约方式，主要是因为价格的确定易受到谈判双方信息掌握程度、组织水平、谈判能力等因素的影响，而大型超市一般在上述方面占有优势地位，合作社抗风险能力相对较弱。

二是半紧密型对接运作方式。即确定某一区域标准种植，不确定收购价格。虽然不确定具体的交易价格，但必须确定一个交易双方都认可的价格参考标准，以便将来进行市场交易。

为了保证超市生鲜食品的安全，突出生鲜食品的经营特色，强化管理，企业从生鲜食品的采购、加工到销售，全部实行自主经营，建立无公害蔬菜生产基地，与农户签订种植协议，积极发展订单农业。家家悦作为此种模式的代表，采取的做法是与镇政府和村委会合作，共建种植和养殖基地，统一进行集散、加工、储存、交易和配送，引导农民进行订单生产。

第二种微观组织模式为"批发市场+超市+合作社+农户"。采取这种模式的一般是中小型超市，因为其规模还不足以建立基地及配送中心，超市直接与产地批发市场建立供销关系，购买大宗农产品。这样做的好处是减少中间成本，缺点是不能根据消费者需求变化直接指导生产，因此缺乏对产销地网点布局的掌控[96]。

以产销对接为核心，锻造"批发市场+超市+合作社+农户"的供应链，是秦皇岛市建立农产品现代流通模式的重头戏。农副产品批发市场、大型连锁超市以订单、合同等形式与生产基地建立稳固的产销对接关系；农村专业合作社实行"统一农资供应、统一技术操作、统一质量标准"，组织农民实行订单式种植，负责收购全部产品。目前，全市已有家惠、广缘等14家超市及昌黎新集等农产品批发市场与72家合作社实现了对接，直接联系20多万农户。"产销对接"减少了流通环节，降低了农产品的流通费用和损耗，也提高了流通总量，并有效助农增收[97]。

第三种微观组织模式是"超市+农产品加工企业+农户"。超市同农产品加工企业优势互补，为超市与农产品加工企业之间的稳定结合，为建立新型的农业产业化模式——"超市+加工企业（农民协会）+农户"模式奠定了物质基础。新型的农业产业化模式的作用是，可以对农产品的整个供应链进行以超市为龙头的一体化管理。新型的农业产业化由于直接进入零售市场，采用计算机单品管理系统，使得产业化内部能够更加精确地掌握市场需求信息，通过工厂化管理的模式把产品的生产计划，包括品种和数量的细分计划，通过农产品加工企业分配到所有的合同农户，从而使得农户可以避免由于市场需求的波动而遭受经济损失[98]。

3. 以龙头企业为核心的粮食供应链组织模式

其微观组织模式为"农户+基地+龙头企业+终端消费市场"。农业产业化模型中的"龙头企业"是指以一个农产品生产、加工、冷藏、销售企业为龙头，拥有或租赁农产品生产基地，并和周边农户建立合同契约制度，形成"公司+基地+农户"的产加销一体化经营。模式中的终端消费市场是指超市、集贸市场、学校和企业食堂、宾馆饭店等一般采取本土采购战略的消费市场。

龙头企业运用粮食订单收购的方式，与农户签订合同，为农户提供免费的良种及技术支持。例如，在水稻生长期间，为农户免费提供病虫害防治服务。水稻收割后，要求签约农户把粮食全部卖给自己，并采取统一稻种选育、统一栽培模式、统一技术服务、统一田间管理办法，承诺只要农户按照龙头企业标准生产粮食，就在市场价格的基础上再加价收购。另外，可以对副产品米糠、稻壳、碎米等进行深加工再利用，这样也大大减少粮食的浪费，既提高了经济效益，又提高了社会效益，是绿色环保的粮食加工经营模式。最后，在大米品牌的营销方面，龙头企业树立品牌意识，建立专门的粮食营销部门，在产品的营销与宣传方面加大重视，积极加大大米品牌及其副产品的营销推广力度，发挥品牌效益。同时，打造好企业的营销网络[99]。

以浙江省乐清市虹丰粮农开发有限公司为例：为了建立与农民之间稳定的相互依赖关系，虹丰粮农公司在与粮农签订粮食收购订单的同时，吸收粮农投资入股。1999 年，虹丰粮农公司与种粮大户签订了 427 万 kg 的晚稻收购合同，当地粮食收购保护价为每千克 1.12 元，虹丰粮农公司则按每千克 1.2 元收购，每千克高出保护价 8 分，这样，种粮大户可增收 34 万元。同时，入股的种粮大户还能参与虹丰粮农公司经营利润的"二次分配"。1998 年入股的 27 户种粮大户，年终每股分到了 500 元的红利[100]。

2.1.4　以物流公司为核心的粮食供应链组织模式

1. "农户+协会+物流公司"组织模式

以河南延津县粮食产业化经营运作模式为例。由延津县粮食局牵头，各乡镇粮管所参加，组建河南金粒麦业有限公司，由河南金粒麦业有限公司作为发起人，成立河南金粒小麦协会，各乡镇粮管所为分会，吸收县内外 410 个行政村的 540 名村干部、小麦经纪人、种植能手成为协会中心会员。由中心会员联系指导 9 万户农民完成优质小麦从种植到收购再到销售的全程产销活动。通过订单和分购联销等方式，将千家万户的小麦生产和粮食大市场联接起来，形成颇具规模效应的小麦特色经济。2003 年延津县优质专用小麦订单面积 56 万亩①，占小麦种植总面积的 90%，订单收购量 19 万 t，粮食企业盈利 1000 多万元，粮食企业员工收入翻了一番。与此同时，全县农民累计增收 7000 多万元，人均增收 179 元。这些成效突出地显现了农民、粮食企业的双赢，同时也有力地表明了这种运作方式蕴涵着深远的意义，具有广阔的前景。

2. "购销公司+物流企业+上游客户"组织模式

河南双丰后勤服务有限公司服务部队、院校、机关企事业单位，进行餐饮业运作。河南双丰后勤服务有限公司的前身是河南省粮食购销公司，由于该公司过去承担军供服务，和部队交往比较多，从中了解到部队院校的教师和学员对伙食不满意的情况。他们于 2000 年开始承担了驻郑四所军事院校的餐饮服务，通过集中采购、配送，标准化规范化操作，提高了饭菜质量，增加了菜色品种，使院校

---

① 1 亩≈666.7m²

教职员工非常满意，在企业获得了利润的同时，也为社会提供了就业岗位。到目前为止，该公司服务单位已发展到包括省委机关、知名院校在内的 15 家企事业单位，人员由原来的 300 多人发展到 800 多人，"双丰餐饮"已成为郑州市的知名品牌。

3. "散装粮库+物流公司企业+上游客户"组织模式

中央储备粮（中储粮）郑州直属库散装粮向加工厂配送运作模式。中储粮郑州直属库每年都有一定数量的轮换任务，他们购置了两台散装粮运输专用车，向郑州的几家面粉厂配送，每吨小麦可节省 20 元左右的费用，而且出库速度和周转效率大幅度提高。

4. "种植+分选+物流+加工+物流+制成品+物流+消费终端"组织模式

河南世通谷物贸易公司绿色大豆供应链运作与这种模式相符。该公司在从事贸易的过程中，选取大豆这一品种作为主要发展品种，通过物流供应链管理模式运作，向农民提供优质豆种（豫豆 19、豫豆 20），提供种植技术和要求标准，产品全部收购。目前总种植面积约为 8 万亩，每年收购约 1260 万 kg。同时与日本企业共同投资 900 万元人民币（中方占 70%股份，日方占 30%股份），建立一座豆制品加工厂，生产"旭阳"牌豆腐及其相关产品，主要供应郑州市场。除了做加工外，多余的大豆发往北京、上海、广州，为其他合资厂提供绿色食品原料。这样既把物流供应链延伸到生产，实现了订单农业，确保原料的无污染、高品质，又连接到了消费，提供了绿色食品，同时还创造了自己的品牌。

5. "物流公司+粮食加工企业"合作型组织模式

以北大荒商贸物流集团有限责任公司为例，为了进一步加快储备粮收购的进程，充分引进竞争机制，北大荒商贸物流公司所属的分公司将依据所在区域，与制米厂进行对接，参与制米厂共同进行储备粮收购直至完成收购任务。具体合作方法如下。

如果由米厂提供粮源，物流公司支付粮款，在获取的总利润中，米厂只取得 50 元/t，其余利润归物流公司；如果米厂自行组织粮源并支付 30%粮款，其余粮款在 12 月 20 日前支付，则所得利润均属米厂；如果粮源、粮款均由物流公司提供，则所得利润均属物流公司。制米厂与物流公司收购的原粮，以公司统一的质价标准收购，具体整理、烘干、仓储费用均由制米厂负责。

6. 北良港粮食供应链组织模式

整个链条中，中国华粮物流集团公司起到主导作用。其子公司——北良公司，以大连北良港为龙头、东北三省和内蒙古自治区为腹地，配置了从粮食收购、集并中转到散储散运的一体化设施。北良港粮食供应链运作模式如图 2-1 所示。

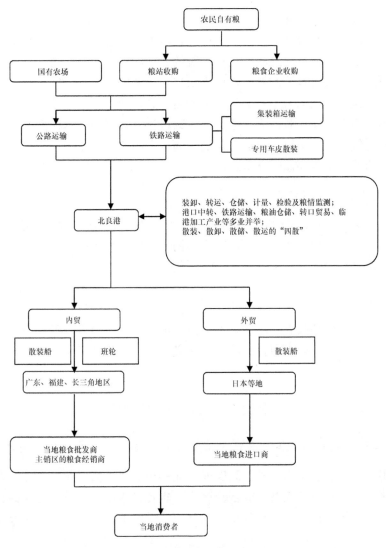

图 2-1　北良港粮食供应链组织模式

2.2　粮食供应链协调机制的契约模式研究

2.2.1　粮食供应链协调机制契约模式应用的风险

粮食供应链契约风险的来源主要有两个方面[101]。

1. 粮食供应链契约主体带来的风险

种植者、生产者、经销商均能带来风险。其原因有三条：首先，这些契约主体存在有限理性，对价格、天气环境、运输价格等信息不可能完全准确预判。其次，各主体具有机会主义倾向。利益驱动是经济活动的基本规律，由于农业生产经营存在自然风险，农业契约一般不完备，这就给机会主义行为留下空间，契约双方都会基于逐利而主动违约。最后，契约的违约成本较低。当农户违约时，龙头企业面对的是数量众多的农户，单个农户与企业的合约额度较小，龙头企业通过法律渠道挽回损失的成本收益极有可能是负数，故企业常常是放弃对农户的追讨；而当龙头企业违约时，农户通过法律渠道讨回公道的成本极高，单个农户一般会选择忍气吞声。所以，农业产业链上通过契约联结的龙头企业和农户之间出现主动违约的一个重要原因就是违约成本较低。

2. 契约本身的不完备性带来的风险

就契约本身而言，契约的不完备性与不合理性是契约风险的主要来源。首先，在粮食供应链中，如果大型种植、加工和销售主体等强势集团作为核心企业，一般提供的都是格式化合同，很多条款并不代表契约中较弱一方的利益，这是造成弱势方时常违约的一个重要原因。其次，有些契约设计不合理，条款不清、粗糙、不全，因而难以执行。最后，契约存在欺诈性，有的企业以签订产销合同进行欺诈，这种方式一般都具有隐藏性，不易被发现，但造成的后果极其严重，如签订有机杂粮种植契约，而不履行契约中收购义务，造成恶劣影响，给广大农户造成巨大损失。

2.2.2 粮食供应链协调机制契约模式应用的前提

1. 粮食供应链各主体具有社会信誉等级，遵守违约外部约束条件

信用评级是社会中介机构、政府或行业协会对经销商、龙头企业、农户等商业主体履约能力和可信任度的综合测评[101]。粮食供应链各主体起码应该具有银行评估的诚信等级。目前，银行信用体系逐渐显露作用，已经被大型的粮食供应链相关主体所接受。

2. 规范与完善粮食契约，提高履约率

首先，应由国家或全国性的行业协会制订粮食供应链合作契约，但实际上都是各供应链企业主体自己制订，需要约定粮食契约规范，对农产品的质量、数量、物流，契约双方的权利、义务、风险、履约形式、违约处理等进行详细规定，提供给龙头企业、农户使用或参考使用[101]。其次，对于农产品质量的测定和约定可根据国家标准约定，避免强势企业压质压价，损害农户利益。最后，在契约中引入卖权机制[101]或者定金机制，鉴于国家粮食安全的需要，在粮食产地，鼓励粮食生产，可由农民合作经济组织或农户先向收购者交纳权利金，或者收购者反向交纳订金，约定当市场价格高于契约价格时，按照市场价格收购；当市场价格低于

契约价格时，按照契约价格收购，从而最大限度地保护农户利益。

3. 稳定长期契约关系，建立自主约束机制

在某些粮食相关主体的社会信用评级没有建立的时候，由于违约成本较低，契约双方往往都不愿选择法律渠道解决违约纠纷[101]。当这种法律的外部约束机制在农户与龙头的契约中失去效用时，建立自主约束机制是最有效的办法。当契约双方为一次性或短期合约关系时，只要出现有可能带来比契约约定更大的利益时，由于缺乏有效的外部约束机制，契约方往往会选择违约。当契约期限变长，契约双方为经常性合作关系时，契约方为了避免不断寻找市场或寻找产品，为了获得稳定的交易对象，会主动履约，以获得下一个合约。究其原因，长期合约机制可将外部约束机制转变为内部的自我约束机制。自我约束是约束的最好形式，有利于契约双方履约。

2.2.3 粮食供应链利益补偿协调机制契约设计的基础模式

总结常见的供应链契约协调模式[60]，作为研究商品粮供应链协调机制契约的设计基础。

1. 收益共享契约

所谓收益共享契约（revenue-sharing contract）就是卖方以较低的批发价格，甚至以低于成本的批发价向买方供货，作为回报，在销售季节末，卖方分享买方一定比例的产品销售收入的协议，批发价和分成比例由双方协商并在契约中明确规定[46]。收益共享契约首先出现在音像租赁行业，后受到广泛的关注，收益共享契约在国外影碟租赁业得到了成功的运用。目前，国内常用的特许经营模式就是收益共享契约的典型案例。收益共享契约也可以运用在供应链成员企业中，进行收入共享，包括不同企业之间的利润共享和亏损分担。其中，一种形式共享可以是普通股份公司中一个普通合伙人和有限合伙人之间，另一种形式共享是在一个公司的员工之间，以及商业联盟中的公司之间。

2. 数量折扣契约

数量折扣契约（quantity discount contract）有很多形式。在众多数量折扣契约中规定，供应商依据经销商在期初的订购量大小给予不同的价格折扣。原则是订购量越大，价格越低[102]。关于数量折扣的研究很多，Monahan 于 1984 年以供应商的视角研究了最优折扣定价问题，为供应链协调管理的研究开创了一片新天地[103]。在供应链的很多激励机制中，数量折扣契约是最常用的，供应商根据零售商的订单数量提供不同的批发价，零售商的订单数量越大，批发价越低，得到的折扣越高，以此来激励零售商增加订单数量到系统的最佳订货量。数量折扣契约大致分

为两类：一类是普通形式的按零售商每次的订货量进行折扣；另一类是按零售商累计的订货总数量进行折扣。折扣的额度可以是线性的，也可以是非线性的。此类型契约执行简单，管理成本比较低，设计的参数主要是折扣点和相应交易价格。

3. 价格折扣契约

价格折扣契约是指批发价与经销商零售价有关，批发价是零售价的函数。当函数为线性时称为线性价格折扣契约；当函数为非线性时称为非线性价格折扣契约。

4. 线性定价契约

线性定价契约是指供应商以相同的批发价将产品销售给经销商，供应商的利润为经销商订购量的正线性函数。因此，供应商获得确定性利润，市场需求不确定风险全部转嫁给经销商。线性定价契约在现实生活中十分常见，但该契约不能实现供应链协调，由于执行难度小、实施成本低、供应商获得无风险利润而受到供应商的青睐。

5. 惩罚奖励契约

李凯等于 2012 年分析由生产商和分销商构成的供应链在需求均匀分布的市场条件下，研究惩罚和奖励相结合的契约模型并构建渠道协调机制[82]。

6. 柔性契约利益补偿方式

朱珠和朱云龙于 2012 年针对多个供应商和单一制造商组成的供应链系统构建了基于柔性契约协调机制的多对一供应链协调优化模型，分析了柔性契约协调机制对分散式供应链系统绩效的影响[104]。

7. 返利契约

返利契约是指供应商根据最终销量给予经销商一定的转移支付。返利契约有两种常见的形式：一种为线性返利契约，即供应商依据最终销量给予经销商一定比例的返利。另一种为增量返利契约，指当经销商最终销量超过一定数量时，供应商依据增量部分给予经销商一定比例的返点。

8. 削价契约

削价契约又称为价格保护契约。其主要目的是避免经销商把过时的产品退还给供应商，而以一定价格削减来激励经销商，让经销商继续保留并销售那些过时产品。

9. 信息共享契约

信息作为供应链的驱动要素之一。在供应链内充当着黏合剂的作用，供应链管理的效率取决于各成员间的协调，而协调的基础又依赖于信息共享。在冷鲜肉供应链中，作为销售终端的超市，和消费者直接接触，能够得到第一手的市场信息。屠宰加工企业与超市的信息共享对提高顾客满意度及供应链整体绩效起到至关重要的作用。加工企业可依据超市提供的需求信息对其上游养殖场进行计划调节[105]。

10. 回购契约

回购契约（buyback contract）又称为返利政策。在销售季节末期，允许销售商退回全部未售出商品，仅返还部分货款；或全额退款，但仅允许退回不超过契约规定的允许退回的最大量。制造商之所以采用回购契约是因为他们担心销售商会在销售季节过后对剩余的产品进行打折销售，从而对制造商的产品品牌造成损害，这在高档品牌的销售过程中尤为常见。另外，有些制造商则是为了重新协调销售商之间的库存量。回购契约被大量地用于对时间性要求较严的时尚产品，如书籍、杂志、报纸、计算机软件和硬件、音像制品、贺卡及医药产品等[60]。

对于短生命周期产品，当产品过期导致撤柜时，超市和代理商没有更好的处理剩余产品的渠道，而加工企业通常有相应的处理措施；而且为了维护品牌形象，确保优质产品在超市的长期销售，加工企业对剩余产品的回购量通常是全部买单，超市将把所有的剩余产品返回至代理商，最终由加工企业全部收回。当代理商与超市缔结回购契约时，方法一是代理商在销售季节末以单位价格 $b1$ 从超市处回购 $R1$ 比例的剩余商品，代理商接收超市返回的剩余产品后，将根据一定比例退至上游企业，同时得到相应补偿[66]。方法二是销售期末根据经销商最大退货占其订货量的比例进行补偿。回购契约在实际应用时不一定"真正退货"，有时给予经销商相应补偿即可。

11. 物流服务契约

物流服务契约网络是具有互补关系的物流核心能力组织在双边谈判的基础上形成契约关系。要保证农产品物流动态联盟的有效运行，契约平台的建设是重要保障。契约的存在在于成员组织对合作关系的确认，保证供应链动态联盟组织的稳定性。承担非关键性农产品物流业务主要是个体及私营储运者、中小型物流企业或涉农非物流企业等，通过采用以序列性为基础的动态合同，在农产品供应链动态联盟成员中寻找和调整物流合作伙伴，保证农产品供应链动态联盟组织的高度柔性。同时在契约中还应包括联盟中利益分配与风险分担的相关约定[106]。

在所研究的各种供应链契约中，存在基本的共同特点：一是目前所研究的供应链契约基本上只有两个参与方，通常是一个销售商与一个制造商，这两者构成一个简单的供应链系统，他们都面向随机需求，产品的销售周期较短；二是研究参数中的众多因素都属于外生的因素，如批发价格、零售价格、生产成本、库存保管成本、信誉成本、剩余产品回收价值都是外生的；三是研究的实用对象一般属于短生命周期的商品，具有销售价格逐渐下调、生产提前期长而销售周期比较短等特点，这类商品由于信息技术的飞速发展和同类可替代产品不断推出，使其具有了单周期产品的一些特点，但由于其本身属于耐用消费品，因此兼有功能性商品的特点，使得其销售问题较为复杂；四是制造商作为供应链核心企业，向销售商提供契约合约；五是各种供应链契约都有不同侧重点的协调机制。在所研究的各种供应链契约中，在以下几方面存在明显的差异：返回策略和价格折扣契约中的需求是独立的，而其他契约中的需求在一定程度上存在着一定的相关性；在价格折扣契约里，在不同的阶段允许不同的价格，而其他契约则通常假设在所有阶段其价格均恒定。这些差异的存在，构成了不同供应链契约对供应链整体及其参与各方所产生的不同影响[107]。

2.2.4 粮食供应链利益补偿协调机制的契约模式选择方法

粮食供应链利益补偿协调机制的契约模式选择，是通过契约来实现供应链成员关系的可视化过程，是供应链各主体利益补偿协调管理的手段，契约就是一种粮食供应链利益补偿协调机制，由于利益补偿协调有各种单一或组合模式，因此，契约模式的选择成为研究的一个主要难题，选择方法如下。

1. 契约的优化组合方法的选择

契约作为一种利益补偿协调管理的方法，要实现供应链成员利益补偿协调的最终目的，因此选择的静态优化组合契约模式方法有供应链总体利润最大法、供应链最优订购量法；选择的动态优化组合契约模式量化方法有动态规划方法、多次博弈选择法[108]等。

当前所有契约机制都是基于两个参与成员供应链模型进行设计的，但这与供应链多个参与成员、多级的复杂性特征不相符，所以有文献给出了多级供应链协同契约的设计过程，提出了成对契约（pairwise contracts）概念，即首先分别分析两个成员之间的契约机制，再将这些成对契约进行整合，以达到供应链的协同目标[109]。这种契约充分考虑了成员之间、契约参数之间的相互约束，但也具有一定的局限性，考虑到契约之间的参数是相互依赖的，成对契约假定所有成员之间的契约签订或形成都是同时的，但实际上，个体成员要等到所有其他成员都协商好之后再签订自己原本就已成熟的契约是非常不现实的，再者如果考虑到等候时间所造成的机会成本，对成员来说，成对契约显然已经不再是最优的[109]。为解决成对契约签订时间上的不合理性问题，van der Rhee 等采用扩展收益共享契约（spanning revenue sharing contract），假设供应链成员之间的批发价决策是由上游至下游依次进行，而订货量决策是由下至上依次进行，成员之间的契约分时段各自决定，保证了契约签订时间限制的合理性，并给出了该机制协同供应链的参数选择过程[110]。

针对粮食供应链契约研究，首先研究成对契约，按粮食供应链产地价格最先决定价格的主要特点，契约研究遵循从上游生产和加工开始，到加工和销售商，最后由销售商到零售商的思路。

2. 契约内容的设计表达规范

粮食供应链利益补偿协调机制的契约模式要具备一种易于管理的可视化过程[111]，因此，契约规范表达的内容应该包括以下两点。

第一，增加契约制订方自身的可视性，这种可视性涵盖了过去的行为、现在的状况、贸易伙伴的计划和能力。

第二，增加贸易伙伴对制订方的可视性，包括订单状况信息、发明的可能性、运送计划等。

所以，契约签订的双方利益、风险的分配，一定要落实到运作实体中，成为一种规范。

当然，契约设计过程中针对关键参数的制订并不简单，其在某种程度上决定了协调供应链的效果。理论界有大量的参数设计模型可供借鉴，但在实际的契约设计过程中还应注意以下几点：针对企业所处供应链的特点，并充分考虑契约的执行成本，选择合适的契约模式；在设计供应链契约时，企业必须确定好利益的分配原则；各成员要签订信息披露条款，将库存、销售额与生产成本等信息为契约各方所共享；在契约设计中为各个节点企业进入和退出该供应链预留出必要的空间，可以避免由于某一个节点企业的突然进入或者退出而给原有的供应链带来巨大的波动[60]。

3. 契约在粮食三级供应链合作关系管理中的应用方法选择

根据易舒的研究[111]，契约组织选择在三级粮食供应链中的应用如图 2-2 所示。

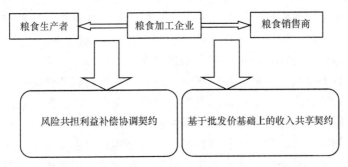

图 2-2　契约在一个生产商的供应链合作关系管理中的应用

下面将考虑信息不对称条件下（如粮食销售商出现市场需求随机的情况），如何进行契约选择决策。

传统的信息对称情况下的供应链协同契约机制在信息不对称情况下往往失效[109]。例如，信息对称情况下回购契约（buyback contract）、数量弹性契约

（quantity flexibility contract）、期权契约（option contract）等都属于弹性契约，即都能实现供应链的协同，协同带来供应链的额外收益可以在成员之间实现任意分配，分配比例依赖于成员之间的讨价还价能力。但在信息不对称情况下，这些弹性契约机制则不再等价，即对信息不对称的影响不同，对信息共享的激励效果也不相同[109]。例如，对于批发价契约，只有当供应链的整体服务水平较低时才能激励信息优势方共享信息；数量弹性契约则须回购率足够低时才会发挥效果，否则零售商就会从回购产品中获得更多收益导致激励的失败；而回购契约则总能激励供应链成员进行信息共享，并获得供应链的协同。因此，学者们都从不同的供应链运作条件探寻合适的激励机制。

综上所述，研究粮食供应链利益补偿协调机制的契约形式，应从研究粮食供应链结构构成开始，从粮食供应链主要的供应链运作条件入手探寻合适的协调机制。

2.3　粮食供应链利益补偿协调机制的研究框架

契约是粮食供应链利益补偿协调机制构建的最主要表达形式，依托相关利益补偿协调契约的构建，来完成粮食供应链利益补偿协调机制，是主要的研究方法，粮食供应链利益补偿协调机制的研究框架如图 2-3 所示。

（1）进行我国粮食供应链利益补偿协调现状调查，分析存在的问题，进行成因诊断。首先，结合调研，研究中国粮食供应链的地理分布和特征，确定代表中国粮食供应链的主要构成情况，确定主要的供应链作为研究对象；根据确定的主要供应链的结构、组织协调模式，调研总结粮食供应链利益补偿的现状，分析影响因素，找出瓶颈问题；针对探究到的瓶颈问题进行深入分析，结合加拿大和我国粮食供应链发展水平相当时期的文献，得出研究启示。

（2）中国主要粮食供应链利益补偿协调机制优化性重构。针对粮食供应链利益补偿的瓶颈问题，研究中国粮食供应链利益补偿协调机制优化性重构的指导思想、原则、重构的内涵、评价的综合指标；在上述基础上，主要优化重构三级粮食供应链粮食补偿契约，形成契约规范，最后，提供得到的供应链利益补偿协调机制绩效评价综合指标。依据此综合指标，核心企业可以根据企业经营数据及上下游企业调研数据进行供应链利益补偿协调机制评分。

（3）中国主要粮食供应链利益补偿协调机制实施的支持体系研究。根据上述主要粮食供应链利益补偿协调机制优化性重构获得的主要规律，以有利于供应链协调的产业链政策为重点，研究激励供应链成员协调的政策流程模型；在此基础上，探索有利于粮食供应链利益补偿协调机制实施的政府支持体系，以及粮食供应链运营主体实施利益补偿协调的对策。

（4）大宗商品粮三级供应链利益补偿协调机制应用研究。将上述部分研究结果用于实际，或者进行典型案例收集；进行典型试验研究。

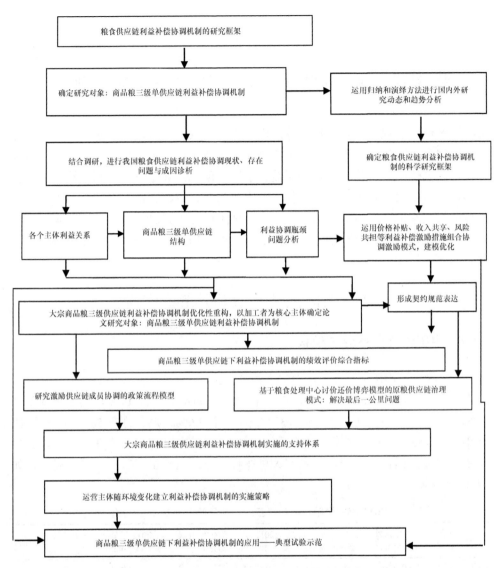

图 2-3　粮食供应链利益补偿协调机制的研究框架

2.4　小　　结

　　本章研究形成了粮食供应链利益补偿协调理论。界定粮食供应链利益补偿协调的微观组织模式的种类：粮食生产者、加工企业、销售企业、物流公司为核心的粮食供应链组织模式；从粮食供应链协调机制的契约应用的风险、契约应用的前提、契约设计的基础模式、契约选择方法进行研究。最后得出粮食供应链利益补偿协调机制的研究框架。本章为后面各章的研究奠定了研究理论基础。

第3章 中国粮食供应链利益补偿协调现状

通过供应链视角，在微观主体层面研究中国粮食供应链的自然分布状况，提炼中国粮食供应链主要代表，界定研究对象，达到进一步聚焦研究的目的；通过调研，研究供应链客体和主体的利益补偿协调现状；界定供应链利益补偿主体和客体，分析中国粮食供应链利益补偿的主要问题和成因。最后，结合与中国粮食供应链发展水平相当时期的加拿大文献，试图得出研究启示。本章为第 4 章和第 5 章商品粮供应链利益补偿协调机制的优化性重构及支持体系建立提供协调组织载体与研究目标。

3.1 中国主要粮食供应链的选取

3.1.1 中国粮食自然分布现状

近年来,中国粮食种植面积稳定增加。2012 年粮食播种面积为 11 120.5 万 hm^2，比上年增加 63.2 万 hm^2，增幅 0.6%。粮食单产同步提高，2012 年粮食平均单产为每公顷 5301.8kg，比上年提高 135.9kg，增幅 2.6%。粮食总产 58 958 万 t，比上年增产 1837.1 万 t，增幅 3.1%，实现 1959 年以来第一次连续 9 年增产。2012 年主要粮食如稻谷、小麦、玉米和大豆在种植方面出现了"三增一减"局面，如表 3-1 所示。

表 3-1 2012 年主要粮食品种"三增一减"情况（对比 2011 年情况）

品种	增减变化	2012 年播种面积/万 hm^2	增加面积/万 hm^2	增幅/%	2012 年总产/万 t	增加产量/万 t	增幅/%	2012 年单产/(kg/hm²)	增加产量/(kg/hm²)	增幅/%
稻谷	增产	3 013.7	8	0.3	20 423.6	323.5	1.6	6 776.9	89.6	1.3
小麦	增产	2 426.8	−0.2	−0.01	12 102.3	362.2	3.1	4 986.9	149.7	3.1
玉米	增产	3 503	148.8	4.4	20 561.4	1 283.3	6.7	5 869.7	122.2	2.1
大豆	减产	717.2	−71.7	−9.1	1 302.4	−146.1	−10.1	1 816.0	−20	−1.1

数据来源：2013 年中国粮食发展报告

2012 年粮食生产成本增加，如表 3-2 所示，表示主要项目变动情况。

出现成本上涨的原因，一是主要受化肥价格上涨影响，每亩化肥施用量（折纯）仅比上年增长 0.8%,但每亩化肥费用达到 143.4 元，增加 15.1 元，增幅 11.8%;二是由于机械化率持续提高和机械作业价格上涨，每亩机械作业费用为 114.5 元,比上年增加 16 元,增幅 16.2%;三是由于种子价格上涨 10.6%,价值用量增加 1.3%,

表 3-2　粮食生产每亩总成本对比

粮食品种	2011 年总成本/(元/亩)	2012 年总成本/(元/亩)
稻谷	897	1055.1
小麦	712.3	830.4
玉米	764.2	924.2
三种粮食平均	791.2	936.6

数据来源: 2013 年中国粮食发展报告

每亩种子费达到 52.1 元, 比上年增加 5.6 元, 增幅 12%; 四是人工成本持续上涨, 虽然每亩用工数量比上年减少 5.3%, 但是人工单位时间工资上涨幅度较大, 每亩人工成本达到 372 元, 比上年增加 88.9 元, 增幅高达 31.4%; 五是土地价格持续上涨, 每亩土地成本 166.2 元, 比上年增加 16.4 元, 增幅 10.9%。

2012 年, 中国粮食生产的自然分布主要表现为: 呈现出主要产区北移, 并在空间上逐步集中的趋势, 粮食主产区与主销区的空间距离拉大, 实现粮食安全对粮食流通特别是粮食物流体系的需求明显增强, 需要进行粮食供应链的空间布局优化设计。

中国粮食主产区主要集中在: ①东北、华北地区, 包括黑龙江、吉林、辽宁、内蒙古、河北等省、自治区; ②泛黄淮地区, 包括河南、山东、安徽、江苏等省; ③长江中游地区, 包括湖南、湖北和江西等省; ④中南部地区, 包括四川省。

中国南北粮食不仅在种植生产方面的规模和品种结构具有很大差异, 在粮食供应链方面也有巨大差异, 主要体现在粮食供应链规模、物流运输及产销结构的不同。

3.1.2　中国南北粮食供应链分布

基于 2012 年中国粮食自然分布现状, 发现中国粮食生产分布呈现出向北转移的趋势。与此同时, 中国北方粮食供应链也呈现出强劲发展势头, 其分布越发集中, 并且逐渐具备大宗粮食的特点, 供应链源头, 即生产环节, 主要集中分布在黑龙江垦区等粮食生产基地, 粮食加工后销售范围基本覆盖全国。

中国南方粮食供应链主要集中于粮食主产区, 与北方粮食供应链相比, 该粮食供应链中粮食供应量较少。另外, 南方粮食供应链在成品粮销售方面的表现更加活跃, 主要体现在粮食加工企业与粮食经销商之间, 以及粮食一级经销商或代理商与下级经销商或者消费者之间, 各主体之间的交易活动较为频繁。

3.1.3　大宗商品粮三级供应链的选取

影响国家粮食安全的供应链, 主要是商品粮供应链。商品粮可简单解释为一种作为商品出售的粮食, 是农业生产单位或个人以交换为目的而生产的, 其具有价值和使用价值两种要素。商品粮是市场中主要进行流通的粮食, 满足消费者的日常需求和工业加工需求，商品粮供应链是最主要、最广泛的粮食供应链。作为最主要的商品粮生产基地，黑龙江省成为粮食供应链主要的上游粮食生产地区，选取该地区商品粮供应链研究商品粮供应链利益补偿协调问题具有代表性。首先，需要确定供应链中参与的利益主体，分析供应链上各主体的关系，协调各方利益。按照主体的性质和目前的主流粮食流通体制，通过对粮食流通市场的调研，简化出供应链上的必要主体，可以确定，中国粮食供应链最具代表性的典型为大宗商品粮三级供应链。大宗商品粮三级供应链涉及的利益主体包括以下三种。

1. 粮食生产者

粮食生产者是商品原粮的供给者。粮食生产者主要包括普通农民、种植大户、粮食种植企业、农民专业合作社、家庭农场及国有农场等。其中普通农民属于规模较小型的粮食生产者，而其他粮食生产主体，可实现规模经营。考虑到需要与加工企业签订契约，参与供应链协调机制构建，在此选择的粮食生产者指具有原粮生产规模的经营主体，商品原粮的供给数量规模化，能够促使生产者具备市场谈判能力。

粮食生产者作为商品粮三级供应链的原粮供给主体，对其自身的粮食生产规模具有较大的要求，调研农场时发现，原粮产量达到上万斤的农户具有与粮食采购商讨价还价的能力，能够达到如此生产能力的粮食生产者主要为农民专业合作社、家庭农场或国有农场，能够实现原粮大量供给，具备较强的协调能力，能够在市场交易中占有重要地位，并且有需求也有意愿参与对商品粮三级供应链中粮食加工企业和粮食经销商的协调，组织原粮按照粮食加工企业、销售企业的计划和要求进行加工、销售，从而实现利润增加的目的。其实施协调机制的表现形式为契约。

2. 粮食加工企业

粮食加工企业是商品原粮的加工主体，负责生产并销售成品粮。在国家粮食资源整合发展的前提下，倾向于对大型粮食加工企业的扶持，鉴于主要研究以加工企业为核心的商品粮供应链，在此选择大中型粮食加工企业作为供应链核心主体，其具备协调其他主体参与供应链合作的能力。而小型加工企业，无法形成较强的带动力，不能集成竞争力强的供应链成员，此类型加工主体虽然数量众多，但质量安全上难以保障，不能成为供应链核心主体。

3. 粮食经销商

粮食经销商是直接面对消费者的成品粮销售主体，负责将加工企业加工后的成品粮通过市场载体进行销售，成品粮主要通过粮食经销商流入市场。粮食经销商可以包括代理商和批发商，可以是企业，也可以是个体经营，在粮食流通市场中，可体现为粮食代理销售企业、粮食批发市场、粮食中转站、超市等。在此选择的粮食经销商要求具备一定的营销能力和成熟的销售渠道，有着完善的财务和企业管理制度，能够并且有意愿与粮食加工企业签订协调契约，从而形成双方之间的利益补偿协调机制。

粮食生产者、粮食加工企业与粮食经销商是构成商品粮三级供应链最主要的经济主体，粮食生产者的原粮必须经过加工进入流通市场进行销售。在非契约粮食供应链中，粮食生产者的粮食生产数量对粮食加工企业和粮食经销商的订购数量会产生影响，但粮食加工企业和成品粮经销商的定价对粮食生产者的利润影响则不大，粮食生产者的收益主要由粮食销售数量决定。在运行契约的商品粮供应链中，粮食生产者的收益将会受到供应链中其他主体的影响，利润将会根据契约约定的参数在供应链中进行部分重新分配，成品粮经销商的粮食产品定价的影响将会通过粮食加工企业传递给粮食生产者。

针对这三大主要粮食生产、加工及销售主体，可形成商品粮三级供应链，是中国粮食供应链利益补偿协调机制构建研究的主要类型，具有代表性，对其展开研究能够涵盖粮食供应链基本问题，以及提供相应的对策，可行且具有应用价值。

3.2　大宗商品粮三级供应链的调研

作者于 2013 年 9 月 11 日至 2014 年 2 月 28 日进行调研，调研对象包括粮食加工企业、粮食生产者及成品粮经销商，重点调研各经营主体之间的合作关系。

调研内容涉及大宗商品粮三级供应链 2012 年和 2013 年运行情况。鉴于北方粮食一年生产一季的实际情况，以 1 年 1 次交易为契约协调周期进行调查，方便进行后期契约选择中的博弈研究。调研内容确定为调查粮食供应链主体之间的利益补偿协调实施情况，调查问卷见附录 2 到附录 4。在调研过程中，主要以契约（合同）为调研基点，询问相关供应链主体在其经营中是否签订合同，以及合同的具体相关实施情况。

研究对象选择有代表性的商品粮三级供应链，其中，选择粮食生产者、粮食加工企业和粮食经销商作为主要调研对象，弄清商品粮三级供应链参与主体的特征及作用，理顺彼此之间的利益联系，进一步协调商品粮供应链，有助于解决目前供应链中存在的问题，增强供应链竞争力，保障粮农利益及国家粮食安全。

调研范围选择黑龙江省大宗商品粮形成的跨省三级粮食供应链所覆盖的主体所在的地点。主要调查原粮的生产、加工和销售主体相关的情况。黑龙江省是全国最大的商品粮生产基地，其商品粮产量占全国的 1/4，具有商品粮生产的代表性，调查选择农场主、大型粮食生产企业、大型合作社；以黑龙江省粮食主要销售区域为标准，选择了河北、北京、山东、四川、江浙、安徽及广西等销售地。

调查方式包括访谈、写调查问卷、观察等方法，获得相关信息及数据，其中，发放调查问卷 70 份，有效回收 50 份。归纳总结相关调研结果见 3.3~3.7 节。

3.3 大宗商品粮三级供应链的结构分析

3.3.1 一般粮食供应链结构分析

供应链可以用结构图进行规范表达。按照粮食从种植到消费者餐桌上所需的必要条件进行分析,链上主体可以包括农业生产资料供应商(主要为粮食生产者提供必要的农资,包括化肥、农药、良种、农业机械租售服务等)、粮食生产者、粮食经纪人(粮贩)、粮食物流企业、粮食加工企业、粮食贸易公司、国有粮库(国家级、省级、地市级、县级)、国有粮食购销企业、粮食批发市场(粮食交易中心)、超市、粮油经销店、消费者等。现实中的粮食供应链较为复杂,以洪岚和安玉发[58]的粮食供应链网状结构模型为表达基础,构建一般粮食供应链结构模型,如图 3-1 所示。

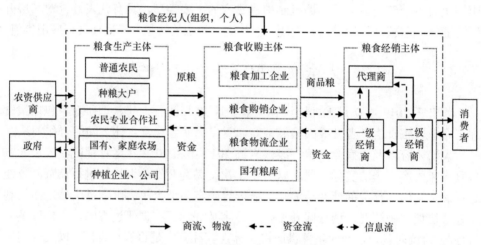

图 3-1 一般粮食供应链结构模型

粮食供应链一般不是从农资供应到消费者一次性建立,大多是从形成供应链的一部分开始,逐渐延伸衔接,从而形成完整的粮食供应链。如图 3-1 所示,国有粮库从粮食生产主体处进行原粮收购与存储,占每年粮食产量的较大部分,这是因为只有充足的粮食供给与储藏才能保障国家粮食安全。国家各级政府对粮食供应链各个环节均有信息监管,特别是针对原粮种植、销售环节,提供种粮补贴及各项粮食托市等政策支持。有些粮食供应链涉及多种主体,更加复杂,经历的环节更多。

3.3.2 大宗商品粮三级供应链中的"四流"分析

1. 商流

商流是物资在由供应者向需求者转移时物资实体的流动,主要表现为物资与其等价物的交换运动和物资所有权的转移运动。具体的商流活动包括买卖交易活动及商情信息活动。商流活动可以创造物资的所有权效用。商流是粮食流通的一部分，通常是先发生商流，而后发生物流，在商流完成以后再进行物流，商流带动物流发展，在商品粮供应链中，各环节交易属于商流范畴，针对黑龙江省商品粮流通的相关调研，获得进入市场加工流通的粮食，主要是社会粮食采购，首先加工企业采购，其次加工成成品粮、饲料产品或工业产品，进入流通市场进行销售，最后到达消费者手中，在此研究的是这部分商品粮供应链上的交易契约（契约也称合同）。在黑龙江省，社会粮食采购主体包括各类型粮食加工企业等，直接或间接（通过经纪人）从生产者手中获得原粮。采购模式主要有三种：一是大型加工企业在粮源所在地直接设有固定或临时采购站（点），负责采购原粮；二是企业派人直接下到粮源所在地进行联系、采购，并通过汽车、火车等方式直接运输粮食到加工企业所在地，不在当地进行存储；三是一些小型加工企业从附近农民或经纪人手中采购粮食，来满足企业的加工生产。粮食生产企业与粮食经销商之间存在商品交易关系，两者之间存在纸质合同或口头协议，商品粮所有权从粮食加工企业进一步流转至经销商、消费者。

2. 物流

商品粮物流主要通过运输来体现，粮食运输将粮食供应链中的种植、加工、代理商、一级和二级批发商、销售商，以及消费者联系起来，是商品粮供应链中必要的环节，在研究粮食供应链利益补偿机制中，运输环节是主要考虑的一个方面。商品粮供应链中粮食运输方式主要包括铁路运输、公路运输和水路运输，并且在调查中发现跨省粮食交易多数选择铁路运输，省内粮食运输则多数选择公路运输。在运输过程中，如果委托第三方物流公司进行运输，则主要以公路运输为主。在商品粮存储方面，由于原粮生产销售的季节性，原粮的储存时间较长，同时成本也较高，因此具有一定实力的粮食加工企业会选择自己建设仓库进行储藏。如果采购的原粮数量超出仓储能力，将会选择租用闲置仓储资源的方式，而在非主要加工时段，企业将会选择边采购边生产的方式，不占用多余库存。同时，国家制定了《国家储备粮管理条例》委托社会闲置仓储资源代储，国家对代储配额收购资金给予全额支持，并支付一定的储备费用。部分粮食加工企业可以利用这项国家政策，通过获取粮食代储的资格，以及利用储备粮的轮换，通过拍卖获得部分加工用粮的需要，从而节约企业的储存费用。

3. 资金流

商品粮供应链资金流由下游消费者向上游粮食生产者与农资供应商方向流动，但利润主要集中于下游主体，特别是粮食经销商。在商品粮供应链中资金流主要体现在各个环节的粮食价格方面，没有契约（合同）协调的环节主要体现在现货市场中各主体两两交易，商品粮交易价格随行就市，而在契约或合同协调的环节中资金流主要体现在对应的契约价格上。

4. 信息流

信息流在商品粮供应链中起到重要作用，信息的透明与高效流通能够促进商品粮供应链的协调与良性发展。信息流与商流、物流及资金流的单向流通不同，属于双向流通或多向流通，粮食生产者将种植生产信息向下游传递，粮食加工企业将加工信息向上游与下游同时传递，粮食经销商将市场需求信息向上游移动，不仅如此，商品粮供应链中的信息还流向其他行业主体，可以说，信息传递的透明度显示了供应链集成的程度，信息流可以成为一个错综复杂的网状流态。

3.3.3 大宗商品粮三级供应链协调的组织模式提取

由于供应链成员是独立的经济实体，存在自身利益和供应链整体利益的平衡问题，因此，需要供应链管理者协调成员的行为以保证供应链成员间信息流、物流和资金流的畅通，从而实现产成品的价值，供应链的管理者一般是指供应链中居于领袖地位的企业或组织，也称为核心企业。根据核心企业的不同，将商品粮三级供应链分成如下三种形式，并在信息共享、契约构建及协商处理等方面，对商品粮三级供应链协调组织模式进行相关信息提取。

1. 以粮食生产者为核心的商品粮三级供应链

粮食生产者作为核心主体协调粮食加工企业与成品粮经销商，从上游向下游进行集成，推动整条商品粮供应链的构成。作为核心主体的粮食生产者具备较大的生产规模及较强的市场谈判能力，能够提供数量巨大的商品原粮，并掌握一定的社会资源，通过各种途径与粮食加工企业及成品粮经销商进行联系，并形成合作关系，此时粮食加工企业起到为粮食生产者加工商品原粮的作用，粮食经销商起到为粮食生产者销售加工后成品粮的作用，粮食加工企业和粮食经销商受到粮食生产者的协调与控制，如图 3-2 所示。核心企业以管理推式供应链为主。

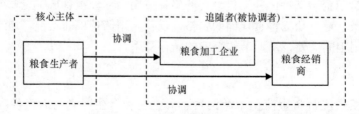

图 3-2 以粮食生产者为核心主体的供应链协调关系

2. 以粮食加工企业为核心的商品粮三级供应链

粮食加工企业作为核心主体协调粮食生产者与粮食经销商，把握上游商品原粮的采购与下游经销商的成品粮销售。作为核心主体的粮食加工企业具备较强的经济实力，为了满足加工生产，通过直接或间接（通过经纪人）的方式从粮食生产者处采购商品原粮，再通过粮食经销商进行成品粮销售。粮食加工企业分别与粮食生产者和粮食经销商进行协调，粮食生产者与经销商之间没有直接联系，如图 3-3 所示。核心企业管理推拉结合型供应链。

图 3-3　以粮食加工企业为核心主体的供应链协调关系

3. 以粮食经销商为核心的商品粮三级供应链

粮食经销商作为核心主体协调粮食生产者与粮食加工企业，从下游向上游进行集成，通过市场需求拉动整条商品粮供应链的构成。作为核心主体的粮食经销商为了满足自给的销售需求，不直接从粮食加工企业进货，而是按照市场的需求直接向粮食生产者采购原粮，并联系对应的符合条件的加工企业，为粮食经销商进行加工，生产符合订单或合同要求的成品粮，此时，粮食经销商从下游市场需求反向拉动集成商品粮供应链，如图 3-4 所示。核心主体管理拉式供应链。

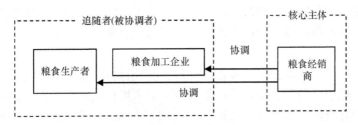

图 3-4　以粮食经销商为核心主体的供应链协调关系

针对上述关于商品粮三级供应链的组织协调模式的分析，确定研究对象为以一个加工企业为核心的商品粮三级供应链，该供应链也称单链，这里粮食生产者、加工企业与粮食经销商均具备一定的竞争力。这类商品粮供应链是粮食供应链中的一种主要类型，随着国家粮食产业的发展，土地经营权的进一步流转，具备适度经营规模的粮食生产者越来越多，粮食加工企业资源整合度也越来越高，因此以加工企业为核心主体，具有一定生产规模的粮食生产者和具备规范经营的粮食经销者为追随者（被协调者），形成的商品粮供应链比例也会越来越大。基于此进行研究，具有较强的普适性。

3.4 大宗商品粮三级供应链利益补偿的现状

商品粮三级供应链中界定单链作为研究对象后，就要分析链上各个主体之间的利益关系。粮食生产者、粮食加工企业、粮食经销商等将粮食的生产、加工、销售和储备连接起来，粮食供应链的协调在很大程度上取决于各粮食主体的利益协调，因此有必要理顺各利益主体的关系，分析彼此影响的关键因素，为研究商品粮供应链利益补偿协调机制提供正确的利益关系框架。

3.4.1 粮食生产者与粮食加工企业的利益补偿现状

鉴于农户的社会困境、议价权利困境、农户规模小、专业化和商品化低、农民法律意识低[112]，在粮食主产区推进土地合理化流转并开始规模化经营，经营主体可以是企业、农业合作社、大型农场主。这种规模化发展，使得生产主体进入粮食供应链，可以和加工企业平等协商成为可能，解决了直接面对农户造成管理成本过高的问题。

粮食生产者提供原粮，属于卖者，粮食加工企业采购原粮，属于买者。在市场经济体制中，粮食市场接近于完全竞争市场，粮食市场信息透明，原粮销售价格及市场零售价格公开，但是不同地点、不同粮食规模、不同交易主体，交易价格不同，且价格波动幅度较低。两者之间的利益关系可以包括以下 3 种。

一是粮食生产者与加工企业在现货市场中进行交易，原粮销售价格比较透明，成本和价格波动范围比较清楚，粮食生产者按照市场价售粮，粮食加工企业按照市场价格进行收粮，双方一次买卖结束，即利益关系结束，双方利益与风险各自承担。

二是粮食生产者与加工企业在产前签订农业订单，粮食生产者按照订单对粮食品种、化肥农药使用、质量及产量等相关要求进行生产，并在一定期限内将满足需求的粮食交给加工企业，这其中"中介机构+农户"模式的履约率较低，不到30%[113]，虽然规定了权利与义务，但因缺少利益共享与风险共担机制，合作关系维系时间较短，粮食生产者与加工企业在订单期间存在利益关系。

三是加工企业与生产者签订利益补偿契约，此种契约引入利益补偿协调机制，通过契约条款规定利益如何共享、风险如何分担，粮食生产者与加工企业之间不仅在粮食价格上存在利益关系，在促进生产者规模、稳定加工企业粮源等方面也存在利益关系，并且，这种利益关系更加注重长远发展与整体利益，但此种利益补偿契约应用较少，主要存在于一些有机粮食生产者和加工者之间，加工者采购一般会支付定金。

政府的粮食补贴在逐步调整，影响着生产者收益和经营。当前的粮食直接补贴是普惠制，农户的土地不管是否耕种都可以按耕种面积得到补贴，对粮食生产的刺激作用有限。有学者建议把目前普惠制的粮食直补改为对农民收入的补贴，按耕地面积发放；对于今后新增的补贴，可按粮食产量、商品量给予补贴，或增加对种粮大户的补贴，促进农村土地流转，使土地向种粮大户集中，扩大粮食规模经营的范围[114]。

国家在逐步加大对粮食主产区的财政转移支付力度，不仅影响生产者，也影响加工企业。粮食主产区大都是欠发达地区，财政非常困难，政府向居民提供的公共产品一直比较少。为了补偿粮食主产区多年来发展粮食生产而减少发展工业的机会，必须加大对粮食主产区政府的财政转移支付力度，以利于向主产区居民提供更多的公共产品。一方面，中央财政应妥善安排主产区粮食直补资金的财政预算，加大纵向转移支付力度。另一方面，国家可建立粮食调节基金，基金主要来源于国家向粮食主销区政府收取的一部分资金，用于粮食主产区的农民补贴和主产区政府向居民提供的公共产品[114]。

3.4.2　粮食加工企业与成品粮经销商的利益补偿现状

粮食加工企业与成品粮经销商之间，前者是成品粮的提供者，是卖方，后者是需求者，是买方。粮食加工企业与经销商之间的利益关系可以分为以下三种情况进行考虑。

一是粮食加工企业与成品粮经销商之间是一次性合作关系。经销商根据粮食产品宣传单自主进货，合作关系的维系主要依靠进货价格的高低与消费者的认可，这类的利益合作关系比较随意。

二是粮食加工企业与成品粮经销商之间有长期的合作关系，但没有明确的书面合同，如对北京市新发地安康瑞丰粮油销售部的调查就发现属于这种情况，该经销商与黑龙江省五常市兴吉米业股份有限公司建立长期合作关系，2012~2013年销量中大致有 90%是销售东北大米，包括黑龙江五常、吉林省等地，10%销售江苏和江西大米，虽有长期合作关系，但没有明确的书面合同，订购时的相关事项每次根据不同的行情双方进行协商，价格随行就市，并且依靠人情关系，进行信息共享和双赢合作，商家进货没有固定的周期，根据销量随时增减订单，合作中的销售补偿方式为在春节、"五一"、"十一"等促销时间由厂家提供指定的品牌米折扣价，无其他补偿方式，订购运费均记入买方，采用公路运输，通过物流配送，运费不固定。

三是粮食加工企业与成品粮经销商之间存在带有一定激励方式的合作关系，具有书面合同，主要体现在粮食加工企业与本企业地区代销商之间存在代理合同，其中不仅规定了代理品牌、价格等，还包括对代理商的奖励措施。例如，代理合同中规定，当粮食代理商在完成季度销售指标的前提下，可以给予一定的返利和销售奖励。销售额的统计方式以粮食加工企业的财务数据为准，销售商配合粮食加工企业核对账目，保证双方数据一致。而对一般批发市场中的经销商来说，与加工企业之间缺少具体的长期利益补偿合同，在对大庆市粮食批发市场调查时得知，经销商会直接和加工企业联系进行粮食产品的采购，双方在市场价格基础上进行价格协商，采购一次，付款一次，没有任何搭赠或奖励措施。但是，当产品出现任何质量问题，可以无条件进行退换货，两者的利益关系仅存在于粮食产品销售期间，一旦不再进行销售，两者利益关系随即终止。

3.4.3　产地在黑龙江省的商品粮三级供应链的利益关系分析

通过对黑龙江省粮食供应链的调研，发现各主体利益关系主要体现在价格、利益分享、风险承担及合同制订等方面，上面介绍的粮食生产者、粮食加工企业与成品粮经销商的主要利益关系可以用图 3-5 表示。

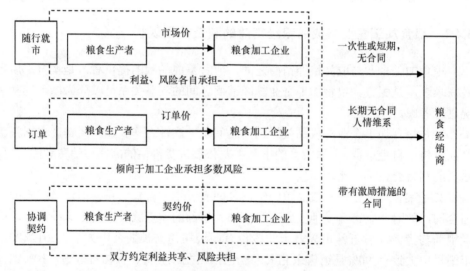

图 3-5　黑龙江省粮食单供应链上各个主体之间的几种利益关系

3.4.4　商品粮三级供应链利益补偿的主要种类

1. 价格补偿

在粮食供应链中价格补偿是主要的利益补偿种类。价格补偿可以体现在多种粮食供应链协调契约中，如收入共享、价格折扣、返利及回购等供应链协调契约。并且，价格补偿可以存在于粮食供应链中任何两个主体之间的交易环节中，用以满足主体之间长期的协调需求，平衡利益分配。

2. 技术服务补偿

技术服务补偿主要是指粮食供应链一方主体对另一方主体提供的关于技术支持、技术培训、科技指导等相关的补偿措施。最早的此类补偿，可以体现在粮食加工企业与农户之间，通过签订农业订单实现。2014 年以后，生产、销售服务补偿兴起，如农机服务、物流服务、互联网销售服务等。

3. 风险共担补偿

在商品粮供应链中，如果遇到市场风险，各主体之间或者相关各主体之间存在一种契约，或者约定，对受损严重的主体进行补偿，或者约定共同承担风险带来的损失。例如，超市的粮食产品过期，粮食供应商和超市各自承担这部分损失，这就是粮食供应链中的风险共担补偿。

3.5　大宗商品粮三级供应链利益补偿的主体和客体分析

3.5.1　商品粮三级供应链中主体和客体利益补偿的环境影响因素

第一，黑龙江省粮食供应链跨省至其他地域导致运输成本过高，增加市场价格风险。黑龙江省地处中国最北端，虽然有着辽阔的黑土地，但是在运输上对比河北、安徽等粮食主产区不占有地缘优势，其运输成本相对较高。粮食供应链中企业承担的运费将会对此类型粮食供应链的利益补偿产生影响。

第二，政府粮食价格补贴推高了粮食价格。有些地方政府不仅利用行政权力强制建立粮食合作社组织，并且出台大量优惠扶持政策促进龙头企业的发展，短期来看效益显著，但这种产业化组织是不可能长久的，也是难以成功的。行政管理部门仍然是条块分割、各自为政，粮食生产管理长期形成的生产、加工、运销相互脱节的局面并未改变[84]。

第三，自然环境的改变及极端天气的出现，对整条粮食供应链都会产生极大影响，此时，如果粮食生产者遭受到的损失巨大，为了获得高品质商品粮的合作能够长期进行，粮食加工企业与粮食经销商将会为粮食生产者提供一定的利益补偿。并且，政府也将通过各种政策，对粮食供应链的受灾主体进行一定补偿，此时，对粮食供应链的利益补偿形式及内容将会产生影响。

第四，生态环境的改变，可导致粮食品种、种植及加工要求的改变。此时，粮食供应链的主体经营对象不同，导致了主体的利润可能发生变化，粮食生产、加工及销售主体的利益补偿方向有可能发生改变。

除了上述几种环境因素的影响，政府在税收、运输、资金、市场管理、跨省结算等方面，还存在许多制约粮食供应链协作发展的因素[115]。

第五，人工费用一直在增长，推高了与粮食相关的人工费用，减弱了供应链主体利益补偿的能力。生产工人增加工资、加发奖金、消费基金过快增长等相关原因，导致成品粮加工及销售成本中的人工费用增加，这将极大地削减粮食加工企业和粮食经销商的利润。

第六，政府在产地推动粮食规模化种植的发展，增强了种植主体参与供应链利益补偿的可能性。粮食规模化种植发展，可以有效降低粮食种植生产的成本，并且具备一定的原粮集货能力，在一定原粮销售订单中，可以满足一定的原粮销售订购量，有实际谈判能力和社会地位，其对利益补偿方向及补偿形式、额度都会产生影响。

国家行政力量的过度干预，导致粮食产销各利益主体间利益关系严重失衡。粮食主产区和粮食生产者的利益大量转移给粮食主销区和粮食经营者，从而影响了粮食生产者的种粮积极性，进而长期对我国的粮食安全造成威胁[116]。

2013 年，我国粮食虽然总量上基本能够实现平衡，但关键问题是在区域上粮食生产与需求不平衡，由于各地在粮食生产资源禀赋和经济发展水平等方面存在较大差异，我国粮食供求的区域不平衡性十分显著，而粮食产销利益失衡将对我国粮食安全的长期保障构成潜在威胁[117]。

3.5.2 商品粮三级供应链中主客体利益补偿要素的影响因素

商品粮三级供应链中补偿主客体都是指供应链运作的主要参与者，补偿主体是指那些具有实力的参与者，为了协调整体粮食供应链的最大效益及追求长期发展，提供给其他主体一定补偿，提供补偿的为补偿主体，而接受补偿的则可称为补偿客体。对粮食供应链补偿主客体产生影响的因素，也将影响到整条粮食供应链。

第一，粮食播种面积与粮食单产水平是影响粮食生产补偿主客体的主要影响因素。其中，粮食播种面积对粮食总产量的影响是最大的，但受到人口增长、城镇化工业化发展、农业生态环境恶化及退耕还林还草政策制约，18 亿亩粮食耕地面积保障依旧困难，单纯依靠增加耕地面积提高粮食产量已不现实，而在耕地资源一定的情况下，提高复种指数是扩大粮食播种面积的有效途径，但需要注意到，粮食播种面积的提高在一定程度上是以牺牲其他农作物为代价的，在我国粮食比较效益较差的情况下，这种政策的影响效果会大打折扣，并非长久之计[118]。而且，徐祥明和覃灵华于 2012 年在分析我国近 30 年影响粮食安全因素的基础上，运用定量分析方法，得出各因素与粮食总产量的相关系数依次为：化肥施用量＞农用机械总动力＞有效灌溉面积＞粮食播种面积＞耕地面积[119]。也就是说，粮食播种面积已不是粮食增产的主要途径，单位面积粮食产量成为现在粮食增产的主要因素。单位面积粮食产量主要与化肥投入、有效灌溉面积、农业机械、劳动力投入、粮食价格、政策及制度的变动等有关。王双进和李健英运用因子分析方法，对典型影响因子通过时间序列趋势图逐一进行多角度分析，得出化肥的贡献作用相当明显，有效灌溉面积对粮食的增产作用已大部分体现在粮食播种面积这个因素中，农业机械化程度虽然也与粮食产量相关，但影响并不大，这是因为机械化程度主要影响生产效率（如播种与收割速度等），有利于完成人畜力无法达到的作业效率和作业质量，但其本身对提高粮食单产作用并不明显[120]。当粮食生产者基于粮食产量能够形成一定规模，其可以承担粮食供应链上游补偿主体，对粮食加工企业可以在粮源稳定性等方面加以保障时，利益补偿形式为分担加工企业的集货风险。

第二，粮食价格成为影响粮食供应链主客体选择的间接因素。粮食价格在三级粮食供应链中，主要表现为原粮销售价格和成品粮销售价格，粮食价格越高，对粮食供应链上游主体越有利，那么在一定程度上将会推进上游主体成为利益补偿主体。

第三，相关粮食政策补贴可影响粮食供应链主客体选择。我国现行的粮食政策与制度主要包括以粮食直补和农资综合直补为内容的综合性收入补贴、以良种补贴和农机购置补贴为内容的生产性专项补贴，以及粮食最低收购价政策的多层次的粮食补贴政策体系，除此之外还有与之相关的财政农业支出政策、粮食储备制度等。政府每年公布的最低收购价格是影响主产区农户粮食供给的主要因素之一；最低收购价格通过引导粮农的价格预期从而对他们的粮食供给行为起导向作用。近年国家稳步提高粮食最低收购价水平，对有效保护粮农利益、调动农民粮食生产积极性，保证重点粮食品种的市场供给起到重要作用[121]。相关粮食补贴可以促进粮食供应链上各个主体进一步参与协调，补贴可以提高其整体实力，从而促进其成为补偿主体，来协调整条粮食供应链。

第四，粮食加工企业设在产地还是销地的选择影响粮食供应链主客体确定。粮食加工企业建在粮食生产地，其原粮采购和运输费用相对较低，但是其成品粮销售和运输费用较高；而粮食加工企业建在成品粮销售地时，原粮的采购和粮源维护费用则较高。这样，粮食供应链中利益补偿将会存在不同，为弥补远距离销售和采购劣势，前者利益补偿可以选择收入共享型，加强粮食加工企业与粮食经销商之间的联系，后者利益补偿可以选择风险共担型，加强粮食加工企业与粮食生产者之间的联系。

综上所述，粮食生产补偿主客体受到多种影响因素共同作用，激励众多主要因素，从而提高产量的措施，主要集中在粮食补贴政策及农业科技水平进步上。粮食补贴政策对保障国家粮食安全具有不可或缺的作用，但从实施效果看，普惠性、收入性补贴对生产发展的激励作用在逐步减弱，针对性不强、粮农收益不明显现象凸显，应更为关注新一轮粮食增长驱动力的科技创新，而农业科技及农业基础设施的扶持需要粮食产业主体的依托，即科技服务对象的确定。粮食供应链利益补偿协调机制则从各主体利益关系角度，针对影响粮食生产的主要因素，协调链上主体利益分配，帮助粮食政策有效地深入粮食产业，促进粮食产量增加，促进粮食精深加工，从而保障国家粮食安全。

3.5.3　商品粮三级供应链利益补偿主客体界定

市场机制发挥的作用越来越大，价格机制将成为各利益主体相互联系的主要纽带，因此也出现了粮食产销利益主体，价格机制之间的博弈，各利益主体在博弈中强势地位的影响，致使粮食产销利益失衡。

鉴于粮食供应链上利润向下游流动的趋势，无法靠供应链各主体本身的运作改变，因此，需要构建以供应链整体利益最大为目标的各主体之间的利益运行机制，也需要政府直接对上游种植者进行利益补偿，需要确定供应链内部利益补偿主体和客体：政府作为供应链利益补偿的环境主体之一，对粮食种植者进行补偿，加工企业作为补偿主体对种植者进行补偿，后者成为补偿客体；销售企业和加工企业可以互为补偿主体和客体。

3.6　大宗商品粮三级供应链利益补偿协调的主要问题和成因

根据一些商品粮供应链调查，发现粮食产业发展可体现在商品粮供应链竞争力方面。较强的商品粮供应链竞争力，可以有效促进粮食产业资源整合，提高粮食产业生产、加工与销售各主体的利润，有效抵抗国际粮商的冲击。但是，调研表明，商品粮供应链竞争力还有待于进一步加强，在链上各主体获得利润、合作利益协调及粮食种植品质方面存在以下主要问题。

3.6.1　商品粮供应链上主体间利润不均衡

在黑龙江省粮食主产区进行相关调研发现，商品粮供应链上生产和加工主体利润偏薄，虽然调查过程中显示粮食经销商利润稍好，但对于粮食加工企业，则面临利润空间压缩，商品原粮采购价格受国家保护普遍要比国际原粮价格偏高，成品粮售价不理想，一方面产地距离销地较远，运费高；另一方面品牌认可度不够，礼品粮食、有机粮食销售定位不准确。种植主体获利程度也不均衡，粮食生产者基于规模种植的前提下，可以获得较优厚的利润，但规模较小的农民种粮纯收入少，比较收益低。

3.6.2　商品粮三级供应链主体间缺乏长期利益分享和风险共担意识及体验

根据上述商品粮三级单供应链主体利益关系分析可知，目前的商品粮供应链缺少长期稳定的合作关系。粮食生产者销售原粮随机性较强，一般出售给出价最高的购买者。粮食加工企业采购原粮时，也基本没有稳固而持久的合作对象，较大型企业能够设定粮食采购站（点），但是与生产者的联系多数属于人情维系，或者在固定的粮源区域进行采购，而缺少带有收益共享与风险分担型的长期合作关系，每年都会在粮食采购上面投入大量的人力、物力与财力，采购成本较高，并承担了很大风险，一旦粮源不稳定将会给加工企业带来一定损失；在粮食加工企业与经销商之间的成品粮销售时有合同，但是，一般局限于一次性或短期合作。在调研中还发现，一些小型门店式粮食经销商不注重与加工企业或区域代理商的长期契约关系，面对繁杂的大量粮食品牌，主要参考进货价与消费者的认可度选择销售，这样在一定程度上加剧了粮食加工企业之间的不良竞争，忽视了长期合作带来的稳定收益与粮食质量的安全保障。总之，在商品粮供应链中，各主体之间缺乏一定的利益分享和风险共担的协调意识和体验。

3.6.3　商品粮三级供应链协调中缺乏长期而自适应的利益补偿协调机制

在课题研究期间，调研了包括黑龙江、河北、北京、山东、四川、江浙、安徽及广西等地的部分城市粮食加工企业、粮食生产者及粮食经销商之间的合作关系，发现调查的各个主体之间大多缺乏利益补偿的协调机制，在粮食生产者与粮食加工企业之间几乎没有利益补偿协调机制，在粮食加工企业与成品粮经销商之间偶尔存在着搭赠与奖励等相关激励措施，但还没有形成长期的利益补偿协调机制，导致商品粮供应链交易成本居高不下，严重影响了商品粮供应链的整体利润增长，表现为粮食供应链整体竞争力不强。

3.7　大宗商品粮三级供应链利益补偿协调主要问题的加拿大研究启示

在本节，选取反映 1998~2002 年加拿大农产品供应链研究具有代表性的 5 篇文章[122-126]，这段时期加拿大农产品供应链遇到的主要问题与 3.6 节分析的黑龙江省大宗商品粮三级供应链利益补偿协调的主要问题相似，这个判断来自于 2006 年加拿大的一个援华项目——"小农户适应全球市场发展"，该项目主要应用供应链管理解决小农户进入全球供应链的问题，当时的项目负责人陈志刚资助本课题主持人编写国内第一本农产品供应链管理教材，了解当时加拿大农产品供应链发展状况。通过分析这 5 篇文章，找出解决大宗商品粮三级供应链利益补偿协调问题的主要方向。

直到 20 世纪 90 年代，农产品供应链管理通常被认为是一种零和博弈，会导致农民失去加工商和零售商。随着国际贸易环境变化所带来的农产品领域外部因素的变化，加拿大农产品面临着新的全球原材料来源市场和消费市场，新的农产品市场竞争环境要求加拿大各类农业组织重新审视农产品供应链发生的变化。供应链不再是简单的管理原材料的渠道，而是在新的市场和新的产品领域提供新的竞争方式。在这个新的市场环境中，消费者获得了市场的主导力量，要求以尽可能低的价格获得更多种类的产品、更高的质量标准和更好的服务水平。农业行业和政府部门认识到供应链管理对农产品行业竞争力的重要性。同时，研究者应该分析出农产品从农场到最终消费者过程中供应链存在的重要问题，以此成为未来的研究方向。通过梳理上述 5 篇文章，得出如下研究启示。

3.7.1 基于契约固定技术进步带来的标准、服务等协调商品粮供应链发展的研究

梳理文献[123]发现，技术进步改进了农产品质量评价方法，降低了加拿大农产品供应链的交易成本，促进了更紧密的供应链合作伙伴关系。首先，技术进步减少了加拿大农产品生产者面对的农产品质量等级不确定的问题。其次，客观、科学的等级或质量评价方法减少了买卖双方之间在质量等级方面的纠纷。纠纷的产生是由于等级信息不对称，一般来说，加工商比生产商掌握更多关于分级过程中的信息。这些问题促进了加拿大农业企业通过契约或战略联盟协议实现更紧密的供应链协调关系，因为质量通常是卖方与买方之间价格谈判的基础，交易的双方确信分级体系是极其重要的。例如，英国面包公司 Warburtons 有限公司的小麦来自加拿大生产商。公司发现改进发酵过程的技术可以使产品更容易受到小麦品质变化的影响[122]。这种可变性促使公司引入新的加拿大小麦品种。但是，现有的分级系统不能获得所有对公司重要的小麦品质数据。因此，Warburtons 公司开始建立自己的小麦质量标准。通过和生产商签订合同，公司在马尼托巴省西部专门建立生产基地为其面包产品生产小麦，Warburtons 公司通过和加拿大小麦种植户签订的订单管理供应链。小麦育种和烘焙技术的发展成为这种变化的关键催化剂，实现农产品收获前的质量评价，并且是基于客观、科学的质量衡量标准，而不是主观的判断，促进加拿大农产品供应链更紧密的协调[122]。其他类似技术的进步，如超声波技术、自动光学探测、成像技术和电子测量设备等的商业化应用，商家可以在消费者购买之前通过品牌声誉、标签或者质量认证向消费者说明产品的质量信息，如加工的产品是否含有转基因生物，确定肉产品食用前的纹理、柔韧度和一般口味[123]。

通过研究粮食供应链服务的补偿协调平衡效率型和敏捷型供应链之间的相互作用是一个满足市场需求的研究方向。效率型供应链主要体现供应链的物理功能，即以最低成本向客户提供功能型产品。该类产品主要面向基本需求，具有生命周期长、需求稳定和便于预测、产品变异程度小等特点。因此，效率型供应链相对

成熟、稳定，比较易于实现市场的供需平衡。敏捷型供应链主要体现供应链的市场调节功能，对未预知的需求做出快速反应，提供创新型产品。该类产品主要面向创新型需求和个性化需求，生命周期短，需求不稳定并且难以预测，变异程度大。因此，要求供应链具有响应速度与柔性。在我国粮食市场中，效率型供应链和敏捷型供应链同时存在，且交叉存在并相互影响。因此，在本书的研究范畴中，需要明确这样的相互作用在哪里发生，并通过供应链战略管理平衡敏捷型供应链的波动需求和效率型供应链的稳定需求，管理它们之间的相互作用以限制两种供应链之间的干扰。可以通过互联网进行市场细分定位及物流配送的增值服务解决。考虑供应链不同的订单分离点形成原粮推式供应链（匹配效率型供应链）和面食拉式供应链（匹配敏捷型供应链）不同衔接带来的协调成本，选择面食供应链分销渠道现有的物流模式组合协调推拉供应链，详见第 7 章。

提升大宗商品粮三级供应链必须研究农产品供应链绩效评估体系。完善供应链指标体系，创新农产品供应链模型，评估农产品供应链当前绩效。针对不同的农产品行业和不同目的建立评价指标体系，评估供应链成员竞争能力，准确描述链条运行状态，为改进农产品供应链提供战略评估。

综上所述，在商品粮供应链中，针对农户生产单位规模小，食品加工商可以同时与多个农产品供应商产生业务关系，在不同的供应要求下，通过契约建立有效的供应链伙伴利益协调关系，实现供应链整合，降低可变性使供应与需求相匹配并保证众多供应商供给产品的质量标准和产品特性，相关契约及农产品供应链绩效评估体系都是研究的发展方向。因此，核心主体通过契约固定技术进步带来的质量标准、服务标准、联盟合作的折扣等，不仅能有效地把多个供应商和销售商整合到它们的网络，还能促进大宗商品粮三级供应链的发展。这个方向的后续研究详见第 4 章、第 6 章、第 7 章、第 8 章。

3.7.2　基于博弈改变供应链中敌对关系的利益补偿协调机制实施的支持体系研究

梳理文献[123, 124, 126]发现，加拿大农产品供应链各主体的传统敌对关系必须协调，甚至要跨国协调供应链，对此，博弈方法是可行的。

贸易自由化深化了加拿大农产品供应链在国际市场中的博弈，不同国家和地区签订的双边和多边贸易协定，标志着博弈的结果是建立国际贸易组织，可以理解为这是协调的组织，制定协调的规则。例如，1989 年加拿大-美国贸易协定（CUSTA），1994 年北美自由贸易协定（NAFTA），1995 年乌拉圭回合协议建立的世界贸易组织（WTO）等，这些贸易协定减小了国家间的贸易壁垒，促进了国际市场一体化的形成。

从跨国供应链的角度看，加拿大农业政策直接或间接的因为 CUSTA/NAFTA

和 WTO 发生改变。例如，消除西方粮食运输法案（WGTA）降低了加拿大西部畜牧业的饲料成本，导致肉牛和生猪养殖业在加拿大的草原省份迅速扩张，加工能力也随之快速发展[123]。随着美国生产商获得向加拿大出口饲料的许可，加拿大西部成为饲料的进口地区，而从加拿大西部到美国西部和太平洋西北部的牲畜出口持续增长[124]。因此，美国取代了加拿大西部和中部地区成为加拿大西部牲畜产品的主要消费市场。

CUSTA / NAFTA 降低了美国公司在加拿大农产品行业直接投资的障碍。大型农业综合企业已经利用这些新的投资机会。例如，美国的肉类包装企业扩张到加拿大阿尔伯塔省南部。加拿大的农业公司也在美国市场扩展业务，例如，萨斯喀彻温小麦联营公司在美国市场追求投资多样化，包括对畜牧业的重大投资[123]。因此，跨国供应链协调将变得越来越普遍，而农产品加工贸易的发展远远超过大宗农产品贸易。

加拿大食品加工产业的供应链已经密切协调并实现跨国协调，外资分支机构在加拿大的食品供应链中扮演着重要角色。例如，在加拿大，吉百利-史威士软饮料产品是由位于安大略省米西索加市的吉百利饮料加拿大公司（英国子公司）生产的；坎贝尔汤是由位于多伦多的坎贝尔汤公司（美国子公司）生产的；卡夫食品是由在安大略省的美国子公司生产的[123]。这些品牌产品是国际公认的，因为它们为消费者提供标准的质量保证。为了与国际市场中的产品质量水平达到一致，母公司或授权子公司必须有相当的控制上游生产情况的能力，可以通过直接投资在海外建造工厂或者通过指定许可和特许经营协议等方式来实现。因此，CUSTA/NAFTA 和世贸组织为加拿大农产品公司创造了一个更流畅的投资和贸易环境，促进农产品原材料和半加工跨国供应链发展。

另外，消费者需求多样化要求供应链的参与者通过契约和战略联盟伙伴关系密切协调供应链，改进链上信息流，使供应链更容易适应消费者不断变化的消费需求[126]。但是，通过这些更紧密的供应链关系供给和销售的农产品比例越高，生产商可用的替代渠道就越少，它们的议价能力相对减弱，从而增加生产者的谈判成本。

综上所述，在商品粮供应链中，必须以国家、行业的联盟为基础，必须参与联盟的政策支持体系的制定，甚至呼吁政府制定各方面的政策，如政策激励商品粮三级供应链成员协调的流程和政府支持体系，同时，各核心主体应该运用博弈论的方法，制定包含均衡各主体利益的供应链利益补偿协调机制、实施策略，凝练基于讨价还价博弈等方法的粮食供应链治理模式。这些研究详见第 5 章。

3.7.3　用于商品粮三级供应链风险管理战略的风险分担利益补偿契约研究

梳理文献[123, 124]发现，加拿大农产品供应链各主体都面临风险，所以供应链风险管理战略是必要的。

农业生产具有自然属性，需要应对自然条件变化的风险，如气候、天气、遗传基因等。而且农业生产一般具有季节性，并且大批量生产，生产周期长，交货周期长。这些因素为农产品的供应和生产带来额外的可变性，限制了农产品供应链的灵活性和市场响应能力，经常出现产品供应和市场需求不匹配，波动性大，这些给农业企业带来很大困难。因此，有必要实施供应链风险管理战略，制订合理的生产计划满足持续不稳定的市场需求，保护供应链从而避免过多的可变性，减小自然条件变化的影响。

农产品质量安全约束，给加拿大农产品供应链带来了经营风险。不管是对国内的消费者市场还是主要的出口市场，农产品质量安全都已经成为加拿大农产品行业面临的重要问题。不断出现的国际食品安全事件使得许多国家的政府机构开始立法或者向食品公司发布指导意见，加强国家的食品供应安全。作为主要农产品出口国，这些变化对加拿大非常重要。1996 年，美国政府通过了 HACCP（Hazard Analysis Critical Control Point），要求任何进入美国的肉类产品必须证明其安全标准符合美国要求。因此，加拿大农产品出口商必须证明其产品符合 HACCP 要求才可以进入美国市场。

实际上，消费者（不管是国内市场还是出口市场）对农产品质量安全标准的要求给农产品增加了一个额外的隐藏属性。消费者很难通过视觉检验直接识别农产品是否符合质量安全标准，必须由农产品的经营组织保证其质量安全。但是，农产品供应链各个阶段买卖双方之间存在信息不对称，如果零售商（或者加工商）提供食品安全保证，一旦发现问题，沿供应链的食品追溯会给公司的声誉带来严重的负面影响[123]。因此，整个农产品供应链上的各个参与主体都需要为产品质量提供保证。

许多加拿大食品生产商采用 HACCP 系统。假设 HACCP 系统能有效降低食品在加工阶段的风险，下一步就是降低供应链中其他环节的食品安全风险。为此，加工商鼓励生产商采用 HAPPC 质量保证计划。例如，加拿大猪肉委员会实施的向加工商发布加拿大猪肉生产资格保证的计划，保证动物生产按照一定的质量标准进行，该计划的主要动机是改善加拿大猪肉产品的食品安全[123]。通过建立食品安全生产标准提高下游买家在产品质量和安全上的信心。在此过程中由生产者详细记录信息，减少加工商（和其他下游公司）的信息收集和监控成本。

增强农产品质量安全保证需要下游公司掌握上游公司更多的生产过程信息，农产品供应链将会变得更加紧密协调。显然，这种关系是复杂的，需要通过契约严格规定双方的利益分配和承担的责任，这样就使得加拿大农业企业形成了很多类型的战略合作关系，如战略联盟、合资企业或特许经营等[125]。因此可以提高信息沿供应链流动的效率和供应链的灵活性以应对新的市场机会，实现养殖者和加工商之间更高层次的紧密合作伙伴关系。但是，这里面临交易成本增加的重要问题。农产品供应链的复杂性、动态性、市场性、交叉性导致供应链中随时产生大量的信息，供应链参与者之间的合作依赖于这些信息的流动，因此信息管理和监控成本非常高，交易成本增加（如果下游企业不负担高交易成本，现货市场交易和其他偶尔组成的供应链关系不能随时提供如此大量的信息）。在极端情况下，过高的信息管理成本可能导致农产品供应链完全垂直整合，即下游公司直接控制上游公司的生产活动[124]，但是，考虑到风险增加和资本投资的需求，这样的战略管理是不经济的[123]。

综上所述，基于博弈改变供应链中敌对关系的利益补偿协调模型建设，一定要在契约中加入风险共担的条款，通过优化形成利益补偿协调机制的契约规范，详见第 4 章。

3.8 小   结

本章研究了中国粮食供应链的自然分布状况，提炼了中国粮食供应链主要代表是大宗商品粮三级供应链，界定研究对象是大宗商品粮三级供应链中各主体之间的利益协调关系；根据本研究的主旨，也就是在微观层面上研究粮食供应链的利益补偿协调，来界定研究粮食供应链所涉及的利益主体，并在实地调研的基础上，分析各主体彼此之间的利益关系，以及商品粮供应链存在的一些问题和成因。通过梳理和我国粮食供应链发展水平相当时期的加拿大文献，得出后续研究启示。为第 4 和第 5 章商品粮供应链利益补偿协调机制的构建提供协调组织载体与研究目标。

第4章 大宗商品粮三级供应链利益补偿 协调机制优化性重构

针对第3章大宗商品粮三级供应链利益补偿协调的主要问题和成因，在本章，主要研究大宗商品粮三级供应链利益补偿协调机制优化性重构的指导思想、基本原则，进行大宗商品粮三级供应链利益补偿协调机制优化性重构的内涵研究，给出了重构的主要步骤。在此基础上，为了有利于维护粮食供应链长期利益，增强供应链的稳定性和抵御风险的能力，研究商品粮三级供应链利益补偿协调机制的一种优化组合契约，构建一种供应链核心主体简便适用的利益补偿机制绩效评价综合指标，试图探索大宗商品粮三级供应链利益补偿协调机制的规律，以便在下一章，为供应链核心主体运营和政府政策支持提供可行建议。

4.1 指 导 思 想

综合国内外研究，供应链契约设计或者重构的根本目的，是达到供应链中参与各方多赢的效果，使得供应链整体效益最优。而要达到多赢的效果，买卖各方在制订供应链契约中的价格、数量、惩罚、弹性订货等条款时，必须经过各方的协商，清楚地知道各方目前的优势和劣势，正确处理各方在合作过程中所面临的机会与存在的潜在威胁，使得各方在合作过程中进行各种资源优势互补，达到1+1>2的效果。这就是供应链契约的核心思想[107]。因此，大宗商品粮三级供应链利益补偿协调机制优化性重构应以上述供应链契约的核心思想为指导。

4.2 基 本 原 则

大宗商品粮三级供应链的利益补偿协调机制重构，可参考冷志杰[62]的供应链利益补偿协调机制构建原则。

（1）核心主体具备较大规模及较强的经济实力，如大型农场的股份公司、合作组织，大型粮食加工企业和粮食经销商。

（2）粮食供应链上成员数目适中，参与成员在同产业中最好具备较强的竞争实力。粮食成员数目过多，会增加建立利益补偿协调机制的难度，不利于核心主体的协调。并且，参与主体具有较好的竞争实力，则可以有效地实现供应链的影响力。

（3）协调后的粮食供应链最优利益要比未建立利益补偿协调机制的供应链利

益高。

（4）参加供应链的成员要比不参加时获得更多利润。

（5）供应链上的信息透明。

综上，得出大宗商品粮三级供应链利益补偿协调机制优化性重构的原则。

4.2.1 信息共享以达成供应链成员目标一致性

粮食供应链上涉及主体及环节众多，为追求各自利益最大化，将会选择牺牲供应链整体利益的经济行为，容易放弃整体绩效最大的选择，个体目标与整体目标不一致。而粮食供应链补偿协调机制可以帮助链上主体对整条供应链上的利益分配有整体的认识和判断，并按照其流程约束安排各自经济活动，促使供应链上各利益主体达成目标一致。这个原则不适用于小农户，种植主体应该具有一定规模。小农户可通过加入合作社等形式进入规模种植主体。

4.2.2 实现供应链整体利益最大化

参加供应链的成员要比不参加时获得更多利润，或者减少风险。这里供应链的利益不仅指收益，也包括减少市场风险。

4.2.3 协调粮食生产者高效率及客户安全

粮食供应链利益补偿协调机制要达到粮食生产者高效率及客户安全的双重目标。一方面，粮食生产存在着明显的产业缺陷，与其他部门相比，粮食部门的生产效率和生产者收入都较低，该机制应促使粮食生产者能够实现经济利益，管理的目标为"高效"；另一方面，粮食消费处于基础性地位，该机制应保证消费者能够充分、持续地获得与其需要相符的粮食，管理的目标为"安全"。

4.3 大宗商品粮三级供应链利益补偿协调机制优化性重构的内涵

现有的粮食供应链利益补偿协调机制一方面推高了粮食价格，另一方面摊薄了加工企业等供应链中间环节的利润，因此需要优化重构粮食供应链利益补偿协调机制。鉴于契约是机制的表达形式，从契约管理入手，供应链的契约管理研究主要是指供应链契约决策变量的设计[107]。大宗商品粮三级供应链利益补偿协调机制优化性重构的内涵包括如下几个方面。

（1）明确大宗商品粮三级供应链利益补偿协调机制优化性重构的目标。

（2）了解大宗商品粮三级供应链协调的主要问题，明确单周期协调的激励主体、环境激励条件、单周期利益补偿协调组合模式的基础，重新确定契约决策变量，从上游开始，核心企业协商成对契约，在单周期契约的基础上进行多周期契约研究，供应链的契约协商机制属于一种 Sackelberg 博弈，符合可行的契约双方的协商原理和方法[67]。

从黑龙江产地天然粳稻供应链上节点的市场价格运行驱动和传导规律来看，产地粳稻收购价格主要由政府最低保护价和市场共同决定，粳稻产地市场价格变化先于加工地粳稻价格变化和销地粳米价格变化，加工地粳米市场价格变化先于销地粳米和部分产地粳稻价格，而加工地粳米市场价格变化先于粳稻的市场价格变化；确定一主产地粳稻价格和加工地粳米价格成为供应链上其他市场价格的外生变量，即成为市场中心价格。这很好地解释了黑龙江粳稻产区、加工地和销地主要市场价格的传导规律；说明了集成天然形成的粳稻供应链的驱动模式是推拉型的，以应用供应链推式战略为主，推动应主要施加在产地中心市场价格上，以拉式战略为辅，拉动应施加在加工地粳米中心市场价格上[127]。因此，如果加工企业作为商品粮三级供应链核心企业，签订契约应从上游开始，先签订大宗生产者和加工商的原粮契约，然后是加工企业和销售商的成品粮契约。

（3）根据供应链集成机制评价指标体系，筛选可以评价粮食供应链利益补偿协调机制的评价指标，运用定性和定量相结合的方法赋予权重，可以评价单周期协调契约的协调效果。

（4）形成协调机制，用契约规范表达。

4.4　粮食生产者与加工企业风险分担的利益补偿契约构建

根据前面的分析，粮食生产者与粮食加工企业之间的利益关系直接决定了彼此之间的利润分配，会对整个粮食供应链稳定与持久发展产生较大的影响。利益补偿协调不仅仅是指收入共享、价格补贴等利润的再次分配，还包括对风险分担及信息共享的决策。在粮食供应链中粮食生产者地位较低，而加工企业粮食加工获利越来越薄，彼此之间直接进行收入共享或者价格补贴难度较大，而在风险分担的基础上，基于各自对风险规避与市场需求的不同，从而构建出风险分担型契约，形成一种利益补偿协调机制。在这种利益补偿协调机制中，当加工企业分担一部分原粮供给不足的风险时，生产者可通过接受契约罚金补偿加工企业部分损失，当生产者分担一部分原粮供给不足的风险时，加工企业可通过适当提高采购价格补偿生产者部分损失。这种形式的利益补偿协调机制使得粮食供应链更加稳固，确保原粮销售供给稳定。

4.4.1　基本假设

（1）原粮生产具有随机性。粮食的种植生产不仅取决于劳动力与科学技术的投入，在一定程度上还受到降雨、温度、自然灾害等不确定因素的影响，原粮的产出具有一定的随机性，其实际产出与计划产出往往存在差异。

（2）粮食加工企业成品粮销售量具有随机性。成品粮销售商根据市场需求的不同，其订购量具有随机性，导致了成品粮销售量的随机性。

（3）粮食加工企业是供应链的核心企业。研究包括一个粮食生产者和一个粮食加工企业的商品粮二级单供应链，粮食加工企业作为核心企业，向粮食生产者采购原粮。

（4）粮食生产者和粮食加工企业均为理性决策者，且两者之间信息完全对称。粮食市场中的粮食市场价格都是透明的，可以查询作为参考，但是交易时的决策价格会随收购成本不同而有所变化。

（5）粮食加工企业根据自身加工能力及销售预期，针对一个粮食生产者，确定原粮采购量为 Q，根据成本及预期利润决定产成品销售价格。

（6）粮食生产者具有一定规模种植的能力。按粮食产出量补贴代替按种植面积补贴成为政府支持政策的一种趋势，政府按照粮食产量对农民实施补贴，各种补贴总计假定为单位产出补贴系数 c_g。

（7）假设产出随机系数 $0 \leqslant \overline{k} \leqslant 1$。基于粮食加工企业为核心主体，以此系数分析有效原粮供给不足时对粮食生产者的影响。

4.4.2 符号解释说明

首先，对文中出现的部分变量符号进行解释说明。

p：粮食加工企业加工后的成品粮的单位市场销售价格。

p_s：随行就市的单位原粮市场价格。

w_s：契约规定单位原粮采购价格。

c_s：粮食生产者的单位原粮生产成本，则有 $p > w_s \geqslant c_s$。

c_m：粮食加工企业单位成品粮的加工成本。

c_{mj}：粮食加工企业从现货市场中获得原粮的单位集货成本。

c_{sj}：粮食生产者从现货市场中获得原粮的单位集货成本。

c_g：政府给予粮食生产者种粮补贴的单位产出补贴系数（根据补贴政策的改变而设）。

s：粮食加工企业单位缺货损失，此损失可表现为信誉损失、下次订单减少等。

v：粮食生产者单位缺货罚金。

Q：契约规定原粮采购数量，则产成品数量为 kQ（k 为加工系数，$0 < k < 1$）。

q：粮食生产者规划原粮 Q 时的实际产出数量，则 $q = \overline{k}Q$（$\overline{k}$ 为产出随机系数，$0 \leqslant \bar{k} \leqslant 1$）。

D：经销商市场的需求量，借鉴 He 和 Zhao[128]的随机需求模型，D 为一个非负的需求随机变量，其累积分布函数为 $F(x)$，概率密度函数为 $f(x)$，均值为 μ。

$S(Q)$：粮食加工企业期望销售量。

$U(Q)$：粮食加工企业期望缺货量，则对应的期望销售量和期望缺货量[129]分别为

$$S(Q) = \min(D,Q) = D - (D-Q)^+ = Q - \int_0^Q F(x)\mathrm{d}x$$

$$U(Q) = (D-Q)^+ = (Q-D)^+ - (Q-D)$$

$$= \int_0^Q (Q-x)f(x)\mathrm{d}x - (Q-\mu)$$

$$= \int_0^Q F(x)\mathrm{d}x - (Q-\mu) = \mu - S(Q)$$

$\prod_T^c$：集中决策下粮食供应链整体最优利润。

$\prod_i$：$i = s, m, T$，分别代表粮食生产者、粮食加工企业和供应链总体利润。

4.4.3　粮食生产者接受罚金时的风险分担利益补偿契约

针对粮食生产者和粮食加工企业之间，进行风险共担、利益共享的契约假设：加工企业规定原粮采购价格为 w_s，采购量为 Q，粮食生产者根据采购量确定种植计划，由于产出具有随机性，契约到期时，如果粮食生产者提供的原粮小于契约订购量时，粮食生产者将会对缺少量承担每单位为 v 的风险罚金。则有，当 $q < Q$ 时，粮食生产者面对契约需要接受罚金，即向加工企业递交罚金，表示为 $v(Q-q)$，代表风险共担的协调方式；原粮采购 $w_s = k_o p_s$，其中 k_o 为常数，表达了 w_s 与 p_s 之间的关系可能为大于、相同或小于，表示加工企业对农户的利益补偿方式。

下面根据契约假设，不考虑库存成本和产品残值的情况下，分析最优订购量，并得出采购价格、风险罚金的取值范围，从而获得协调契约的决策条件。

1）粮食生产者利润相关分析

根据上述假设，得出履行契约后粮食生产者的利润：

$$\prod_s = k_o p_s q - v(Q-q) - c_s Q + c_g Q$$
$$= k_o p_s \bar{k} Q - v(Q - \bar{k}Q) - c_s Q + c_g Q \tag{4-1}$$

公式（4-1）中第一项为粮食生产者的销售收入，第二项为当原粮产量小于订购量时承受的罚金，第三项为种植成本，第四项为国家补贴。

粮食生产者利润最大时满足

$$\frac{d\prod_s}{dQ} = k_o p_s \overline{k} - v(1-\overline{k}) - c_s + c_g = 0$$

则有

$$\overline{k} = \frac{v + c_s - c_g}{k_o p_s + v} \tag{4-2}$$

产出随机系数的表达是为了方便一个系统中公式的同样变量替换，见推导公式（4-6），不是为了求值。

2）粮食加工企业利润相关分析

粮食加工企业的期望利润为

$$\prod_m^1 = E[p\min(kQ,D) - s(D-kQ)^+ - k_o p_s q + v(Q-q) - (p_s + c_{mj})(Q-q) - c_m Q]$$

$$= pS(kQ) - sU(kQ) - k_o p_s \overline{k}Q + v(Q - \overline{k}Q) - (p_s + c_{mj})(Q - \overline{k}Q) - c_m Q \tag{4-3}$$

公式（4-3）中第一项为粮食加工企业产成品期望销售收入，第二项为缺货损失，第三项为契约中原粮采购成本，第四项为对农户原粮缺货的罚金，第五项为企业到现货市场中购买原粮缺少量的成本，第六项为加工成本。

3）粮食供应链利润相关分析

粮食供应链整体利润为

$$\prod_T = pS(kQ) - sU(kQ) - c_s Q + c_g Q - (p_s + c_{mj})(Q - \overline{k}Q) - c_m Q \tag{4-4}$$

通过公式（4-4）可以看出，c_{mj} 越大，集货成本越大，$\prod_T$ 越小，无契约时，粮食加工企业的单位粮食采购成本为 $p_s + c_{mj}$，也就是说粮食加工企业在采购原粮时，还需要承担寻找粮源、粮食质量检验、交易费用等成本，并且要承担采购不到原粮的风险，有 $p_s < w_s < (p_s + c_{mj})$，所以粮食加工企业制订该契约比没有契约协调时，具有更稳定的粮源保障，仅需要承担市场需求不确定的风险，而粮食生产者分担了一部分企业的原粮采购风险，这对企业来说是有利的。集货成本越低，对加工企业越有利，对供应链整体利润更有利。因此获得如下结论。

结论 1：粮食生产者不能履约带来的额外集货成本会损害供应链整体利益。

整体利润最大时满足

$$\frac{d\prod_T}{dQ} = k(p+s)[1 - F(kQ)] + \left[c_g - c_s - c_m - (p_s + c_{mj})(1 - \overline{k})\right] = 0 \tag{4-5}$$

则最优订购量

$$Q^* = F^{-1}[1 - \frac{(p_s + c_{mj})(1 - \overline{k})(c_s + c_g) + c_m}{k(p+s)}]$$

在保证粮食生产者利润最大化的前提下，追求供应链整体利润最大化，因此将公式（4-2）带入公式（4-5）中，并整理可以得出：

$$F(kQ) = 1 - \frac{(p_s + c_{mj})(1 - \dfrac{v + c_s - c_g}{k_o p_s + v}) + (c_s - c_g) + c_m}{k(p + s)} \quad (4\text{-}6)$$

由于 $\bar{k} = \dfrac{v + c_s - c_g}{k_o p_s + v}$ 为一个在[0，1]之间的随机变量，则公式（4-6）中

$1 - \dfrac{v + c_s - c_g}{k_o p_s + v}$ 也为一个在 [0,1] 之间的随机变量，v 表示缺货罚金，则

$v = \dfrac{k_o p_s - (c_s - c_g)}{1 - \bar{k}} - k_o p_s$，其中 $k_o p_s - (c_s - c_g)$ 表示粮食生产者单位原粮实际利

润，进一步得出，粮食生产者单位缺货罚金 v 与产出随机系数 $\bar{k}$ 具有一定的正相关关系，当产出随机系数 $\bar{k}$ 在可查范围内时，其值越大，粮食生产者愿意承受的契约罚金越大。

结论 2：当粮食生产者对原粮实际产出的预测期望越高时，粮食生产者可承担的订购量随机风险也随之增大，体现为粮食生产者有意愿也有能力满足契约订购量，粮食加工企业可通过设定较高的契约罚金筛选具有规模产出、履约能力强的粮食生产者。

根据 $v = \dfrac{k_o p_s - (c_s - c_g)}{1 - \bar{k}} - k_o p_s$，可以看出种粮补贴 c_g 与 v 呈正比例关系，得

出结论 3：

结论 3：政府补贴使得粮食生产者的风险共担能力变大。

通过研究加工企业主导型粮食供应链中粮食生产者风险共担机制，得出粮食生产者不能履约带来的额外集货成本会损害供应链整体利益；因此，在保障粮食生产者利润最优的条件下，粮食加工企业可通过设定较高的契约罚金系数，筛选具有规模产出、履约能力强的粮食生产者，保障供应链整体利益。除此之外，按产出进行政府补贴，政府补贴也使得粮食生产者的风险共担能力变大，促进其有能力分担企业更多风险，有助于供应链整体协调。

粮食加工企业作为核心主体制订带有罚金的风险共担契约，签订契约的种粮农户面对粮食产出不确定风险将有两种选择，这里只研究了农户选择接受罚金，而企业负责采购原粮缺货量的情况，另外一种农户通过合作发展，自身集货履约的情况在 4.4.4 节进一步研究。

4.4.4 粮食生产者自主集货时的风险分担利益补偿契约

按照利益共享、风险共担原则制订如下契约假设。

粮食加工企业向粮食生产者采购原粮，数量为 Q，原粮采购价格为 w_s，当农民不能完全履行契约时将会承担每单位为 v 的风险罚金。粮食生产者为了提供足够的粮食，同时在资源有限的条件下保障成本最低，结合产出具有随机性，确定其在契约条件下的随机产出为 $\bar{k}Q(0 < \bar{k} \leqslant 1)$。

粮食生产者根据采购量确定种植计划，由于产出具有随机性，契约到期时，可以提供给粮食加工企业的粮食数量就会存在不足的风险，那么，面对原粮产量不足时，此种契约中就包含着两种博弈：一是粮食生产者面对缺少量将会承担每单位为 v 的风险罚金，则有，当 $q < Q$ 时，粮食生产者面对契约需要接受罚金，即向加工企业递交罚金，表示为 $v(Q-q)$，代表风险共担的补偿协调方式，这一种在4.4.3 节中已有所研究；第二种是粮食生产者不接受风险罚金，采用多种方法自主集成足够的原粮，销售给加工企业，履行完契约。这时，粮食生产者不用交付罚金，转变支付为从现货市场中获得原粮的单位集货成本，用 c_{sj} 表示。

原粮采购 $w_s = k_o p_s$，其中 k_o 为常数，表达了 w_s 与 p_s 之间的关系可能为大于、相同或小于，表示加工企业对农户的利益补偿方式。

下面根据契约假设，不考虑库存成本和产品残值的情况下，分析在粮食生产者不接受罚金的情况下粮食生产者及企业的利润。

1）粮食生产者利润相关分析

根据上述假设，得出粮食生产者自主集货后的利润：

$$\prod_s = w_s Q - (p_s + c_{sj})(Q - q) - c_s Q + c_g Q \tag{4-7}$$

公式（4-7）中第一项为粮食生产者的销售收入，第二项为当原粮产量小于订购量时农户到现货市场中进行原粮集货的总花费，第三项为种植成本，第四项为国家补贴。

粮食生产者利润最大时满足

$$\frac{d\prod_s}{dQ} = w_s - (p_s + c_{sj})(1 - \bar{k}) - c_s + c_g = 0 \quad \text{，则有}$$

$$\bar{k} = 1 - \frac{w_s + c_g - c_s}{p_s + c_{sj}} \tag{4-8}$$

而粮食生产者在没有签订任何契约时，假设也按照产量 Q 进行计划生产，其利润为

$$\prod_s^1 = p_s \bar{k} Q - c_s Q + c_g Q \tag{4-9}$$

构建的契约在满足整体利益最大化的同时，也要保证参加的供应链成员所获得的利益不低于未参加供应链时的利益，因此，$\prod_s \geqslant \prod_s^1$，推导出

$w_s - p_s \geq c_{sj}(1-\bar{k})$，因 $(1-\bar{k})$ 是一个在 0 与 1 之间的常数，所以有 $w_s \geq p_s$，也就是契约中的原粮采购价格要比随行就市的原粮市场价格高，至少为 $c_{sj}(1-\bar{k}) + p_s$，实施该契约的条件是 $w_s \geq p_s$，说明加工企业为生产者提供了一定的利益补偿。

结论 1：粮食生产者自主集货履行契约，帮助加工企业分担风险的同时，加工企业也要对生产者提供一定的利益补偿。

2）粮食加工企业利润相关分析

在粮食生产者自主集货契约下，粮食加工企业的期望利润为

$$\prod_m = E[p\min(kQ, D) - s(D-kQ)^+ - w_sQ - c_mQ]$$

$$= pS(kQ) - sU(kQ) - k_o p_s Q - c_m Q \tag{4-10}$$

公式（4-10）中第一项为粮食加工企业产成品期望销售收入，第二项为缺货损失，第三项为契约中原粮采购成本，第四项为加工成本。

3）粮食供应链整体利润相关分析

粮食供应链整体利润为

$$\prod_T = pS(kQ) - sU(kQ) - c_mQ + c_gQ - (p_s + c_{sj})(Q - \bar{k}Q) - c_sQ \tag{4-11}$$

通过公式（4-11）可以看出，c_{sj} 越大，粮食生产者的整体集货成本越大，$\prod_T$ 就越小，所以为了保障粮食供应链整体利润的最大，c_{sj} 越小越好，影响粮食生产者在现货市场中集货成本的因素，也会影响到供应链的整体利润。

结论 2：粮食生产者自主集货履行契约，其集货能力会对供应链整体利益产生影响。

在粮食生产者无法履行契约，主动接受罚金，由粮食加工企业负责从现货市场中获得原粮，这时粮食供应链整体利润为

$$\prod_T^* = pS(kQ) - sU(kQ) - c_sQ + c_gQ - (p_s + c_{mj})(Q - \bar{k}Q) - c_mQ \tag{4-12}$$

对比公式（4-11）与公式（4-12）不难发现，当其他条件不变时，c_{sj} 与 c_{mj} 的大小直接决定了各自对应供应链的整体利润大小，即当粮食供应链中原粮供应不足时，供应链中粮食生产者与粮食加工企业谁的集货能力较强，就由谁进行原粮筹集，对粮食供应链的整体最为有利。目前，多数粮食生产者实力较弱，基本都是由粮食加工企业自己购买短缺的原粮，即使签订契约也对粮食生产者的约束力不强，而一旦增加了对未履约粮食生产者的惩罚，则这样的契约在初期就对粮食生产者缺乏吸引力，这也就导致粮食加工企业与生产者之间没有契约或只有短期契约，所以，在粮食供应链中还是应该增强生产者的实力与地位，使契约具备履行的基本条件。

供应链整体利润最大时满足

$$\frac{d\prod_T}{dQ} = k(p+s)\left[1-F(kQ)\right]+\left[c_g-c_s-c_m-(p_s+c_{sj})(1-\bar{k})\right]=0 \quad (4\text{-}13)$$

则最优订购量 $Q^* = F^{-1}\left[1-\frac{(p_s+c_{sj})(1-\bar{k})+(c_s-c_g)+c_m}{k(p+s)}\right]$

通过研究粮食生产者与加工企业之间构建的带有罚金的契约，分析加工企业主导型粮食供应链中粮食生产者为了履行契约，自主从原粮现货市场中集货的情况，得出粮食生产者帮助企业分担粮源稳定风险的同时，也要从加工企业中获得一定的利益补偿。例如，在一定程度上提高契约原粮采购价格。除此之外，粮食生产者自主集货履行契约，其集货能力会对供应链整体利益产生影响，粮食生产者的集货能力越强，对粮食供应链的整体利益的提高越有帮助。

对比上述两种粮食供应链模式，以粮食加工企业为核心，选择的粮食生产者的规模及信任度非常重要，当粮食生产者具有自主集货能力，并且集货成本较低时，粮食加工企业可以省去很多麻烦，并且获得稳定的原粮供给，对整条粮食供应链的利润增加有很大帮助。

4.5 商品粮三级单供应链利益补偿协调契约的选择

利益补偿协调机制研究的关键是商品粮三级单供应链上的三个主体之间如何进行利益共享与风险共担，以便使供应链整体收益更大。在本节，借鉴胡珑瑛等[78]的三级供应链结构模型，以粮食加工企业为主导企业，在粮食加工企业与商品粮经销商之间选择构建收入共享利益补偿协调契约，在粮食加工企业与粮食生产者之间选择第3章中带有罚金的风险分担利益补偿协调契约，构建4种利益补偿协调契约，在此基础上，找出使商品粮三级供应链的系统利润及订购量最优的契约。

在现实商品粮流通市场中，供应链的整体协调主要依靠核心主体，核心主体可选择合适契约对其他参与主体进行整合，协调彼此均衡发展。根据对黑龙江省某粮食生产者、粮食加工企业及成品粮经销商的市场调研，可以总结出适合于商品粮三级单供应链的几种契约模式，并对其进行契约选择分析。

4.5.1 商品粮三级单供应链与二级单供应链利益补偿协调机制对比分析

在商品粮三级单供应链中，利益补偿协调机制是指供应链中，利益补偿主体以各种形式与途径(也称协调手段)，对利益补偿客体的利益损失进行适当的赔偿，以维护受损利益补偿客体的行为过程。在商品粮三级单供应链的参与主体要比二级单供应链多出一个，不仅包括粮食生产者、粮食加工企业，还包括成品粮经销商这一主体，此时，利益补偿主体的利益补偿行为要比二级供应链复杂，面对实际市场需求也更具有适应性。

在第 3 章中对粮食供应链主体关系进行分析，得出黑龙江省商品粮供应链中粮食生产者、加工企业与经销商分别都有不同的利益追求与存在的主要问题。在调查中发现，加工企业与成品粮的品牌代理商或大型经销商存在利益协调契约，如返利与搭赠奖励等，用于激励下游主体的销售行为，但与店面式的粮食经销商之间则没有相应的利益补偿契约，彼此之间合作关系的维系主要依靠人情或较低进货价格。店面式或批发市场的粮食经销商选择进货厂家或者粮食品牌，理由较为单一，在对大庆市粮食批发市场调查中显示，粮食产品的进货价格、质量及消费者的认可度是主要选择依据，而对河南省、四川省、安徽省、江苏省及河北省的经销商调查得知，省外经销商销售黑龙江省大米的主要考虑因素是东北大米口感好，并可以借此高价销售；但是，无论在黑龙江省内还是省外销售，成品粮的进货环节都没有签订与利益协调相关的契约。这就造成供应链非常不稳定，粮食经销商调换粮食销售品牌比较随便，只是一味追求短期经济利益，粮食加工企业的销售面临着较大风险，且不利于品牌的维护。

因此，为了保障粮食加工企业销售的稳定性，提高其市场竞争力，在利润越来越薄的现实发展瓶颈上，增加销售量，使得以粮食加工企业为核心的供应链运作更加协调，促使黑龙江省商品粮更多地销往省外，提高黑龙江省对国际粮食进口的承受能力，可以通过契约选择与构建来实现商品粮三级单供应链利益补偿协调机制的研究。

4.5.2　商品粮三级单供应链协调结构分析

根据三级粮食供应链结构模型可知，从供应链上游到下游，包括粮食生产者（supplier）、粮食加工企业（manufacturer）、成品粮经销商（dealer），满足对应假设条件。如图 4-1 所示，粮食加工企业作为核心企业，可以分别与上游粮食生产者和下游粮食经销商之间签订契约。粮食生产者与加工企业之间延续 4.4 节的契约模式，粮食加工企业根据对市场需求的分析预测及每年的生产计划，制订年度采购计划，与生产者签订带有罚金的风险分担型利益补偿协调契约。而粮食加工企业与粮食经销商之间可以进行批发价协调契约、收入共享协调契约选择。在商品粮三级单供应链中主要的契约协调结构及物流、资金流和信息流如图 4-1 所示。

4.5.3　粮食生产者与加工企业之间协调契约选择

在粮食生产者与加工企业之间选择构建风险共担契约。如 4.4 节中所述，粮食加工企业作为核心企业，构建契约，粮食生产者为粮食加工企业分担部分市场

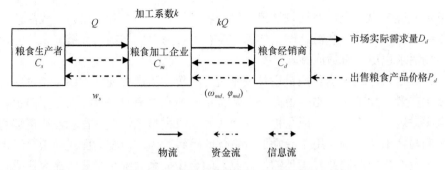

图 4-1 三级粮食供应链契约协调结构

销售风险或缺货损失，由于受到自然条件及人为因素的影响，粮食生产者不能完全履行契约时，也就是实际产量小于契约订购量时，即 $q < Q$，此时粮食生产者将面临以下几种选择：一是接受罚金，对原粮缺少量承担相应的罚金，即 $(Q-q)v$；二是粮食生产者不接受罚金，而是利用自己的集货能力，从现货市场中集成所缺原粮以满足契约订购需求，即粮食生产者需要支付原粮集成成本 $(Q-q)(p_s+c_{sj})$；三是粮食生产者违约，即不提供足够数量原粮，也不接受缴纳罚金，这样就会导致商品粮供应链断裂，合作关系被打破，因此，为防止此类事件的发生，需要加工企业对与其合作的粮食生产者进行有效筛选，生产规模与集货能力是主要参考因素。而与此同时，具有一定生产规模的粮食生产者也在寻求与大型加工商之间的合作，构建长期有利的合作关系，可以有效降低交易成本。加工商同时也会为合作的生产者提供便利的服务支持，包括技术指导、品种改良和生产培训等。

4.5.4 粮食加工企业与粮食经销商之间协调契约选择

粮食加工企业作为核心主体，与粮食生产者和成品粮经销商签订订单。

1. 双方协商以批发价格协调契约交易

批发价契约是一种最为常见的契约，一般是指零售商或经销商根据市场需求和对应的契约批发价格，来决定其订购量，对应的供应商根据这个订购量来组织进行加工生产，提供给零售商或经销商进行销售，此时，直接面对市场的零售商或经销商完全承担市场风险[130]。在商品粮三级单供应链中，粮食加工企业与粮食经销商之间可以选择此种批发价契约协调，此时，粮食加工企业作为成品粮的供应者，粮食经销商作为成品粮的市场销售者，制订成品粮的采购计划。

加工企业同样按照市场需求及年度生产计划，向粮食生产者采购原粮，其订购量为 Q，粮食生产者的实际生产量为 q，$q = \bar{k}Q,(0 \le \bar{k} \le 1)$，$\bar{k}$ 为随机生产系数。

粮食加工企业为了满足自给的生产计划，在未能收购到足量原粮时，会从现货市场中进行集货，产生集货成本，此成本从另一个角度看，可体现为粮食加工企业的缺货损失，将生产的成品粮向经销商销售，供应链上各个主体按照波幅较小而透明的粮食价格进行采购或销售。

2. 双方协商以收入共享协调契约交易

在粮食加工企业与粮食经销商之间选择收入共享契约。收入共享是目前研究范围较广的协调契约，并且，在商品粮供应链中，粮食价格基本上处于全程透明的状态，链上各个主体对粮食价格的把握比较准确，由于商品粮属于价格弹性较低的产品，成品粮销售受到经销商市场促销影响较小，可以使用收入共享契约协调双方交易。按照收入共享的原则与目标要求，设计并构建收入共享契约，根据图 4-1 所示，在三级粮食单供应链的结构模型中添加收入共享契约参数，选择利益最大化为目标，确定链上各成员主体的粮食产品订购量，并通过共享契约参数的设定，使得链上成员的利润比不参加契约时的利润高，满足了利益补偿协调机制的构建原则，从而实现构建并稳定粮食供应链的目的。

粮食加工企业与粮食经销商之间签订收入共享协调契约的步骤如下：根据对市场的预测，计划将加工生产的成品粮数量 kQ，全部销售给经销商，经销商面对的市场需求具有不确定性，当粮食加工企业因各种原因不能完成计划生产量时，负担缺货损失 s，在加工企业与经销商之间设定收入共享契约参数，为 $(\omega_{md}, \varphi_{md})$，其中 ω_{md} 为粮食加工企业设定的契约粮食产品销售价格，ϕ_{md} 为两者之间的收入共享系数，粮食加工企业制订契约，并按照契约价格 ω_{md} 将粮食产品销售给经销商 $(\omega_{md} < p)$，并约定在销售结束后，经销商将收入的 $(1 - \phi_{md})$ 部分返还给粮食加工企业，以弥补加工企业以较低的契约价格销售给经销商的损失。粮食供应链利润通过契约参数 $(\omega_{md}, \varphi_{md})$ 在粮食加工企业和成品粮经销商之间进行协调分配。由于考虑到粮食需求的随机性，粮食加工企业与成品粮零售商的缺货损失与贮藏成本也会在供应链各主体中进行分担。

4.6　商品粮三级单供应链利益补偿协调机制的组合优化

在粮食供应链中利益补偿协调机制的构建以契约形式体现，通过相应的契约执行，可以有效地在粮食供应链中形成对应的机制，从而协调供应链发展。

4.6.1　基本假设

研究商品粮三级单供应链的利益补偿协调机制，可在 4.4 节的基础上进一步假设。

（1）假设粮食生产者、粮食加工企业与成品粮经销商是风险中性和完全理性的，即可以承担相应的风险，不是风险完全规避型主体。

（2）三者均按照各自期望利润最大化进行决策，并坚持信息透明的原则，即三个主体信息对称。

（3）粮食经销商面对的销售对象为粮食终端市场。

（4）现实生活中粮食加工企业生产的成品粮需要经过多家经销商进行销售，但为了研究简便、清楚，假设在商品粮三级单供应链中多家粮食经销商为一个整体，粮食加工企业生产的成品粮全部批发给成品粮经销商。

（5）粮食供应链中仅生产、加工和销售一种粮食，D_d 为市场实际需求量，服从 $D_d \sim N(\mu, \sigma^2)$ 正态分布。

（6）暂不考虑商品粮供应链中各环节的粮食损耗。

4.6.2　符号解释说明

c_d：成品粮经销商的销售成本。

p_d：成品粮经销商销售的产成品市场批发价格。

D_d：消费者市场的实际需求量，同样考虑 D_d 为一个非负的需求随机变量，其累积分布函数为 $F(x_1)$，概率密度函数为 $f(x_1)$，均值为 μ_1。

ω_{md}：粮食加工企业设定的粮食产品销售契约价格。

φ_{md}：粮食加工企业与成品粮经销商之间的收入共享系数。

s_d：成品粮经销商的缺货损失。

$S(kQ)$：成品粮经销商的期望销售量，$S(kQ) = kQ - \int_0^{kQ} F(x_1)\mathrm{d}x_1$。

$U(kQ)$：成品粮经销商的期望缺货量，$U(kQ) = \mu_1 - S(kQ)$。

$\prod_s^i$：三级粮食单供应链协调下的生产者利润。

$\prod_m^i$：三级粮食单供应链协调下的加工企业利润。

$\prod_d^i$：三级粮食单供应链协调下的经销商利润。

其中 $i = 1, 2, 3, 4$，分别代表 4 种不同契约组合下的各主体利润。

4.6.3　4 种利益补偿协调契约组合及各自利润分析

根据本章 4.5 节的商品粮三级单供应链利益补偿协调契约选择与构建，结合实际调查总结出以下 4 种利益补偿契约组合，对应形成 4 种利益补偿协调机制，下面分别分析这 4 种机制的供应链期望利润。

1. 当粮食生产者接受罚金时的风险分担利益补偿协调契约与成品粮批发价协调契约组合的供应链期望利润分析

这是一种较为常见的协调契约组合，在调研中发现，粮食加工企业一般都是自己解决原粮采购，包括从粮食生产者处直接购买、从粮食经纪人处间接购买或从粮库获得，也就是具有完全的自主集货能力，虽然不受粮食生产者的绝对约束，但原粮供给不足时，将会给企业带来较大的集货成本。粮食加工企业通过加工后，将成品粮销售给经销商，与经销商之间签订批发价格协调契约。此时：

粮食经销商的期望利润：

$$\prod_d^{1*} = E[p_d \min(kQ, D_d)] - kQc_d - w_1 kQ - E[s_d(D_d - kQ)^+]$$
$$= S(kQ)p_d - kQ\,c_d - w_1 kQ - U(kQ)s_d \qquad (4\text{-}14)$$

公式（4-14）中第一项为粮食经销商的期望销售收入，第二项为销售成本，第三项为进货成本 w_1 为加工企业人销售价格，第四项为期望缺货损失。

粮食加工企业的期望利润：

$$\prod_m^{1*} = w_1 kQ - p_s q - c_m Q - (p_s + c_{mj})(Q - q) + v(Q - q) \qquad (4\text{-}15)$$

公式（4-15）中第一项为加工企业销售收入，第二项为原粮采购成本，第三项为加工成本，第四项为粮食加工企业未能从粮食生产者处采购到订购量原粮时的自主集货费用，第五项为粮食加工企业向粮食生产者在不能满足契约中原粮供给数量时收取的罚金。

粮食生产者的期望利润：

$$\prod_s^{1*} = w_s q - c_s Q - v(Q - q) + c_g q = w_s \bar{k} Q - c_s Q - v(Q - \bar{k}Q) + c_g \bar{k} Q \qquad (4\text{-}16)$$

公式（4-16）中第一项为粮食生产者的原粮销售收入，第二项为生产成本，第三项为粮食生产者未能满足原粮供给数量时承受的罚金，第四项为政府按照粮食产量进行的补贴。

因此，商品粮三级单供应链总体期望利润为

$$\prod_T^{1*} = p_d S(kQ) - c_s Q + c_g \bar{k} Q - c_m Q - c_d kQ - U(kQ)s_d - (p_s + c_{mj})(Q - q) \qquad (4\text{-}17)$$

供应链利润由销售商的采购量决定，因此，对公式（4-14）求一阶偏导得

$$\frac{\partial \prod_m^{1*}}{\partial Q} = k(p_d + s_d)[1 - F(kQ)] - kc_d - kw_1 = 0$$

则可得粮食经销商的最优订货量为

$$Q^{1*} = F^{-1}\left(\frac{p_d + s_d - c_d - w_1}{p_d + s_d}\right) \qquad (4\text{-}18)$$

2. 当粮食生产者自主集货时的风险分担利益补偿协调契约与加工企业成品粮批发价协调契约组合的供应链期望利润分析

随着土地流转制度的改革和农业经营主体的创新发展，粮食生产者逐步朝向规模化和机械化方向发展，促使粮食生产者具备一定的规模生产能力和集货能力，在有效原粮供给不足时，粮食生产者能够从原粮现货市场中获得缺少原粮的部分，满足与粮食加工企业签订的契约，提供足够的原粮。此时：

粮食经销商的期望利润：

$$\prod_d^{2*} = E[p_d \min(kQ, D_d)] - kQc_d - w_2kQ - E[s_d(D_d - kQ)^+]$$
$$= S(kQ)p_d - kQc_d - w_2kQ - U(kQ)s_d \qquad (4\text{-}19)$$

公式（4-19）中第一项为粮食经销商的期望销售收入，第二项为销售成本，第三项为进货成本，第四项为期望缺货损失。

粮食加工企业的期望利润：

$$\prod_m^{2*} = w_2kQ - w_sQ - c_mQ \qquad (4\text{-}20)$$

公式（4-20）中第一项为加工企业销售收入，w_2 为加工企业销售价格，第二项为原粮采购成本，第三项为加工成本。

粮食生产者的期望利润：

$$\prod_s^{2*} = w_sQ - (p_s + c_{sj})(Q - q) - c_sQ + c_gq \qquad (4\text{-}21)$$

公式（4-21）中第一项为粮食生产者的原粮销售收入，第二项为粮食生产者从现货市场中获得原粮的自主集货费用，第三项为生产成本，第四项为政府按照粮食产量进行的补贴。

因此，商品粮三级供应链总体期望利润为

$$\prod_T^{2*} = p_dS(kQ) - c_sQ + c_g\bar{k}Q - c_mQ - c_dkQ - U(kQ)s_d - (p_s + c_{sj})(Q - q) \qquad (4\text{-}22)$$

对公式（4-19）求一阶偏导得

$$\frac{\partial \prod_m^{2*}}{\partial Q} = k(p_d + s_d)[1 - F(kQ)] - kc_d - kw_2 = 0$$

则可得粮食经销商的最优订货量为

$$Q^{2*} = F^{-1}(\frac{p_d + s_d - c_d - w_2}{p_d + s_d}) \qquad (4\text{-}23)$$

3. 当粮食生产者接受罚金时的风险分担利益补偿协调契约与收入共享协调契约组合的供应链期望利润分析

在风险分担与收入共享契约三级粮食单供应链中，不仅考虑粮食供应链各利

益主体的收入共享，还将缺货损失成本考虑进去。在粮食经销商的期望销售收入
与缺货损失上进行共享，但在各主体的销售成本与进货成本上不进行共享，各个
粮食生产与经营主体无论是否参加供应链或者是否参与契约构建，本身用于生产、
加工与经营的成本不应该推给其他主体，这部分成本是市场经济中主体必须承担
的。粮食供应链上加工主体、销售主体销售的粮食产量是按照市场需求进行的经
济活动，因此按照逆序法进行推导。

成品粮经销商的期望利润：

$$\prod_d^{3*} = \phi_{md}E[p_d \min(kQ, D_d)] - kQc_d - kQ\omega_{md} - \phi_{md}E[s_d(D_d - kQ)^+]$$
$$= \phi_{md}S(kQ)p_d - kQc_d - kQ\omega_{md} - \phi_{md}U(kQ)s_d \tag{4-24}$$

公式（4-24）中第一项为成品粮经销商的成品粮期望销售收入，第二项为经
销商的销售成本，第三项为成品粮进货成本，第四项为粮食经销商承担的部分缺
货损失。

粮食加工企业的期望利润：

$$\prod_m^{3*} = kQ\omega_{md} + (1-\phi_{md})S(kQ)p_d - w_3q - Qc_m -$$
$$(1-\phi_{md})Uk(Q)s_d + v(Q-q) - (p_s + c_{mj})(Q - q) \tag{4-25}$$

公式（4-25）中第一项为粮食加工企业的成品粮批发销售收入，第二项为共
享成品粮经销商的部分成品粮市场销售收入，第三项为原粮采购成本，第四项为
原粮加工成本，第五项为分担成品粮经销商的部分缺货损失风险，第六项为粮食
生产者不能满足契约原粮供给量时向粮食加工企业支付的罚金，第七项为粮食加
工企业自主集货的总成本 C_{mj} 是加工企业自主集货除市场价格之外的单位成本。

粮食生产者的期望利润：

$$\prod_s^{3*} = w_3q - v(Q-q) - c_sQ + c_gq \tag{4-26}$$

公式（4-26）中第一项为粮食生产者的原粮销售收入，w_3 销售价格，第二项
为粮食生产者支付的罚金，第三项为原粮生产成本，第四项为政府基于原粮实际
产量的补贴。

粮食供应链整体期望利润：

$$\prod_T^{3*} = p_dS(kQ) - U(kQ)s_d - c_sQ + c_gq - c_mQ - c_dkQ - (p_s + c_{mj})(Q - q) \tag{4-27}$$

对公式（4-27）进行一阶求导，得到

$$\frac{d\prod_T^{3*}}{dQ} = k(p_d + s_d)[1 - F(kQ)] + \left[\bar{k}c_g - c_s - c_{mj} - kc_d - (p_s + c_{sj})(1-\bar{k})\right] = 0$$

则最优订购量 $Q^{3*} = F^{-1}\left[1 - \frac{(p_s + c_{mj})(1-\bar{k}) + c_s - \bar{k}c_g + c_m + kc_d}{k(p_d + s_d)}\right]$

4. 当粮食生产者自主集货时的风险分担利益补偿协调契约与收入共享协调契约组合的供应链期望利润分析

此种组合下的各个主体期望利润如下。

成品粮经销商的期望利润为

$$\prod_d^{4*} = \phi_{md} E[p_d \min(kQ, D_d)] - kQc_d - kQ\omega_{md} - \phi_{md} E[s_d(D_d - kQ)^+]$$

$$= \phi_{md} S(kQ)p_d - kQc_d - kQ\omega_{md} - \phi_{md} U(kQ)s_d \qquad (4\text{-}28)$$

公式（4-28）中第一项是粮食经销商在收入共享下的剩余销售收入，第二项为销售成本，第三项为契约合同下的进货成本，第四项为加工企业帮助分担下的剩余缺货损失。

此时粮食加工企业的期望利润

$$\prod_m^{4*} = kQ\omega_{md} + (1 - \phi_{md}) S(kQ)p_d - w_4 Q - Qc_m - (1 - \phi_{md}) Uk(Q)s_d \qquad (4\text{-}29)$$

公式（4-29）中第一项为粮食加工企业在契约合同下的销售收入，第二项为经销商销售后补偿给加工企业的部分利润，第三项为加工企业支付给粮食生产者的原粮采购费用，w_4 是采购价格，第四项为加工企业的加工成本，第五项为帮助经销商分担的部分市场缺货损失。由于粮食加工企业与下游经销商签订契约，按照契约进行生产，粮食生产转化率可预知，并且考虑到无论是粮食加工企业自主集货还是生产者自己集货，粮食加工企业都能够获得相对应的原粮进行加工，因此，粮食加工企业与经销商之间可以忽略缺货损失。

根据商品粮三级单供应链契约构建，可知粮食生产者的期望利润为

$$\prod_s^{4*} = w_4 Q - (p_s + c_{sj})(Q - q) - c_s Q + c_g q \qquad (4\text{-}30)$$

公式（4-30）表示在粮食生产不接受罚金，而是选择在现货市场中进行集货的情况下，第一项为粮食销售收入，第二项为自主集货成本，第三项为生产成本，第四项为国家补贴。

因此，基于风险分担与收入共享协调契约构建下，可形成一种商品粮三级单供应链利益补偿协调机制。此时，商品粮三级供应链的总体利润为

$$\prod_T^{4*} = p_d S(kQ) - U(kQ)s_d - c_s Q + c_g q - c_m Q - c_d kQ - (p_s + c_{sj})(Q - q) \qquad (4\text{-}31)$$

对公式（4-31）进行一阶求导，得到

$$\frac{\mathrm{d}\prod_T^{4*}}{\mathrm{d}Q} = k(p_d + s_d)[1 - F(kQ)] + \left[\bar{k}c_g - c_s - c_m - kc_d - (p_s + c_{sj})(1 - \bar{k})\right] = 0$$

则最优订购量

$$Q^{4*} = F^{-1}\left[1 - \frac{(p_s + c_{sj})(1 - \bar{k}) + c_s - \bar{k}c_g + c_m + kc_d}{k(p_d + s_d)}\right] \qquad (4\text{-}32)$$

4.6.4 4 种利益补偿协调组合契约的供应链最优订购量对比分析

根据 4.6.3 中 4 种利益补偿协调契约组合及各自利润分析,针对以粮食加工企业为核心的商品粮供应链,可假设,在粮食加工企业向粮食生产者采购原粮的环节中,如果采用粮食生产者接受罚金时的风险分担利益补偿契约,则契约表示为 A1;如果采用粮食生产者自主集货时的风险分担利益补偿契约,则契约表示为 A2。在粮食加工企业向成品粮经销商销售成品粮的环节中,如果加工企业采用成品粮批发价协调契约,则契约表示为 B1;如果加工企业批发价格上采用收入共享契约,则契约表示为 B2。

这样可形成 4 种不同的利益补偿协调契约组合,并可求出组合契约下供应链整体利润最高时的最优订购量,对比结果如表 4-1 所示。

表 4-1 4 种利益补偿协调契约组合的最优订购量和整体利润

序号	组合契约	最优订购量	组合契约整体利润
组合 1	A1+ B1	$Q^{1*} = F^{-1}(\dfrac{p_d + s_d - c_d - w_1}{p_d + s_d})$	$\prod_T^{1*}$
组合 2	A2+ B1	$Q^{2*} = F^{-1}(\dfrac{p_d + s_d - c_d - w_2}{p_d + s_d})$	$\prod_T^{2*}$
组合 3	A1+ B2	$Q^{3*} = F^{-1}\left[1 - \dfrac{(p_s + c_{mj})(1 - \bar{k}) + c_s - \bar{k}c_g + c_m + kc_d}{k(p_d + s_d)}\right]$	$\prod_T^{3*}$
组合 4	A2+ B2	$Q^{4*} = F^{-1}\left[1 - \dfrac{(p_s + c_{sj})(1 - \bar{k}) + c_s - \bar{k}c_g + c_m + kc_d}{k(p_d + s_d)}\right]$	$\prod_T^{4*}$

将上述 4 种利益补偿协调契约组合进行利润对比分析,首先进行最优订购量对比分析,Q^{1*}、Q^{2*}、Q^{3*}、Q^{4*} 分别是 4 种契约组合下的供应链最优订购量,$F^{-1}(\sim)$ 是市场需求量分布函数的反函数,属于增函数,函数越大,则最优订购量越大。

根据表 4-1 中所示,组合 1 与组合 2 最优订购量的大小对比取决于批发价协调契约中成品粮批发价格,w 越小,$F^{-1}(\sim)$ 越大,也就是订购量 Q^* 越大,即当 $w_1 < w_2$ 时,$Q^{1*} > Q^{2*}$,当 $w_1 > w_2$ 时,$Q^{1*} < Q^{2*}$,如果成品粮批发价格相同,则组合 1 与组合 2 的最优订购量相同。组合 3 与组合 4 最优订购量的大小对比取决于生产者和加工者的原粮集货成本,也就是 c_{mj} 和 c_{sj},原粮集货成本越大,$F^{-1}(\sim)$ 越小,也就是订购量 Q^* 越小,即当 $c_{mj} < c_{sj}$ 时,$Q^{3*} > Q^{4*}$,当 $c_{mj} > c_{sj}$ 时,$Q^{3*} < Q^{4*}$,如果生产者和加工者两者的集货成本相同,则组合 3 和组合 4 的最优订购量相同。但在实际中,两者的集货成本往往不同,取决于各自的规模及市场集货能力。

而组合 1 或 2 与组合 3 或 4 的最优订购量对比,则相对较复杂些。为简单起见,假定 C_{mj} 与 C_{sj} 为 C_j,w_1 与 w_2 为 w,同理对比 $1 - \dfrac{(p_s + c_j)(1 - \bar{k}) + c_s - \bar{k}c_g + c_m + kc_d}{k(p_d + s_d)}$ 与

$\dfrac{p_d + s_d - c_d - w}{p_d + s_d}$ 的大小，用前式减去后式并整理得：$\dfrac{\bar{k}c_g + w - (p_s + c_j)(1 - \bar{k}) - c_s - c_m}{k(p_d + s_d)}$，

为了简化计算，假设产出随机系数 $\bar{k}$ 为 1，也就是原粮供给充足，没有缺货，则可

进一步整理得 $\dfrac{c_g + w - (c_s + c_m)}{k(p_d + s_d)}$，根据市场运行规律可知，成品粮的销售批发价格

一定要高于其原粮生产、加工成本，且 $k(p_d + s_d) > 0$，因此 $\dfrac{c_g + w - (c_s + c_m)}{k(p_d + s_d)} > 0$，

也就是组合 3 或 4 的最优订购量大于组合 1 或 2 的最优订购量。

表 4-1 中组合契约整体利润公式可以用对应的公式加以整理，形成表 4-2。

表 4-2　各个组合契约整体利润公式

组合契约供应链整体利润	对应公式
$\prod_T^{1*}$	$p_d S(kQ) - U(kQ)s_d - c_s Q + c_g \bar{k}Q - c_m Q - c_d kQ - (p_s + c_{mj})(Q - q)$
$\prod_T^{2*}$	$p_d S(kQ) - U(kQ)s_d - c_s Q + c_g \bar{k}Q - c_m Q - c_d kQ - (p_s + c_{sj})(Q - q)$
$\prod_T^{3*}$	$p_d S(kQ) - U(kQ)s_d - c_s Q + c_g q - c_m Q - c_d kQ - (p_s + c_{mj})(Q - q)$
$\prod_T^{4*}$	$p_d S(kQ) - U(kQ)s_d - c_s Q + c_g q - c_m Q - c_d kQ - (p_s + c_{sj})(Q - q)$

如果不计最优订购量的影响，单纯从组合契约供应链整体利润来看，当 $c_{mj} < c_{sj}$ 时，$\prod_T^{1*} > \prod_T^{2*}$，$\prod_T^{3*} > \prod_T^{4*}$；当 $c_{mj} > c_{sj}$ 时，$\prod_T^{1*} < \prod_T^{2*}$，$\prod_T^{3*} < \prod_T^{4*}$。

所以，在不同原粮集货成本条件下，可以得出 4 种利益补偿协调契约组合的最优订购量和整体利润大小对比情况，如表 4-3 所示。

表 4-3　4 种利益补偿协调契约组合的最优订购量和整体利润大小对比

集货成本	最优订购量排序	组合契约供应链整体利润排序	组合契约选择
当 $c_{mj} \leqslant c_{sj}$ 时	$w_1 \geqslant w_2$ 时，$Q^{3*} \geqslant Q^{4*} > Q^{2*} \geqslant Q^{1*}$	$\prod_T^{1*} > \prod_T^{2*}$，	组合 3：A1+B2
	$w_1 < w_2$ 时，$Q^{3*} \geqslant Q^{4*} > Q^{1*} > Q^{2*}$	$\prod_T^{3*} > \prod_T^{4*}$	
当 $c_{mj} > c_{sj}$ 时	$w_1 \geqslant w_2$ 时，$Q^{4*} > Q^{3*} > Q^{2*} \geqslant Q^{1*}$	$\prod_T^{1*} < \prod_T^{2*}$，	组合 4：A2+B2
	$w_1 < w_2$ 时，$Q^{4*} > Q^{3*} > Q^{1*} > Q^{2*}$	$\prod_T^{3*} < \prod_T^{4*}$	

综上，无论成品粮批发价高低，当 $c_{mj} \leqslant c_{sj}$ 时，根据供应链的整体利润和最优订购量的大小对比，可以得出，契约选择组合 3 最合适；当 $c_{mj} > c_{sj}$ 时，契约选择组合 4 最合适。同时，无论组合 3 还是组合 4，粮食加工企业与粮食经销商之间的最优选择，都是基于批发价收入共享契约，相对于组合 1 和 2 来说，组合 3

或组合 4 对商品粮三级单供应链利益补偿协调机制的整体构建更为有利，可以促进链上最优订购量的实现，如果应用于黑龙江省商品粮供应链中可有效提高成品粮销售。

综上可得到如下结论：①粮食生产者自主集货与粮食加工企业自主集货契约分别与下游批发价契约组合后，粮食经销商的最优订购量主要受到成品粮市场销售价格和自身成本的影响，两种组合契约下的最优订购量相同与否，则主要取决于粮食加工企业与粮食经销商之间的批发价格契约中的成品粮批发价格。表示在此类组合契约中，最优订购量的制订不会受到商品粮三级单供应链上游原粮集货主体的影响，由谁提供满足订购量的原粮，都不会对最优订购量产生影响，但是集货的成本将会对供应链整体利润产生影响。②在批发价协调契约的基础上，增加粮食加工企业与粮食经销商之间的收入共享契约，其最优订购量比单纯批发价协调时的最优订购量要高。③粮食市场是近似完全竞争市场，其中，原粮采购价格、成品粮批发价及成品粮市场销售价格几乎透明，在市场中不会存在较大波动，这些参数可看成固定数值，那么构建的商品粮三级单供应链利益补偿协调契约，则主要受到契约参数的影响，集货成本及契约批发价格影响着契约组合的最优订购量和供应链整体利润。④补贴有助于增强供应链的协调机制，并提高供应链整体利润，说明针对种植者产量的补贴是有效的。

4.7　商品粮三级供应链利益补偿协调机制的多周期契约优化

在非农产品供应链的协同传统模型中都是基于价格和订购量两个变量的供应链协同，但在信息不对称的情况下，这种协同将因成员对信息的保留而被破坏，降低信息不对称为供应链博弈均衡带来负面影响的方法有两种[109]，一种是采用多周期博弈（或是多周期契约），让处于信息优势的成员为获得长期的潜在收益而释放私有信息；另一种是通过调整成员之间的讨价还价能力，让处于信息弱势的成员具有更强的主导能力，通过相应的机制迫使信息优势方释放私有信息。

在黑龙江产地的粮食供应链利益补偿协调机制研究中，必须考虑上述两种办法研究多周期协调。通过粮食生产者的规模化经营，减少在供应链粮食收购上对多家小农户的交易成本，提高生产者讨价还价的能力。在本节研究中，针对规模生产者的供应链，运用多周期博弈（多周期契约）研究商品粮供应链利益补偿协调机制的多周期契约选择较少。

由以上各节研究可知，粮食加工企业与粮食经销商之间的最优选择，都是基于批发价收入共享契约，而且契约的约束力对双方有正向作用，双方愿意结成长期、稳定的战略联盟；但在粮食生产者和粮食加工企业的交易过程中，粮食生产者的短视行为或者有限的经营决策能力不利于双方达成长期紧密的合作关系。不同企业合作关系下供应链契约选择的情况比较复杂[108]，下面运用博弈论的方法分析粮食生产者和加工企业如何进行选择，使博弈达到均衡结果的条件。

4.7.1　商品粮三级供应链利益补偿协调机制的多周期契约框架

根据冷志杰等[131]对大宗粮食供应链网络结构模型的研究，构建大宗粮食供应链系统框架，其架构如图 4-2 所示，该大宗粮食供应链中的微观组织主要包括粮食生产者、加工企业和粮食经销商，彼此间存在物流、信息流、资金流的交换。大宗粮食供应链的协调在很大程度上取决于各粮食主体的利益协调，因此通过选择各主体间的契约来构建供应链利益补偿协调机制，才能理顺各利益主体的关系。粮食生产者与粮食加工企业利益补偿协调契约中选择收入共享、价格补贴等利润的再次分配策略，还包括对风险分担及信息共享策略；粮食加工企业与粮食经销商选择收入共享契约；对粮食供应链主体决策行为进行重复博弈分析，目标是获得影响大宗粮食供应链利益补偿协调机制的长期实施条件，以便对大宗粮食供应链协调新模式进行研究。

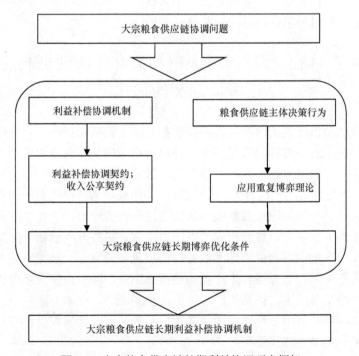

图 4-2　大宗粮食供应链长期利益协调研究框架

在 4.4 节的研究表明，粮食生产者不能履约带来的额外集货成本会损害供应链整体利益，当粮食生产者对原粮实际产出的预测期望越高，或者有政府补贴时，粮食生产者可承担的订购量随机风险也随之增大，体现为粮食生产者有意愿也有能力满足契约订购量，粮食加工企业可通过设定较高的契约罚金筛选具有稳定规模产出的生产者。粮食生产者作为合作者，在此基础上，是否多周期履约是要重点考虑的问题。

因为大宗粮食加工企业和销售商多是规模性企业，极少出现签订协调契约而违约的现象，一般在长期合作条件下，每年变化不大。因此，多周期情况下，我们假定单周期契约作为多周期契约可以根据市场价格微小调整。

本节仅考虑粮食生产者和加工企业多周期博弈获得的最优契约问题，可以假定，粮食生产者如果多周期履约，作为风险中性的理性主体，一定会用优化后的契约。

4.7.2   基于博弈论的商品粮三级供应链利益补偿协调机制的多周期契约优化

在传统管理模式下，企业间的博弈多表现为各关联方交易的一次性，是一种典型的完全静态博弈。其策略组合的收益情况见表 4-4。

表 4-4   粮食生产者（A）与加工企业（B）关系中的博弈策略组合

A/B	B 粮食生产者接受自主集货（不支付契约罚金）	B 粮食生产者违背自主集货契约（支付契约罚金）
A 加工企业提出自主集货	(R_A, R_B)	(S_A, T_B)
A 加工企业提出罚金契约	(S_A, T_B)	(P_A, P_B)

注：R_A 为加工企业遵守自主集货契约时的收益；R_B 为粮食生产者接受自主集货契约时的收益；S_A 为加工企业被违约时获得的收益；T_B 为粮食生产者首先违约时获得的收益；P_A 为加工企业遵守罚金契约时获得的收益；P_B 为粮食生产者接受罚金契约时获得的收益假定 Q 为不参与任何契约时的收益

当自主集货成本小于契约罚金时，个体收益大小为：$T_B > R_B = R_A > P_B = P_A > Q > S_A$。

在粮食三级供应链利益协调模式下，粮食生产者与加工企业的交易不是一次性的，而是多次交易的情形，其交易关系应该在遭遇意外情况才会终止。加工企业依靠带罚金的风险分担利益补偿协调契约来约束粮食生产者行为，但是这种契约的约束力往往不具强制性。现采用非合作博弈模型来对问题进行描述，将粮食生产者与加工企业的博弈看作传统管理模式下的无限次重复博弈。

假设以一年为一个博弈阶段，将下一阶段的收益相对于上一阶段的收益的贴现率记为 λ。现就两种常见的博弈战略及其收益情况进行分析。

一是"针锋相对"战略。这一战略意为一旦发现对方采用了不合作策略，则在下一阶段就采取不合作策略；当对方重新采取合作策略后，该博弈方随后也采取合作策略应对。双方一直采用粮食生产者自主集货合作策略，没有背叛现象发生的时候，各方的收益设为 U_1；当对方一直采用不合作策略时，采取"针锋相对"策略一方的收益设为 U_2，另一方的收益设为 U_3。当双方一直采用带有罚金的契约作为合作策略，没有背叛现象发生的时候，各方的收益设为 U_4。

则有 $\quad U_1=R_A+R_A\lambda+R_A\lambda^2+\cdots=R_B+R_B\lambda+R_B\lambda^2+\cdots=R_A/(1-\lambda)$　　　　　(4-33)

$$U_2=S_A+Q\lambda+Q\lambda^2+\cdots=S_A+\lambda Q/(1-\lambda) \tag{4-34}$$

$$U_3=T_B+Q\lambda+Q\lambda^2+\cdots=T_B+\lambda Q/(1-\lambda) \tag{4-35}$$

$$U_4=P_A+P_A\lambda+P_A\lambda^2+\cdots=P_B+P_B\lambda+P_B\lambda^2+\cdots=P_A/(1-\lambda) \tag{4-36}$$

二是"冷酷"战略。指的是一方开始时选择合作，如果对方也选择合作，就一直合作下去；如果对方选择不合作，自己下次也选择不合作，并且永远选择不合作。因此，在该战略下，首先背叛的一方的收益为 U_3，采取"冷酷"策略的一方的收益为 U_2。当对方一直采取合作策略的时候，博弈双方最终会在每个阶段都选择｛合作，合作｝的策略，双方的收益为 U_1 或 U_4，当对方一直采取或者偶尔采取背叛策略的时候，采取"冷酷"策略的一方的收益为 U_2，采取背叛策略的一方收益为 U_3。当对方采取"针锋相对"策略的时候，双方在整个合作过程中都不会出现背叛现象，｛合作，合作｝是双方的均衡策略选择，其收益均为 U_1 或 U_4。

使粮食生产者选择合作、加工企业选择合作成为博弈均衡结果的条件是，对博弈的任何一方而言，每一阶段重复选择合作策略的收益要优于其他策略，即满足 Max（U_1，U_2，U_3，U_4）$=U_1$。因为 $R_A>P_A$，所以 $U_1>U_4$；因为 $T_B>S_A$，所以 $U_3>U_2$。因此，只需要满足 $U_1>U_3$，即 $R_A/(1-\lambda)>[T_B+\lambda Q/(1-\lambda)]$，解得：$\lambda>(R_A-Q)/(T_B-Q)$，此为使｛合作，合作｝成为博弈均衡结果的必要条件，它表明只有当粮食生产者、加工企业对未来的收益具有足够重视时，双方长久的合作关系才能建立和维持，粮食生产者和粮食加工企业遵守带有罚金的风险分担利益补偿协调契约有利于维护粮食供应链长期利益，增强供应链的稳定性和抵御风险的能力。

研究结果表明：当粮食生产者、加工企业对未来的收益具有足够的重视时，双方长久的合作关系才能建立和维持，粮食生产者和粮食加工企业多周期遵守带有罚金的风险分担利益补偿协调契约，且加工企业协调销售企业多周期使用批发价格基础上的收入共享契约，有利于大宗粮食供应链整体收益提高，且抵抗风险的能力增强。

4.8 商品粮三级供应链利益补偿协调机制的组合契约规范

4.8.1 商品粮三级供应链利益补偿协调机制的一种多周期组合契约

1. 假定

在粮食加工企业向粮食生产者采购原粮的环节中，如果采用粮食生产者接受罚金时的风险分担利益补偿契约（粮食加工企业从现货市场中获得原粮的单位集货成本设为 c_{mj}），则契约表示为 A1；如果采用粮食生产者自主集货时的风险分担利益补偿契约（粮食生产者从现货市场中获得原粮的单位集货成本设为 c_{sj}），则契约表示为 A2；如果加工企业采用批发价格基础上的收入共享契约，则契约表示为 B2。

2. 讨论

单周期情况下：无论成品粮批发价高低，当 $c_{mj} \leqslant c_{sj}$ 时，根据供应链的整体利润和最优订购量的大小对比，可以得出，契约选择组合 3（组合 3：A1+B2）最合适；当 $c_{mj} > c_{sj}$ 时，契约选择组合 4（A2+B2）最合适。说明集货风险分担的利益补偿契约对生产者和加工者协调非常重要。而批发价格基础上的收入共享契约比批发价契约对于加工企业协调销售企业更重要。调研表明，生产者和加工者集货成本的大小与产地的距离大小有关，更与生产者或加工者的规模有关。同时，无论组合 3 还是组合 4，粮食加工企业与粮食经销商之间的最优选择，都是基于批发价的收入共享契约，相对于组合 1 和 2 来说，组合 3 或组合 4 对商品粮三级单供应链利益补偿协调机制的整体构建更为有利，可以促进链上最优订购量的实现，如果应用于黑龙江省商品粮供应链中可有效提高成品粮销售。

多周期情况下：假定多周期博弈时，粮食加工企业与粮食经销商之间能够重复，或者微调已有的基于批发价的收入共享契约选择；研究表明，当粮食生产者、加工企业对未来的收益具有足够的重视时，双方长久的合作关系才能建立和维持，粮食生产者和粮食加工企业遵守带有罚金的风险分担利益补偿协调契约有利于维护粮食供应链的长期利益，增强供应链的稳定性和抵御风险的能力。

4.8.2　商品粮三级供应链利益补偿协调机制的一种多周期组合契约规范

（1）明确大宗商品粮三级供应链利益补偿协调机制优化性重构的目标，包括供应链整体收益的增长、风险的下降、信息共享带来的成员目标一致性。

（2）了解大宗商品粮三级供应链协调的主要问题，将政府和核心企业作为激励主体，政府的激励作为供应链中主体环境支持条件，核心企业的激励是运用价格补贴、收入共享等供应链激励措施组合可行的单周期利益补偿协调模式，激励粮食种植者运用风险共担的激励措施；在已有的协调基础上，重新确定契约决策变量，从上游开始，核心企业协商成对契约，这符合粮食供应链价格传导机制。优化重新构建的契约，该契约对供应链成员的行为和动机，以及供应链整体绩效都将产生巨大影响。

（3）根据供应链集成机制评价指标体系，通过专家评价法实施循环修正原理，运用层次分析法，构建简易可行的综合指标客观表达利益补偿协调目标，可以评价单周期协调契约。

（4）在单周期契约的基础上进行多周期契约，供应链的契约协商机制属于一种 Sackelberg 博弈[67]。作如下演绎，因为大宗粮食加工企业和销售商多是规模性企业，极少出现签订协调契约而违约的现象，一般在长期合作条件下，每年变化不大，因此，多周期情况下，我们假定单周期契约可以根据市场价格微小调整，变化不大；而仅考虑粮食生产者和加工企业多周期博弈获得的最优契约，主要是由于粮食生产者和加工企业违约的情况比较多，可以假定如果不违约，作为风险中性的理性主体，一定会用优化后的契约。

（5）形成协调机制，用契约规范表达。粮食供应链利益补偿协调机制的契约模式要具备一种易于管理的可视化过程。需要增加契约制订方自身的可视性，这种可视性涵盖了过去的行为、现在的状况、贸易伙伴的计划和能力；增加贸易伙伴对制订方的可视性，包括订单状况信息、发明的可能性、运送计划等。契约签订的双方利益、风险的分配，一定要落实到运作实体中，成为一种规范，包括对农产品的质量、数量、物流，契约双方的权利、义务、风险、履约形式、违约处理等进行详细规定。

4.9 供应链利益补偿机制绩效评价综合指标

集成化粮食供应链无法依靠自身动力实现供应链内部的集成机制反向平衡，需要依靠政府补贴及粮食供应链核心企业所构建的利益共享机制等进行相应支持。不仅需要制订相应的利益补偿协调机制，还需要筛选客观评价利益补偿协调绩效的综合指标，以检验协调机制是否切实有效，实现供应链主体收益，达到利益平衡的目标。在此，依据他人建立的集成化供应链绩效评价指标体系，筛选其中最能够体现利益补偿协调绩效的相关指标，形成综合指标以客观表达利益补偿协调目标。

4.9.1 约束条件及单项指标选取的主要原则

借鉴一般供应链评价指标构建原则[132]，结合供应链核心主体建立利益补偿机制后，整条供应链效果评价的主要要素，在选择利益补偿机制绩效评价约束条件及单项指标时主要遵循以下原则。

第一，科学性原则。利益补偿协调机制评价是通过筛选出的综合指标为主要数据搜集指标，将实施利益补偿协调机制前后的评价数据代入相应指标计算公式，判断核心主体所构建的利益补偿协调机制是否有效和切实可行，如果实施利益补偿机制之后的供应链绩效明显较好，说明该机制可以继续实施，如果改善效果不大，甚至有负面影响，应重新制订。所以在进行评价之前，需要根据粮食供应链特点及利益补偿协调机制的影响等方面选取能够客观反映协调机制实施前后供应链及其各节点成员发展状态的指标，体现科学性。

第二，系统性原则。针对供应链利益补偿协调机制绩效评价的特点，在选取单项指标时应注意全面性与层次性相结合。既要选择能够全面反映利益补偿协调机制运作绩效的指标，包括财务指标与非财务指标，又注意在选择中避免重复、较少交叉，考虑各指标之间是否具有关联性，最终形成全面且具有层次的指标系统。

第三，可行性与实用性相结合的原则。评价指标进行数据搜集及处理过程中需要耗费一定成本，在选取指标过程中，应注意供应链利益补偿协调机制绩效评价的收益大于数据获取及处理所支付的成本。所以，指标的选择应以数据易获取、数值易计算、评价过程易实现为准则。一方面要尽量避免指标难以调查，不易于量化，另一方面不能以追求低成本为目标选取无法对绩效做出准确衡量的指标。所以选择的指标既要满足易于操作、经济可行，又能够有效反映供应链利益补偿协调机制运作绩效。

4.9.2　供应链利益补偿机制绩效评价的约束条件和单项指标

关于供应链绩效评价指标体系很多学者做了相关研究，并取得了一定的研究成果，但并未形成统一的供应链绩效评价规范。在较早的研究中，徐贤浩等于 2000 年从产销率、产需率、各项运营成本、产品质量等方面构建评价指标，其中对于供应链各节点之间的关联性考虑较少[133]。邵晓峰等于 2000 年从客户导向、供应链敏捷性、经营业绩、管理水平、人员素质、供应链密切度等角度建立了较为完整的评价指标体系，且考虑了供应链内部主体的关联性[134]。在集成化供应链绩效评价的论文中，姜方桃于 2006 年[135]、王博于 2010 年[136]建立了以顾客价值、供应链价值、发展能力与潜力为系统的评价指标体系，伍雨竹于 2009 年[137]针对北京市蔬菜供应链建立的评价指标体系包括安全性指标、经济效益指标、供应链流程指标和发展与环境指标。近年来较多文献以供应链客户服务水平、供应链柔性、供应链集成程度、效益与成本指标作为重点构建供应链绩效评价指标体系[32, 138]。

综上发现，虽然各位研究者对于供应链绩效评价指标体系的构建思路各有千秋，但是各指标体系存在交叉，表明大家在供应链整体上关注的重点具有一致性，如供应链的效益指标、成本指标、客户反映指标、供应链流程指标、柔性指标及信息共享指标在很多文献中都提及。而财务指标、供应链成员密切程度指标、供应链抗风险指标是供应链整体绩效及经过利益补偿协调后绩效的重要指标。

根据已经建立的集成化供应链绩效评价指标体系，对于粮食供应链中核心主体建立利益补偿协调机制的评价，首先应从粮食安全入手，判断补偿机制的实施是否会造成产量下降；最后考虑成员企业获利能力，以各企业利润不出现下滑为标准，最后考虑成员企业利润、供应链总利润是否增加及信息共享程度是否扩展，依据以上思路选择适合评价利益补偿协调机制绩效的约束条件和单项指标。

1. 供应链粮食总产量不减的约束条件 X_1

政府部门对粮食产业链进行宏观调控及政策支持，其首要目的是保证粮食供应链中粮食总产量不减少。粮食产量直接关系国家粮食安全，满足人民日益增长的粮食需求，粮食供应链利益补偿协调机制的首要目的是促进粮食产量增加，维护种植者利益。如果经过政府补贴等政策的实施，利润并没有由下游向上游反向平衡，反倒出现了粮食产量下降的情况，则表明相应的政策支持并未起到应有的作用，需要修正。在这里认为供应链粮食总产量不能下降是从粮食安全方面提出的普遍约束，具有强制遵循的特点。为了体现粮食产量不可下降的目标，将 X_1 设置为（0，1）变量。

$$X_1 = \begin{cases} 0, & \text{协调后供应链上粮食总产量明显少于协调前} \\ 1, & \text{协调后供应链上粮食总产量未明显少于协调前} \end{cases} \quad (4\text{-}37)$$

在评价过程中将 X_1 作为乘数，当粮食总产量下降时，得到的评价值为 0，反映利益补偿机制未取得良好效果，若粮食总产量未出现明显下降，则以 1 进行评分。

2. 供应链成员企业利润不减的约束条件 X_2

协调机制中有企业的利润出现下滑，必然会损害该企业参与供应链运作的积极性，导致其退出该供应链，造成供应链不稳定，将供应链成员企业利润不减少作为普遍约束条件 X_2，同样设为（0，1）变量，其数值计算如下所示。

$$X_2 = \begin{cases} 0, & x_3 < 1 \\ 1, & x_3 \geq 1 \end{cases} \quad (4\text{-}38)$$

其中，X_3 为供应链中成员企业利润变化率，表示实施利益补偿协调机制后单个成员企业的利润，见（4-39）。当实施供应链利益协调补贴机制后，如果有成员企业出现了利润下滑的情况，则 X_3 取值将小于 1，X_2 取值为 0；反之，则 X_2 取值为 1。在综合指标公式中将 X_2 作为乘数，一旦有成员企业利润下滑的情况发生，得到的评价值为 0，则判定供应链利益协调补贴机制失败。

3. 供应链成员企业利润变化率指标 X_3

供应链各参与节点企业成员一般会从自己企业的获利能力衡量参与供应链建设带来的益处，其中最为显著的指标便是企业成员利润变化情况。判断核心企业的利益补偿协调机制是否可行、政府补贴政策是否合理的有效指标是对各企业获利能力是否提升进行科学评判。在供应链参与成员中，更为关注利润增长最慢的企业，所以将成员企业利润变化率的取值确定为利润增长最小的企业。

令

$$X_3 = \min\{\frac{x'_{31}}{x_{31}}, \frac{x'_{32}}{x_{32}}, \cdots \frac{x'_{3m}}{x_{3m}}\} \tag{4-39}$$

其中，m 为三级粮食供应链中成员企业个数；$x_{3i}(i=1,2,\ldots,m)$ 为进行利益补偿协调前第 i 个节点企业的利润；$x'_{3i}(i=1,2,\ldots,m)$ 为进行利益补偿协调后第 i 个节点企业的利润，此数据可以由核心企业通过调研或者通过信息共享渠道获得。

当 $X_3>1$ 时，表明经过利益补偿机制协调后，成员企业的利润都有一定程度增长，数值越大表明每个企业获利能力增加越多；当 $X_3=1$ 时，表明有企业的利润未发生变化；当 $X_3<1$ 时，表明利益补偿协调机制使个别成员企业利益受损，将会影响成员的参与热情，破坏供应链的稳定性，当出现这种情况时，由公式（4-38）计算，$X_2=0$，未符合成员企业利润不减的基本约束条件，说明利益补偿协调机制失败。

4. 供应链总利润变化率指标 X_4

效益和成本等财务指标在供应链评价中一直占据重要地位，是供应链协调绩效和整体绩效评价的核心内容。收益最大化的效益指标是供应链协调合作的有机动力，只有获得了供应链整体利润的增长，该供应链的利益补偿协调机制才是切实可行的，利润的增加是供应链协调效果最为直观的表现。供应链总利润变化率指标 X_4 采用利益补偿协调后与协调前的供应链总利润的比值表示，其中供应链总利润的数据通过核心企业自身统计数据和向上下游企业调研得到。

当 $X_4>1$ 时，说明供应链整体获利能力有所增加，所采取的利益补偿机制措施有效；$X_4=1$ 时，表明利益补偿机制对于供应链整体获利未起到明显改善作用；当 $0<X_4<1$ 时，表明利益补偿机制不但没有促使供应链整体效益上升，反倒给供应链整体获利能力带来了负面影响，所采取的利益补偿协调机制失败。

5. 信息共享变化率指标 X_5

由于自然条件、国际形势、用户需求易出现多变性，而这些变化给粮食供应链稳定也带来较大影响，甚至给供应链整体及各节点成员利益带来巨大损失。当外部环境及内部组织发生变化时，信息的有效传递能够提高供应链的抗风险能力，保持供应链稳定。信息共享已成为供应链发展中必不可少的一个关键环节，有效的信息传递和共享可以消除"牛鞭效应"，减少供应链中整体库存，带来整体效益提升。

供应链利益补偿协调机制构建与实施的另一目标是扩大供应链信息共享程度，有效促进供应链上各利益主体整合，使各主体决策更加具有科学性，提高整条供应链抗风险能力。有效的供应链利益补偿协调机制能够有效实现链内信息主体交流，对于粮食供应链的集成化建设具有重要作用，选取信息共享变化率指标 X_5 作为评价利益补偿协调机制在抗风险方面的重要指标。

X_5 的取值为利益补偿协调后的共享信息数据量与利益补偿协调前共享信息数据量的比值，核心企业可以在一定程度上进行量化，通过自身与上下游企业间的信息共享量进行评判。当 $X_5>1$ 时，表明构建的利益补偿协调机制提高了供应链信息共享程度，提高了供应链整体抗风险能力，当 $X_5<1$ 时，表明所构建的利益补偿协调机制对供应链信息共享扩展作用不大。

4.9.3 供应链利益补偿机制绩效评价综合指标构建

以上依据科学性、可行性等原则，约定两个约束条件：供应链粮食总产量不减的约束条件 X_1、供应链成员企业利润不减的约束条件 X_2；选取三个供应链利益补偿协调机制评价指标：供应链成员企业利润变化率 X_3、供应链整体利润变化率 X_4、信息共享程度变化率 X_5。其中两个约束条件属于普遍约束，三个单项指标对于绩效的评价程度不同，应按照其影响的重要程度赋予相应权重，最终形成综合评价指标如下：

$$Y = X_1 X_2 (aX_3 + bX_4 + cX_5)$$

其中 a、b、c 为待定系数，表示三个指标的权重，下面将采取数值方法计算 X_3、X_4、X_5 三个指标的权重。

根据文献所示，目前比较常用的指标权重设定方法有德尔菲法、AHP 法、主成分分析法、问卷调查法等。其中 AHP 法是赋予指标权重研究中普遍使用的方法，其应用较为成熟，而且是定性和定量相结合的指标权重计算方法，较主观判断更加具有科学性，故采用该方法进行指标权重计算[139]。

步骤一，构造判断矩阵。

在供应链利益补偿协调机制综合指标构建中，要对 X_3、X_4、X_5 三个指标对于绩效的评价影响程度构造重要性判断矩阵 **Y—X**，如表 4-5 所示。

表 4-5　判断矩阵基本形式

Y: 综合指标	X_3	X_4	X_5
X_3	a_{11}	a_{12}	a_{13}
X_4	a_{21}	a_{22}	a_{23}
X_5	a_{31}	a_{32}	a_{33}

表 4-5 中 a_{ij} 表示 X_i 与 X_j 相比的重要程度，以 1~9 的数值表示，1 表示同等重要，3 表示一般重要，5 表示明显重要，7 表示强烈重要，9 表示极端重要，2、4、6、8 介于其间，其中 $a_{ji} = 1/a_{ij}$。

据此标准，由专家打分法，构造粮食供应链利益补偿协调机制能够准确衡量的指标重要性判断矩阵，如表 4-6 所示。

表 4-6　利益补偿协调机制评价指标权重判断矩阵

Y：综合指标	X_3	X_4	X_5
X_3	1	1/2	3
X_4	2	1	4
X_5	1/3	1/4	1

步骤二，计算向量权重，进行归一化处理。

将步骤一中构造的判断矩阵数值带入 Excel 软件中，利用 Excel 软件计算判断矩阵 Y—X，得到指标 X_1、X_2、X_3 在利益补偿协调机制评价中的权重向量 W=(0.3196，0.5584，0.1220)。

步骤三，进行指标一致性检验。

通过 Excel 软件求解得到最大特征根 $\lambda_{\max}=3.0183$，根据公式计算一致性指标 $CI=\dfrac{(\lambda_{\max}-n)}{(n-1)}$，$CR=\dfrac{CI}{RI}$，计算一致性比例 CR。其中 n 为参与比较的指标数目，RI 为平均随机一致性指标，是已知数据。如果得到一致性指标 CR<0.1，可以得出结论判断矩阵符合一致性要求，否则需要重新构造判断矩阵。

经检验，CR=0.0176<0.1，表明所构造的判断矩阵具有一致性，无需调整，所以得到供应链利益补偿协调机制绩效评价综合指标为 $Y=X_1X_2(0.3196X_3+0.5584X_4+0.1220X_5)$。依据此综合指标，核心企业可以根据企业经营数据及上下游企业调研数据进行评分，得到的综合指标评分结果的范围为 $Y\geqslant 0$。当 $0\leqslant Y<1$ 时，表明由核心企业构建的利益补偿协调机制或由政府制定的补贴政策未发挥应有作用，反而给粮食供应链的良性发展带来了负面影响；当 $Y=1$ 时，表明利益补偿协调机制和补贴政策对于粮食供应链无影响；当 $Y>1$ 时，说明利益补偿协调机制给粮食供应链整体绩效带来了改善，评价值越高表明利益补偿协调机制越成功，对集成化粮食供应链的改善效果越好。

4.10　小　　结

本章研究了大宗商品粮三级供应链利益补偿协调机制优化性重构的指导思想、基本原则，大宗商品粮三级供应链利益补偿协调机制优化性重构的内涵，给出了主要重构的步骤。在此基础上，①探讨了三级商品粮单供应链利益补偿协调机制组合优化，以生产者和加工企业、加工企业和经销商等两个环节建立契约组合，发现粮食加工企业与粮食经销商之间的最优选择，都是基于批发价的收入共享契约，相对于组合 1 和 2 来说，组合 3 或组合 4 对商品粮三级单供应链利益补偿协调机制的整体构建更为有利。②研究了商品粮三级供应链利益补偿协调机制的一种多周期组合契约，当粮食生产者、加工企业对未来的收益具有足够的重视时，双方长久的合作关系才能建立和维持，粮食生产者和粮食加工企业遵守带有罚金的风险分担利益补偿协调契约；发现粮食加工企业与粮食经销商之间的最优选择，都是基于批发价的收入共享契约，加工企业协调销售企业多周期使用批发价格基础上的收入共享契约；探索了契约规范的内容。政府补贴有助于增强供应链的协调机制，并提高供应链整体利润，说明针对种植者产量的补贴是有效的。③研究出供应链利益补偿机制绩效评价综合指标为 $Y = X_1 X_2 (0.3196 X_3 + 0.5584 X_4 + 0.1220 X_5)$ ，该指标对于协调整个供应链的核心企业有了简便评价的依据，其特点是融合了政府支持粮食生产、供应链内部各主体增加收益的产业和企业层面的目标，反映了粮食生产的特殊性。上述契约有利于维护粮食供应链长期利益，增强供应链的稳定性和抵御风险的能力。

第5章 大宗商品粮三级供应链利益补偿协调机制实施的支持体系研究

近年来,国际粮食价格的持续上涨与粮食供需关系紧张的趋势日益明显,随着我国粮食进口比例的不断增加,国家粮食安全更加依赖于粮食主产区和粮食生产者。但是,由于历史和制度的原因,过低的粮食价格和经济发展水平严重地影响粮食生产者的积极性,损害粮食生产者的利益,威胁我国粮食安全战略。因此,粮食进口国政府支持构建本国粮食主产区和粮食生产者供应链集成竞争优势,是保障粮食安全的必要对策。2007年,国家发改委制定《粮食现代物流发展规划》,开始引入供应链理论和思想,并通过积极实践来尝试解决粮食供应链问题,粮食供应链管理时代已经到来[140],粮食主产区与主销区之间,粮食供应链核心企业和其他成员之间开始构建粮食供应链利益补偿协调机制。但是,我国粮食供应链利润从上游种植环节向下游销售环节流动的趋势无法靠供应链内部的集成机制反向平衡,需要政府建立沿供应链向上游逐渐增强补贴、平抑粮价等支持该机制的政策,也需要核心企业应用政策协调供应链。因此,在本章,试图从产业链层面的政府政策和微观层面的粮食供应链利益协调机制出发,研究建立大宗商品粮三级供应链利益补偿协调机制实施支持体系,为确保国家粮食安全、促进城乡一体化发展,依托粮食主产区强化产业链,提供微观实现的路径。更重要的是针对粮食处理中心是粮食"最初一公里问题"的关键环节,在推进其市场化服务转变中,亟待研究保障粮食质量安全的原粮供应链治理模式,为此,应用讨价还价博弈模型,期望得到以粮食处理中心为核心主体的原粮供应链治理模式。

5.1 政策激励商品粮三级供应链成员协调的流程模型

在本节构建政策激励供应链成员协调的流程模型。

5.1.1 外部政策激励商品粮三级供应链成员协调的流程模型

如图5-1所示,构建的政策激励供应链成员协调的流程模型分为两部分,虚线左侧为政府通过各项外部政策激励供应链成员协调部分,该部分需要考虑外部环境,政府沿供应链向上游逐渐增强补贴等支持力度,即通过政府对粮食种植者、加工企业和经销商主体的激励,实现推进粮食产业化发展,保障粮食安

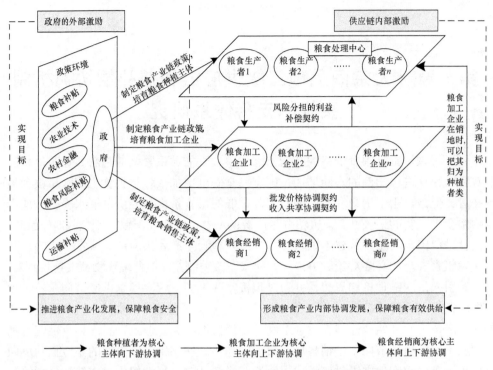

图 5-1　政策激励大宗商品粮三级供应链成员协调的流程模型

全的目标。

1. 政策外部激励粮食种植者

政府通过出台各种惠农政策，如农业补贴、农业技术、农村金融、粮食补贴、风险基金等，提高种植者的积极性，保证粮食种植面积和促进粮食稳产、高产，保障粮食生产质量。通过调查研究发现，在政府的各项激励政策中，最有效的激励是粮食种植者补偿政策，该项政策能有效保障粮食种植者的利益，对提高种植者的积极性效果显著。政府对种植者的外部激励保障了粮食供应链核心主体的稳定，有利于供应链从上游向下游集成，保障了粮食的有效供给。

2. 政策外部激励粮食加工企业

政府对粮食加工企业提供建设补贴、加工技术与设备，加工副产物综合利用技术，农产品及食品质量安全追溯与评价、检验检测、全程质量控制技术等各项支持政策，培育和促进粮食加工企业主体的发展，有利于形成以粮食加工企业为主体的集成生产者和经销者的供应链模式，有利于推动粮食产业化发展。

3. 政策外部激励粮食经销商

政府对粮食经销商提供运输补贴、检验检测、价格调控等各项支持政策，培育和促进粮食经销商主体的发展，有利于形成以粮食经销商为主体向上游集成生产者和加工企业的供应链模式，有利于利润在供应链各环节主体间的有效分配。

5.1.2　核心企业结合政策构建商品粮三级供应链协调机制的流程模型

如图 5-1 所示，虚线右侧为供应链上各成员间的内部协调部分，该部分需要结合外部政策环境，粮食核心企业构建供应链成员间的利益补偿协调机制，均衡大宗粮食供应链各主体的收益。即通过建立粮食种植者、加工企业和经销商主体间的补偿协调机制，实现粮食产业链内部协调发展，保障粮食有效供给的目标。

1. 粮食生产者与加工企业间的激励流程

粮食种植者与粮食加工企业通过契约等形式为粮食生产者提供价格补偿（收入共享、价格折扣、返利及回购等供应链协调契约）和技术补偿（技术支持、技术培训、科技指导）。粮食种植者与加工企业间通过建立利益补偿机制激励供应链上下游的稳定。协调流程为：当加工企业分担一部分原粮供给不足的风险时，生产者可通过接受契约罚金补偿加工企业部分损失，当生产者分担一部分原粮供给不足的风险时，加工企业可通过适当提高采购价格补偿生产者部分损失。这种形式的利益补偿协调机制使得粮食供应链更加稳固，确保原粮销售与稳定供给。

当粮食加工企业在销地的情况下，存在粮食经纪人（粮贩）等原粮经销商收购原粮，销售给加工企业，获取差价，这样加工企业能够减少面对千家万户的收购成本。在本研究中，可以考虑把这种粮食经销商归为粮食种植者类，即该经营主体本身不生产原粮，以自主集货的形式展开经营。

2. 粮食经销商与加工企业间的激励流程

粮食经销商与加工企业间通过契约等形式建立价格补偿和风险共担的协调机制，确定最优的订购批发价格，降低粮食流通成本，保障粮食的有效供给和粮食安全。

3. 以粮食处理中心为核心的三级供应链的激励流程

以粮食处理中心为核心的三级供应链是一种粮食处理中心集成粮农、粮库或企业的原粮流通模式。粮食处理中心通过强化服务，激励粮农按市场价集约好粮，通过处理，如降水和去杂，提高粮食质量，顺价卖给粮库或企业，对粮库和企业激励的方法是规模化的好粮，且品质相同。该激励流程一是避免粮农的霉变风险，稳定粮农合理的收益，也兼顾了收储粮食的质量安全；二是解决了粮库或企业保障粮食质量的"最初一公里问题"；三是赚取服务费和差价，实现自身收益，使粮食流通更通畅。

5.2 基于粮食处理中心讨价还价博弈模型的原粮供应链治理模式

在黑龙江等粮食主产区，对粮农而言，临储价格形成天花板价格，成本成为地板价格[141]，利润空间逐年减少。而粮食质量安全更受重视。由于多数粮农没有烘干保障，因此，催生了粮食处理中心，粮食处理中心按市场价集约粮农的粮食，进行降水和去杂，提高粮食质量，顺价卖给粮库或企业，赚取服务费和差价，在实现自身收益的同时，避免粮农的霉变风险，稳定粮农合理的收益，也兼顾了收储粮食的质量安全。因此，粮食处理中心成为保障粮食质量的"最初一公里问题"中的关键管理环节。国家在"十三五"将取消临时储备政策，实施目标价格机制，并进行目标储备制度改革，加大建设粮油仓储设施、促进粮食节约减损等方面的政策支持（《粮食收储供应安全保障工程建设规划（2015—2020年）》）。2015年12月23日李克强召开国务院常务会议出台促进一二三产业的融合发展扶持政策，其中扶持农村服务业成为主要方面，具体措施包括：发展大田托管、农产品加工、仓储物流等市场化服务；会议提出，建立利益联合机制，强化龙头企业连农带农与国家扶持政策挂钩的激励机制。可见，各种改革迫使粮农、中储粮等粮食生产者、流通企业、加工企业，从提高粮食质量的视角解决市场化联合运作机制的问题。对此，笔者以粮食主产区粮食处理中心为核心，研究原粮供应链的治理模式，发现粮食处理中心的协调机制，是凸显的新问题，具有重要的理论和实践意义。

5.2.1 粮食处理中心原粮供应链的治理模式及博弈问题的提出

1. 粮食处理中心原粮供应链的治理模式

粮食处理中心供应链是一种粮食处理中心集成粮农、粮库或企业的原粮流通模式。通过走访黑龙江粮食产地发现，投资建设粮食处理中心的主体多是粮食初加工企业、种粮大户、农业合作社、国有农场等农村经济合作组织，也有以各级政府财政补贴和政府项目支持为主的企业；规模小的粮食处理中心，也称粮食收储中心或收储粮库，也叫烘干塔，通常没有政府支持。调查发现以粮食处理中心为主体，其所在原粮供应链主要存在两种治理模式。

模式1：原粮供应链中粮食处理中心向上游纵向一体化模式。粮食处理中心的集资人是种粮大户或者是农场主，或者是多位农场主、粮农，或者是合作社。这样的粮食处理中心库存容量不大，一般有一座烘干塔，主要处理集资人的粮食，通过提高粮食品质，增加粮食等级，在粮食刚进入市场时，随行就市卖给收购企业或者经济人，或者等到国家储备库收购时以高于市场的价格卖出。粮食处理中心把上游粮农等生产主体视为生产雇员，基于供应链整体利润做出粮食生产的专用性投资、销售和利益分配等决策。

模式 2：原粮供应链中粮食处理中心向上游集成的事后不协商和协商模式。粮食处理中心属于企业经营，一般会有一座以上烘干塔，往往局部区域内仅有一家。通过中心自身宣传、与粮农和经纪人的关系积累，主要接受周边粮农送来的粮食，随行就市收购，市场价格一般低于国家临时收储托市价格，销售与模式 1 一样；多数处理中心没有充足的资金一次性全额支付粮款，有两种协商模式：一是事后不协商模式，也称保值模式。即在规定还款期，除按收购市价支付之外，每单位支付一个类似利息的分成比率，即使赔了，也需要支付。二是事后协商模式。即在规定还款期，除按市价支付之外，在保障不赔的情况下协商每单位增值利润的分成比率。

2015 年 10 月，在黑龙江农垦调查表明，为了平衡管理中出现的低效率问题，增加管理的便利性，模式 1 有向模式 2 发展的趋势。其中，由于高质量原粮销售顺畅，问题聚焦处理中心如何构建激励机制，激励粮农送来好粮。

2. 粮食处理中心与粮农讨价还价博弈问题的提出

由于粮食主产区粮食规模较大，品质均衡，国家储备库和规模加工企业愿意采购，实施粮食目标价格机制后，上述供应链治理模式也长期存续。分析模式 2 的两种协商模式，发现都存在一个讨价还价的过程。实际调查表明，这几年都出现处理中心抢好粮的现象，保值激励模式曾经很受欢迎，但是当粮食市场价格随时间下滑或者粮食烘干不及时发生霉变风险时，处理中心赔钱导致该激励不可持续；而事后协商模式会引起粮农感觉受到不公平对待。因此，处理中心应聚焦粮食处理后未来的增值利润，运用讨价还价博弈模型，事前确定双方均衡分配比率，为双方提供了一份均衡的激励契约。该契约形成的激励机制成为粮食处理中心市场化运营成败的关键。

5.2.2　文献回顾

1. 粮食处理中心协调粮农的治理研究回顾

粮食减损问题一直受到业界和学界的关注，一般和仓储相伴研究，2011 年粮食产地存在两大矛盾[142]，"一是农户产地分散储粮和粮库集中储粮受市场和体制的制约，在衔接上严重脱节；二是农户产地分散储粮设施极端简陋，粮库收购储藏干燥实施产能相对过剩。当时的研究主要聚焦在技术方面[143]"。不重视粮食产后衔接管理问题造成的损失严重："我国农户存粮约占全国粮食年总产量一半，农户储粮损失比例约 8%"（《粮食收储供应安全保障工程建设规划（2015—2020

年)》)。2014 年,实践和研究表明粮食最低收购价面临困境,粮食收储加工企业经营困难[144]。《国务院关于建立健全粮食安全省长责任制的若干意见》中指出,大力支持种粮大户、家庭农场和专业合作组织等建设粮食烘干、储存设施设备,形成政府主导、企业实施、全民参与的全社会节粮减损长效机制。

国内有关粮食供应链研究主要包括两个方面:一是运作模型研究,李凤廷等于 2013 年通过寻求供应驱动链、需求驱动链的链内协同,以及上下游供应链的对接与整合,将粮食物流运作需要扩展为向上游前移与生产环节对接或向下游后移与加工环节衔接的网链结构,形成一种运作模型,使得粮食物流成本有效降低,提高粮食企业效益,同时也更好地推动粮食生产核心区建设[145]。二是通过均衡契约构建供应链上协调管理,冷志杰和田静在 2014 年通过对加工企业主导型粮食供应链中粮农风险共担契约的研究,从供应链整体利益最大的视角,求出最优订购量,分析得出粮食加工企业可通过风险共担契约中惩罚系数的设定,达到选择具有规模生产及长久履约能力的种粮农户的目的[146]。

综上,研究粮食处理中心、烘干塔等主体治理供应链的相关管理问题较少,至今未发现用讨价还价博弈模型方法。因此,针对原粮处理中心,从提高原粮质量视角研究原粮供应链治理模式是重要的和急待解决的新问题。

2. 两主体讨价还价博弈模型的综述

Rubinstein 于 1982 年以一个简单的两人分蛋糕为例,模拟了完全信息下无限期的讨价还价过程,建立了著名的 Rubinstein 轮流出价讨价还价模型[147],此后该模型得到广泛延伸研究,其中,更符合现实的非对称信息条件下的讨价还价模型研究成果丰硕,得到各种均衡契约而形成侧重点不同的协调机制。与本研究相关的包括:**一是不确定信息的研究与讨价还价区间等关联的研究**,Abreu 和 Gul 于 2000 年分析了双边不完全信息的讨价还价情况[148]。周明等于 2002 年根据讨价还价双方的信息情况分别确定了静态有效讨价还价区间和动态有效讨价还价区间[149];王刊良和王嵩于 2010 年研究了三阶段的非对称信息讨价还价的动态博弈,证明了还价策略和心理压力等情境因素对讨价还价结果的影响[150]。**二是研究了讨价还价模型中的风险问题**,李建华和张国琪于 2007 年修正了 Rubinstein 和 Muthoo 建立的具有破裂风险的讨价还价模型中将自身退出谈判的概率等同于谈判破裂的概率这一假设,并给出了修正后双方的均衡支付[151]。徐雅楠和杜志平于 2011 年基于 Shapley 值法进行供应链收益分配研究,提出了风险因子的共同作用,把利益分配与价值增值结合起来[152]。**三是将讨价还价的能力引入激励契约中进行研究**。Dewatripoint 和 Legros 在 2013 年分析了首先由委托人提供初始契约,再由代理人提供谈判契约的情况[153]。陈江瑜于 2012 年基于讨价还价模型研究了供应链中制造商与供应商的利润分配,得出双方的利润增量依赖于贴现因子[154]。李华等于

2015 年研究了基于讨价还价博弈的经理人激励契约[155]。讨价还价模型经历了漫长的发展完善过程，得到了广泛的认可和应用[156]。但是，用于粮食处理中心进行供应链治理方面的研究很少。

　　粮食处理中心在粮食产区具有局部区域的垄断性，而 Holmstrom 委托代理模型[155, 157]通常适用于完全竞争市场，因此，选用 Rubinstein 讨价还价模型方法[155]更适合处理中心所处的非完全竞争市场，在现实中，粮农和粮食处理中心往往采用谈判的方式来决定中心的盈利，而不是由粮农提供一个最后通牒式的"价格"。因此，为了激励粮农，建立由粮农先出价的无限期不完全信息的讨价还价模型，并在模型中引入粮农和粮食处理中心对讨价还价过程的耐受程度度量，在不同的耐受程度下，研究粮农和粮食处理中心之间的博弈均衡解，最后根据唯一的子博弈精炼纳什均衡和破裂点，为粮农和粮食处理中心提供一份非线性均衡契约，从而优化粮食处理中心的原粮供应链治理模式。

5.2.3　粮食处理中心与粮农讨价还价博弈模型的构建

1. 模型的假设

　　（1）假设博弈一方是粮农（指种粮的农场主或农户），另一方是粮食处理中心（或者烘干塔，下面简称中心），粮食处理中心处理后的高品质原粮需求大于供给。

　　（2）假设粮农和粮食处理中心双方均是理性经济人，即追求自身效益的最大化。

　　（3）根据 2015 年及以前年度的粮食收购状况和目前的市场环境，假设粮农投入粮食到规定的返款时间，粮食处理中心投入粮食处理和管理成本，包括烘干、去杂、等待合适价格销售的短期存储管理成本，以及搜寻高品质粮食的成本，双方合作共同创造的未来售粮增值利润为 π，这里 π 与粮食处理中心的努力水平正相关，π 是双方的共同认知，是去掉所有成本之外的增值利润。

　　（4）假设在无限期讨价还价过程中，粮农在奇数期出价，中心在偶数期还价。

　　（5）假设存在谈判成本，引入贴现因子 δ_i（$0 < \delta_i < 1$，$i = p, h$），记为 δ_p、δ_h，分别代表粮农和粮食处理中心的耐心程度或谈判能力，越大代表越好。

　　（6）假设 E_p 为粮农预期 π 中的净收益比例，是粮农的私人信息，粮食处理中心只知道 E_p 服从[a, b]上的均匀分布（$0 \leqslant a \leqslant 1$，$0 \leqslant b \leqslant 1$，且 $a \leqslant b$），但是粮食处理中心可以根据粮农的行为对该信息不断地修正。同样，E_h 为粮食处理中心对粮农净收益比例最高值的预期，是粮食处理中心的私人信息，粮农只知道 E_h 服从[c, d]上的均匀分布（$0 \leqslant c \leqslant 1$，$0 \leqslant d \leqslant 1$，且 $c \leqslant d$），不知道 E_h 的具体值。根据粮食处理中心收粮的实际情况，双方都希望达成交易，因此，假设双方讨价还价区间存在交集：$a < c \leq b < d$。

2. 博弈模型的建立

粮农和粮食处理中心依次轮流出价，制订未来售粮增值利润的分配机制。

这里假设粮农在第一阶段先出价为 E_{p1}，为了获取更多的利益，粮农出价一定会高于自己的心理预期，即 $E_{p1} \geq E_p$。粮食处理中心可以选择接受该分配方案或者拒绝，当且仅当粮农的出价不高于中心的底线（最高值的预期），即 $E_{p1} \leq E_h$ 时，双方才有继续谈判的空间，粮食处理中心才会选择接受粮农的报价。若粮食处理中心接受，博弈结束，售粮增值利润根据粮农的方案进行分配，粮农得到 E_{p1} 比例的 π，中心得到 π 的（$1-E_{p1}$）部分。根据双方的心理预期和谈判结果，则双方来自讨价还价过程的收益[（$E_{p1}-E_p$），（E_h-E_{p1}）]；若粮食处理中心拒绝粮农的报价 E_{p1}，博弈进入第二阶段。

在第二阶段，假设中心出价为 E_{h1}，同理 $E_{h1} \leq E_h$，粮农可以选择接受或者拒绝。当且仅当 $E_{h1} \geq E_p$ 时，粮农才会接受。若粮农接受，则博弈结束，粮农得到 E_{h1} 部分的未来售粮增值利润 π，粮食处理中心得到 π 的（$1-E_{h1}$）部分，这里引入贴现因子 δ_p、δ_h，则双方来自讨价还价过程的收益比例为[$\delta_p(E_{h1}-E_p), \delta_h(E_h-E_{h1})$]；若粮农拒绝，博弈进入第三阶段。

在第三阶段，假设粮农出价为 E_{p2}（$E_{p2} \geq E_p$），粮食处理中心可以选择接受或者拒绝。当且仅当 $E_{p2} \leq E_h$ 时，粮食处理中心才会选择接受。若粮食处理中心接受，则博弈结束，粮农得到 E_{p2} 部分的未来售粮增值利润 π，粮食处理中心得到未来售粮增值利润 π 的 $1-E_{p2}$ 部分，此时贴现因子分别为 δ_p^2、δ_h^2，则双方来自讨价还价过程的收益比例为 $\left[\delta_p^2\left(E_{p2}-E_P\right), \delta_h^2\left(E_h-E_{p2}\right)\right]$；若中心拒绝，博弈进入下一阶段。依次类推，粮农在第 1，3，5…阶段出价，中心在第 2，4，6…阶段出价。

假如博弈进行到第 n 阶段，当 n 为偶数时，这是粮食处理中心第 $\frac{n}{2}$ 次出价，即中心出价为 $E_{h\frac{n}{2}}\left(E_{h\frac{n}{2}} \leq E_h\right)$，当且仅当 $E_{h\frac{n}{2}} \geq E_p$ 时，粮农才会接受。若粮农接受，博弈结束，粮农得到 π 的 $E_{h\frac{n}{2}}$ 部分，粮食处理中心得到 π 的（$1-E_{h\frac{n}{2}}$）部分，此时的贴现因子分别为 δ_p^{n-1}，δ_h^{n-1}，则双方来自讨价还价过程的收益为 $\left[\delta_p^{n-1}\left(E_{h\frac{2}{n}}-E_p\right), \delta_h^{n-1}\left(E_h-E_{h\frac{2}{n}}\right)\right]$；若粮农拒绝，双方谈判失败，博弈结束，双方来自讨价还价过程的收益均为零。

当 n 为奇数时，这是粮农第 $\frac{n+1}{2}$ 次出价，即粮农出价为 $E_{p\frac{n+1}{2}}\left(E_{p\frac{n+1}{2}} \geqslant E_p \right)$，粮食处理中心可以选择接受或者拒绝，但是博弈都将在此阶段结束。若中心接受，博弈结束，粮农得到 π 的 $E_{p\frac{n+1}{2}}$ 部分，中心得到 π（$1 - E_{p\frac{n+1}{2}}$）部分，此时的贴现因子分别为 δ_p^{n-1}、δ_h^{n-1}，则双方来自讨价还价过程的收益为 $\left[\delta_p^{n-1}\left(E_{p\frac{n+1}{2}} - E_p \right),\ \delta_h^{n-1}\left(E_h - E_{p\frac{n+1}{2}} \right) \right]$；若中心拒绝，双方谈判失败，博弈结束，双方来自讨价还价过程的收益均为零。

3. 模型求解

对于无限阶段的博弈，李华总结 Rubinstein 于 1982 年、Sutton 于 1986 年证明了从 $n-2$ 阶段开始的子博弈和第 n 阶段开始的整个博弈完全相同，且参与双方得到的份额和博弈进行多少轮无关，仅与双方讨价还价的耐心程度有关，存在的均衡战略是唯一的子博弈精炼纳什均衡[147, 155]。据此，第三阶段开始的博弈和第一阶段开始的博弈是完全相等的。因此，可用逆向归纳法求解三阶段的讨价还价博弈，先从第三阶段讨论双方的序列理性策略。

1）第三阶段粮农出价和粮农处理中心还价的理性策略

对于粮农处理中心而言，拒绝意味着双方讨价还价收益所得为零，期望能获得粮食，只要讨价还价收益所得 δ_h^2（$E_h - E_{p2}$）$\geqslant 0$ 即可，此时粮农源自讨价还价过程的收益为 δ_p^2（$E_{p2} - E_p$）。当粮农了解到粮农处理中心在这一阶段以 δ_h^2（$E_h - E_{p2}$）$\geqslant 0$ 作为自己的出价底线，则粮农能更准确地估计粮农处理中心的心理预期，这里把粮农已知信息的密度函数视为 0，剩余的估计区间仍服从均匀分布，即粮农根据粮农处理中心在第二阶段出价 $E_{h1} \leqslant E_h \leqslant d$，则修正中心出价底线 E_h 服从 $[E_{h1}, d]$ 上的均匀分布。此时，粮农面临的问题是如何选择 E_{p2}，以使自己的期望利润最大化，即

$$\text{Max}\left[\delta_p^2 (E_{p2} - E_p)\ p_{hca} + 0 * p_{hch} \right] \tag{5-1}$$

其中，p_{hca} 和 p_{hch} 分别是粮农处理中心接受和拒绝 E_{p2} 的概率。

$$p_{hca} = p\{ \delta_h^2 (E_h - E_{p2}) \geqslant 0 \} = p\{ E_h \geqslant E_{p2} \} = \frac{d - E_{p2}}{d - E_{h1}} \tag{5-2}$$

$$p_{hch} = 1 - p_{hca} = \frac{E_{P2} - E_{h1}}{d - E_{h1}} \tag{5-3}$$

将公式（5-2）和公式（5-3）代入公式（5-1）得

$$\text{Max} \left[\delta_p^2 \left(E_{p2} - E_p \right) \frac{d - E_{p2}}{d - E_{h1}} \right] \tag{5-4}$$

求得满足最优一阶化条件的 E_{p2}。

$$E_{p2} = \frac{d + E_p}{2} \tag{5-5}$$

因此在第三阶段粮农能够得自讨价还价的最大收益是 $\delta_p^2 \left(\dfrac{d - E_p}{2} \right)$。

2）第二阶段粮农处理中心出价和粮农还价的理性策略

第二阶段粮农处理中心的出价为 E_{h1}，根据第一阶段的信息，粮农处理中心修正粮农能接受的预期 E_p 为服从$[a, E_{p1}]$上的均匀分布。若要粮农接受 E_{h1}，当且仅当 $\delta_p \left(E_{h1} - E_p \right) \geqslant \delta_2^p \left(\dfrac{d - E_p}{2} \right)$，即 $E_p \geqslant \dfrac{2E_{h1} - d\delta_p}{2 - \delta_p}$。

粮农处理中心了解到粮农的选择后，面临的问题是如何出价 Eh_1，以使自己的期望利润最大化，即

$$\max \left[\delta_h \left(E_h - E_{h1} \right) p_{ca} + \delta_h^2 \left(E_h - E_{p2} \right) p_{hca} \right] \tag{5-6}$$

其中，p_{ca} 表示粮农在第二阶段接受 E_{h1} 的概率：

$$p_{ca} = p \left\{ E_p \geqslant \frac{2E_{h1} - d\delta_p}{2 - \delta_p} \right\} = \frac{E_{p1} - \dfrac{2E_{h1} - d\delta_p}{2 - \delta_p}}{\left(E_{p1} - a \right)} = \frac{E_{p1} \left(2 - \delta_p \right) - 2E_{h1} + d\delta_p}{\left(2 - \delta_p \right) \left(E_{p1} - a \right)} \tag{5-7}$$

将公式（5-7）和公式（5-2）代入公式（5-6）得

$$\text{Max} \left\{ \delta_h \left(E_h - E_{h1} \right) \left[\frac{E_{p1} \left(2 - \delta_p \right) - 2E_{h1} + d\delta_p}{\left(2 - \delta_p \right) \left(E_{p1} - a \right)} \right] + \delta_h^2 \left(E_h - E_{p2} \right) \frac{d - E_{p2}}{d - E_{h1}} \right\} \tag{5-8}$$

求得满足上述最优化问题的 E_{h1}：

$$-\delta_h \left[\frac{E_{p1} \left(2 - \delta_p \right) - 2E_{h1} + d\delta_p}{\left(2 - \delta_p \right) \left(E_{p1} - a \right)} \right] + \delta_h \left(E_h - E_{h1} \right) \frac{-2}{\left(2 - \delta_p \right) \left(E_{p1} - a \right)} + \delta_h^2 \left(E_h - E_{p2} \right) \frac{\left(d - E_{p2} \right)}{\left(d - E_{h1} \right)^2} = 0$$

根据盛金公式，

当 $108 \left(2 - \delta_p \right) \left(E_{p1} - a \right) \left(d - E_{p2} \right) \delta_h \left(E_h - E_{p2} \right) > \left[\left(2 - \delta_p \right) \left(d - E_{p1} \right) + 2 \left(d - E_h \right) \right]^3$

则 $\Delta = \left[-36 \left(2 - \delta_p \right) \left(E_{p1} - a \right) \left(d - E_{p2} \right) \delta_h \left(E_h - E_{p2} \right) \right]^2$

$$+12\left[\left(2-\delta_p\right)\left(E_{p1}-d\right)+2\left(E_h-d\right)\right]^3\left(2-\delta_p\right)\left(E_{p1}-a\right)\left(d-E_{p2}\right)\delta_h\left(E_h-E_{p2}\right)>0$$

求得解：$Y1.2=\left[\left(2-\delta_p\right)\left(E_{p1}-d\right)+2\left(E_h-d\right)\right]^3$

$$+12\left[\frac{36\left(2-\delta_p\right)\left(E_{p1}-a\right)\left(d-E_{p2}\right)\delta_h\left(E_h-E_{p2}\right)\pm\sqrt{\Delta}}{2}\right],$$

y_1 是 $Y1.2$ 中 $\sqrt{\Delta}$ 前取+号，y_2 是取−号

则
$$E_{h1}=\frac{\left[\left(2-\delta_p\right)\left(E_{p1}-d\right)+2\left(E_h-d\right)\right]+\left(\sqrt[3]{y_1}+\sqrt[3]{y_2}\right)}{12}+d \tag{5-9}$$

因此在第二阶段粮食处理中心能够得自讨价还价的最大收益是

$$\delta_h\left\{Eh-\frac{\left[\left(2-\delta_p\right)\left(E_{p1}-d\right)+2\left(E_h-d\right)\right]+\left(\sqrt[3]{y_1}+\sqrt[3]{y_2}\right)}{12}-d\right\}$$

$$=\frac{\delta_h}{12}\left[10\left(E_h-d\right)-\left(2-\delta_p\right)\left(E_{p1}-d\right)-\left(\sqrt[3]{y_1}+\sqrt[3]{y_2}\right)\right]$$

3）第一阶段粮农出价和粮农处理中心还价的理性策略

分析第一阶段粮农出价 E_{p1}，若要粮农处理中心接受 E_{p1}，当且仅当

$$Eh-E_{p1}\geqslant\frac{\delta_h}{12}\left[10\left(E_h-d\right)-\left(2-\delta_p\right)\left(E_{p1}-d\right)-\left(\sqrt[3]{y_1}+\sqrt[3]{y_2}\right)\right] \tag{5-10}$$

粮农了解到粮农处理中心的选择后，面临的问题是出价 E_{p1}，以使自己的期望利润最大化，即

$$\text{Max}\left\{\left(E_{p1}-E_p\right)p_a+\delta_p\left(E_{h1}-E_p\right)p_{ac}+\delta_p^2\left(E_{p2}-E_p\right)p_{ach}\right\} \tag{5-11}$$

其中，p_a 表示粮农处理中心在第一阶段接受 E_{p1} 的概率：

$$p_a=p\left\{E_{p1}\leqslant E_h\right\}=\frac{b-E_{p1}}{b-a} \tag{5-12}$$

p_{ac} 表示粮农处理中心在第一阶段拒绝 E_{p1} 且粮农在第二阶段接受 E_{h1} 的概率：

$$p_{ac}=\frac{E_{p1}-a}{b-a}\left[\frac{E_{p1}\left(2-\delta_p\right)-2E_{h1}+d\delta_p}{\left(2-\delta_p\right)\left(E_{p1}-a\right)}\right] \tag{5-13}$$

p_{ach} 表示粮农处理中心在第一阶段拒绝 E_{p1}，粮农在第二阶段拒绝 E_{h1} 且粮农处理中心在第三阶段接受 E_{p2} 的概率：

$$p_{ach}=\frac{E_{p1}-a}{b-a}\left[1-\frac{E_{p1}\left(2-\delta_p\right)-2E_{h1}+d\delta_p}{\left(2-\delta_p\right)\left(E_{p1}-a\right)}\right]\frac{d-E_{p2}}{d-E_{h1}} \tag{5-14}$$

将公式（5-12）、公式（5-13）和公式（5-14）代入公式（5-11），求得满足公式（5-11）最优化问题的 E_{p1}：

$$E_{p1} = \frac{b + E_p + \delta_p \left(E_{h1} - E_p \right)}{2} \tag{5-15}$$

4）粮农给出粮食处理中心的均衡契约

综上，可以得到由粮农先出价的、具有不完全信息的讨价还价博弈的均衡为：

粮农在第一阶段提出自己要享有未来售粮增值利润 π 的 $\dfrac{b + E_p \left(1 - \delta_p \right) + \delta_p\, E_{h1}}{2}$ 部分，将 π 的 $\left(1 - \dfrac{b + E_p \left(1 - \delta_p \right) + \delta_p\, E_{h1}}{2} \right)$ 部分留给粮农处理中心，且粮农处理中心接受这个分配方案。

值得注意的是，破裂的风险是时刻存在的，并且影响谈判双方的出价和各自的最终支付。

用 b_p、b_h 表示在谈判破裂时粮农和粮农处理中心的临界点预期，其受内部选择和外部选择共同影响。低于 b_p（b_h）粮农（粮食处理中心）是不会接受的。以此可表达粮食处理中心的机会主义支付约束。

根据公式（5-10），可令 $E_{p1} \geqslant E_h - b_h$

由此可以得到粮农提供给粮食处理中心的均衡契约：

$$\text{Max}\{b_h\pi,\ (1-E_{p1})\ \pi\}(E_{p1} \geqslant b_p) \tag{5-16}$$

4. 博弈均衡契约的影响因素分析

1）粮农预期的讨价还价区间对谈判均衡结果的影响

虽然粮食价格是透明的，但是由于处理中心距离收储目的地或者成交企业的距离不同，处理中心当地市场上存在不同的价格，粮农对这些价格存在已知和未知两种情况，对烘干及时性的风险和烘干、去杂等成本了解也不同，所以，粮农预期讨价还价的区间可分为三种情况进行讨论。

（1）粮农已知粮食市场价格，对烘干等服务费不清楚。此时，$a<c\leqslant b<d$，则均衡结果 E_{p1} 在 c 和 b 之间，即 $c\leqslant E_{p1}\leqslant b$，但是烘干等服务费不清楚，$b$ 和 c 的距离会相对较大，通过多次谈判才能达到交易。需要粮农处理中心做好解释工作。

（2）粮农已知粮食市场价格，对烘干等服务费清楚。此时，$c<a\leqslant b<d$，则均衡结果 E_{p1} 在 a 和 c 之间。谈判比较快。一般是粮农处理中心已经做好粮农的沟通工作。

（3）粮农不知粮食市场价格，对烘干等服务费不清楚。会出现 $a \leqslant b < c \leqslant d$，不存在讨价还价的空间，粮农的出价超出粮食处理中心的底线，谈判失败。

2）粮农和粮食处理中心的讨价还价能力对均衡结果的影响

针对公式（5-15）及相关推导过程，可知 E_p、δ_p 对 E_{p1} 有正向作用，E_h、δ_h 对 E_{h1} 有正向作用。说明均衡结果 E_{p1}［公式（5-15）］与双方的预期 E_P、E_h，以及贴现因子 δ_p、δ_h 密切相关，而双方的预期、贴现因子也代表了谈判双方的讨价还价能力。所以，粮农和粮食处理中心中相对越有耐心的一方，讨价还价的能力越强。

3）均衡契约的影响分析

基于 Rubinstein 讨价还价博弈模型得到的均衡契约公式（5-16），让粮农获得固定部分的未来售粮增值利润，而粮食处理中心获得（π–粮农固定所得）。这种激励契约突出共同利润的优点：①促成粮食处理中心基于自身利益而做出最有利于粮食收购状况改善的行为。该契约让粮食处理中心的努力水平和未来售粮增值利润完全正相关，保证了粮食处理中心至少可以获得 b_h 的报酬，粮食处理中心越努力工作，π 越大，其获得的剩余未来售粮增值利润越大。②考虑了粮农利益的最大化问题。由粮农先出价，不仅实现了粮农和粮食处理中心之间的激励相容，更做到了在考虑到粮食处理中心利益的前提下实现粮农利益的最大化。③考虑了谈判破裂的约束。利用破裂点考虑了粮食处理中心的机会主义支付。综上，该激励契约是有效率的，也是均衡的。

5.2.4　粮食处理中心的原粮供应链治理模式优化

根据上述研究，提出粮食处理中心原粮供应链治理优化模式：粮食处理中心向上游集成的事前协商模式。粮食处理中心通过粮食处理提高粮食品质，从而使得粮食等级增加，顺价卖给收购企业或者国家储备库，获得一个比市价高的价格。针对上游粮农，采用事前协商的讨价还价模式，商讨未来售粮增值利润的分配，采用一份非线性激励契约函数 $\text{Max}\{b_h\pi, (1-E_{p1})\pi\}$（$E_{p1} \geqslant b_p$）；为了减少均衡契约获得的谈判成本，需要粮食处理中心向粮农展示烘干成本、销售成本，以及原粮集中收购造成烘干不及时、加大霉变的风险成本等。

综上，利用 Rubinstein 讨价还价博弈模型，分析了粮农与粮食处理中心就激励契约谈判的过程，得到了一份非线性激励契约函数，讨论了均衡契约的影响因素，优化提出了粮食处理中心的原粮供应链治理模式，包括：①粮食处理中心依托粮食高品质，向收购企业或者国家储备库出售粮食，获得一个比市价高的价格。②针对上游粮农，采用事前协商的讨价还价模式，依据一份非线性激励契约函数 $\text{Max}\{b_h\pi, (1-E_{p1})\pi\}$（$E_{p1} \geqslant b_p$），与粮农商讨未来售粮增值利润的分配。③通过明示烘干去杂等成本、销售成本、风险成本等信息协调的方式，减少均衡契约获得的谈判成本。

讨价还价博弈方法研究粮农与粮食处理中心研究均衡契约有如下优点：①通过让粮农先出价，优先考虑了**粮农利益；通过均衡契约的激励约束和机会主义行为约束，考虑了粮食处理中心基本利益和机会主义支付。**②基于讨价还价博弈的激励契约适用于粮食处理中心所处局部区域非完全竞争的市场，达成的契约是均衡和有效的，粮农和粮食处理中心的均衡份额取决于双方的相对讨价还价能力，而参与人的谈判耐心、心理预期、破裂点都会影响最终得到的份额。③优化的粮食处理中心原粮供应链治理模式表明，虽然粮农和粮食处理中心存在利益冲突，但是应关注双方存在的长期共同利益，只有双方协调努力，才能得到高质量原粮而实现粮食较高的销售价格，讨价还价博弈的激励契约衍生的粮食处理中心原粮供应链治理模式凸出了双方的共同利益。因此，本部分研究的原粮供应链治理模式更具有现实指导意义。

本研究假设粮农和粮食处理中心是理性的经济人，且是风险中性的，双方的心理预期符合均匀分布，这样虽然简化了问题，但是存在局限，下一步，针对粮食市场化的环境，需要考虑公平偏好下讨价还价博弈的激励契约，从而促进粮食处理中心有效治理原粮供应链。

5.3 商品粮三级供应链利益补偿协调机制实施的政府支持体系

粮食供应链具有明显的脆弱性，一方面，粮食生产本身存在着不可避免的脆弱性，并且与粮食的刚性需求之间存在矛盾；另一方面，粮食生产的外部条件和环境的变化也会对粮食供应链产生非常明显的影响[27]。因此，很多学者研究建立利益补偿协调机制来保证粮食供应链的稳定性，实施以互利共赢为基本内容的供应链增值及返利机制，以期实现供应链各环节主体的共生发展[27]。但是，粮食供应链利润无法靠供应链内部的集成机制向粮食生产者反向平衡，需要政府建立沿供应链向上游逐渐增强补贴、平抑粮价等支持该机制的政策支持体系。粮食供应链利益补偿协调机制实施的外部支持体系如图 5-2 所示。

5.3.1 政府主导的对上游粮食生产者进行利益补偿的支持政策

首先，粮食生产者的利益只能从出售的商品粮中体现出来，在粮价上涨幅度低于生产资料价格上涨幅度的情况下，农民从粮价上涨和政府补贴中得到的利益被明显抵消，粮食生产的比较效益降低，农民不敢也不愿意增加投入，影响农民种粮积极性，因此，需要政府加强对农药、化肥、种子、农业机械等农业生产资

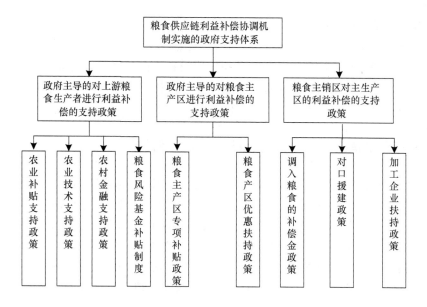

图 5-2　大宗商品粮三级供应链利益补偿协调机制实施的政府支持体系模型

料的监管，降低种粮成本，保证粮食生产者的利益。

其次，稳步提高粮食生产者的种粮补贴和粮食最低收购价格，保证提高幅度高于农资等生产成本的增长速度，保障农民种粮利益，使种粮的比较效益能够促进农民种粮的积极性。特别是对种粮大户、家庭农场等新型农业生产主体进行利益补偿，在资金支持、科技推广、现代农机等方面给予重点扶持。

最后，加快农村金融体制改革，逐步放开民间资本进入农业生产领域发挥作用，这样不仅可以提高资金的流动性，而且降低了农民借贷资金的成本。例如，农民自身没有能力抵御粮食生产和市场波动的双重风险，进而影响种粮积极性，甚至放弃粮食生产。针对此情况，政府一方面可以加大农业贷款发放力度，使农民有能力购买农业生产资料；另一方面可以为粮食生产者提供农业保险，通过自然灾害保险确保农民由于自然灾害带来的损失降到最低；可以通过强化推行粮食收购保护价政策，提高农户应对市场波动的抗风险能力。

5.3.2　政府主导的对粮食主产区进行利益补偿的支持政策

在改革开放早期，我国实行农业补贴工业的政策措施，虽然此政策在一定程度上保证和加快了我国的工业化进程，但同时也弱化了市场对粮食价格的调节作用，形成工业和农业产品的价格"剪刀差"[158]。在这种"剪刀差"中，粮食主产区因为政策性的低粮价而导致利益受损，经济发达地区作为粮食主销区从这种"剪刀差"中获益。因此，政府需要建立和完善对粮食主产区的利益补偿机制，进一步从保障制度和法律层面，保障粮食主产区的经济效益、社会效益和国家粮食安全。首先，国家对粮食主产区的涉粮补贴范围应进一步扩大，多方面多层次的对粮食主产区进行专项补贴，不断改善和优化粮食生产环境，建设优质高效的产粮基地。其次，给予产粮大县和重要粮食产区优惠扶持政策，统筹支农资金、技术等方面的合力，全方位支持粮食主产区建设。

5.3.3　粮食主销区对主生产区的利益补偿支持政策

粮食主产区在粮食输出过程中经历不公平的市场竞争。例如，粮食主产区不能自主设定粮食输出数量、价格、市场目的地等，不能按照市场供需规律进行粮食输出。而粮食主销区获得商品粮并非完全由市场调节，很大程度上是通过行政手段调剂的，并且他们所得到的粮食价格低于粮食生产、运输和储藏成本，使粮食主产区的生产价值再次流失。因此，需要构建粮食主销区对主产区的利益补偿支持政策。一是根据粮食主销区调入的粮食数量收取一定的补偿金，补偿粮食主产区因粮食生产而造成的经济损失；二是粮食主销区和粮食主产区实行对口援建，建立"一对一"的帮扶关系，帮助粮食主产区进行农田基础设施建设和农业生产技术升级等；三是粮食主销区在主产区投资，特别是投资于农产品深加工方面，提高粮食主产区的经济发展水平，同时增加主产区就业水平，提高当地农民收入。

5.4　运营主体实施利益补偿协调机制的策略研究

粮食供应链运营主体间的有效衔接有利于保障粮食供应链的稳定性，减少其脆弱性，为保证粮食供应链各成员协调运行，实施的策略要满足以下条件：首先，保证整个粮食供应链系统增值，并且确保各主要成员利益不受损失；其次，基于供应链各成员的共同利益设计粮食供应链整体增值部分的返利制度，制订成员一致同意的供应链利益补偿协调机制；再次，保证供应链各成员遵守共同制订的利益补偿协调机制，并维护供应链运作的公正与透明；最后，利益补偿机制是长期持续的，因此其策略支持体系也应该是长期有效并不断完善的，提高供应链网络的一体化程度，降低供应链的结构型脆弱性，形成高效的粮食供应链，粮食供应链运营主体随环境变化建立利益补偿协调机制实施策略框架如图 5-3 所示。

5.4.1　生产主体随环境变化应用供应链利益补偿协调机制的实施策略

粮食生产主体可能是大型农场、大型经销商、大型农业合作社等，这类经营主体或者自己有规模种植的能力，或者有规模集货的能力，这是在政府政策支持下能够和加工企业签订风险共担利益补偿契约的基本要求。只有这样，粮食生产

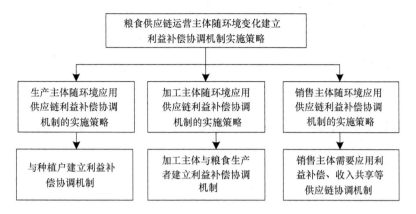

图 5-3　大宗商品粮三级供应链运营主体随环境变化建立利益补偿协调机制的实施策略框架

主体在市场中才拥有更强的议价能力，无论是对粮食供应链上游的农资市场还是供应链下游的农产品加工、销售市场，粮食生产主体都比种植者更具有市场竞争力，从而获取超额利润。为此，粮食生产主体实施策略是：从种植户获得土地等基本生产资料，从而取得规模优势，并且通过标准化生产管理提高生产效率，为了维持粮食供应链整体的稳定性，生产主体需要随着政策、市场环境的变化进行种植，这类经营主体建立收入共享、利益补偿协调机制，根据市场需求状况适当调整与粮食种植户之间的利益分配，一方面可以保护粮食种植户的基本利益，另一方面可以保障粮食供应链的长期稳定发展。

5.4.2　加工主体随环境变化应用供应链利益补偿协调机制的实施策略

　　粮食加工企业设在产地还是销地，其供应链利益补偿协调机制的实施策略不同。粮食加工企业建在粮食生产地，其原粮采购和运输费用相对较低，但是其成品粮销售和运输费用较高；而粮食加工企业建在成品粮销售地时，原粮的采购和粮源维护费用则较高。这样，粮食供应链中利益补偿将会存在不同，为弥补远距离销售和采购劣势，前者利益补偿可以选择收入共享型机制，加强粮食加工企业与粮食经销商之间的联系，后者利益补偿可以选择风险共担型机制，加强粮食加工企业与粮食生产者之间的联系。

　　某些时间段，粮食主销区的加工企业利用从主产区粮食生产者获得的廉价原料通过价值增值活动（精加工或深加工）获得超额利润，粮食主产区初加工的粮食产品价格与主销区精加工粮食产品价格的"剪刀差"，形成产地销售原粮好于成品粮（如黑龙江水稻销售的"稻强米弱"），以至于加工企业利润太薄，无法开工。因此，为了维持粮食供应链有效持续运行，粮食价格主体随环境变化应用供应链利益补偿协调机制的实施策略包括：运用好政府相关产地加工专项等支持政策，主动和粮食生产者建立收入共享等利益共享、风险共担补偿协调机制，减少交易成本，形成技术垄断的产地优势。努力成为龙头企业，作为加工主体的产业化龙头企业具有较强的组织力量，能够实现粮食产供销一体化经营，加工龙头企业有能力在资金、技术、市场、服务等方面为生产者提供支持，保证粮食生产者的利益。

5.4.3 销售主体随环境变化应用供应链利益补偿协调机制的实施策略

粮食销售主体一般指原粮和粮食产成品销售商。

1. 粮食处理中心的实施策略

关于原粮销售商，近年来重要性越来越强的是粮食处理中心，上述研究得出的粮食处理中心的原粮供应链治理模式表明，为保障供应链利益补偿协调机制，应实施如下策略：①实施让粮农先出价策略，这样才能优先考虑粮农利益；严格实施均衡契约，约束了粮食处理中心基本利益和机会主义支付。②提高参与人的谈判耐心，向粮农长期演示：应主要关注双方存在着长期共同利益，只有双方协调努力，才能得到高质量原粮而实现较高的粮食销售价格，讨价还价博弈的激励契约衍生的粮食处理中心原粮供应链治理模式凸出了双方的共同利益。③优化的粮食处理中心原粮供应链治理模式表明，虽然粮农和粮食处理中心存在利益冲突，但是通过提高流通服务，以及规模的高品质粮食的措施，可以减少与粮农和粮库或企业的均衡契约获得的谈判成本，以及对方的销售和采购成本。

2. 粮食产成品销售商的实施策略

相对于粮食加工者来说销售商对市场需求更了解，在与加工者的交易过程中，销售主体更容易获得定价权，在制订契约时掌握更多的主导权，因此，粮食供应链中的销售主体更容易从中获得超额利润，甚至损害加工主体的利益。粮食销售主体随环境变化应用供应链利益补偿协调机制的实施策略主要有两方面：一是针对黑龙江高质量成品粮，为了保障长期均衡供应，克服由于内外部因素所导致的供应链的脆弱性，需要构建批发价格基础上的收入共享契约；二是针对产地距离较远，采购成本高于国外采购的情况，可以运用政府相关的粮食安全政策，如调入粮食补贴政策等，进行集团采购，或者应用利益补偿、收入共享等供应链协调机制，在保证不减少整个粮食供应链绩效的条件下，使粮食加工者从整个链条中获得更多收益，保障整个粮食供应链的稳定性。

5.5 小 结

构建和实施大宗商品粮三级供应链的利益补偿协调机制，能较好地提高供应链上各主体的收益，本章构建了政策激励粮食供应链成员协调的流程模型，该模型包括两方面，一方面，在供应链运行环境上，政府在产业链层面构建支持粮食供应链利益补偿协调机制实施的政策体系；另一方面，大宗商品粮供应链的核心主体（生产、加工、销售各主体），要善于应用政府相关的政策，两交易主体之间形成、履行供应链利益补偿协调机制的契约，最终提高粮食供应链的竞争力。针对粮食处理中心是粮食"最初一公里问题"的关键环节，总结实际原粮供应链治理模式，发现针对粮食处理后未来增值利润，事前确定粮农和粮食处理中心双方均衡分配比率是核心问题，对此，构建 Rubinstein 讨价还价博弈模型，得到了一份非线性激励契约函数，由此达成的契约是均衡和有效的，根据均衡契约的影响因素分析，通过明示烘干、风险等成本的信息协调方式，可减少均衡契约获得的谈判成本。该契约特点是，优先考虑了粮农利益，兼顾了处理中心基本利益和机会主义支付，凸出了双方的共同利益。基于上述结果优化提出了处理中心的原粮供应链治理模式，有助于粮食物流企业服务模式的转型。

第6章 电子商务环境下粮食供应链利益补偿协调激励机制的研究

在本章，作者试图研究"互联网+"环境下，粮食供应链利益补偿协调机制。

6.1 基于农业网站集成农产品供应链盈利模式的设计及效果评价

农产品市场的波动直接影响广大农民的收入，建立一个适应"互联网+"环境下农产品供应链集成的盈利模式显得尤为重要。对于电子商务活动来讲，支付环节的完成标志着一次交易的完成，从目前的应用现状来看，我国的农产品电子商务还存在诸如电子商务盈利模式模糊、农产品网站大多是发布供求信息来展示企业形象，没有起到真正的交易作用，网站信誉体系建设滞后，尤其是结算功能也不完善，即使成功的淘宝网也存在安全诚信和支付手段单一的问题，调查显示95%的结算通过现金支付，存在着物流企业代收货款不便利和携款偷逃等问题，导致农产品供应链断裂[159, 160]。李生琦和陈奎[161]从评价等级、评分标准、初始信誉值设定及用户评价可信度等方面进行探究，建立了一个改进的信誉评价模型，经过有效评价得出了模型的有效性。无论是B2B、B2C还是C2C都是建立最优盈利模式，以达到省钱、快捷、提供优质服务的目的。实践证明，建立和保持一个能带来持久利润的、有竞争力的盈利模式也是电子化农产品供应链成功的关键。戴尔公司的成功就来自于盈利模式创新，在本节试图从利润屏障着手，寻求一个适合农业网站的盈利定价模式。

因此，农产品网站企业应联合各大金融机构，在充分考虑发卡单位和持卡人收益成本的条件下，采用期权定价理论对信用卡贷款承诺进行定价，权衡信息平台收入和成本，建立合适的会员信用卡年费定价模型。对网站的使用者实行会员信用卡制度管理，提供"一卡通"、"联名卡"等惠农服务[162]。截至2011年，对于网站盈利模式的研究取得了一定成效，但是，对农业网站盈利模式的研究还稍有不足，针对现存的网站盈利模式存在利润屏障不强、参与主体利润分配不合理等问题，试图从网站企业利润屏障着手，建立模型，对利润分配进行量化，对网站企业与合作银行的合作方式进行研究，探讨一种网站企业盈利模式，以解决网站企业、银行和平台用户利润分配不公的问题，实现"共赢"。

6.1.1   基于农业网站的供应链集成盈利模式案例分析

基于企业农业网站的供应链集成盈利模式的成功案例在国内不多，选择具有代表性的运行成功的中农网和黑龙江农合网，进行供应链集成盈利模式分析，提炼其优势，以便提出更适合网站企业的集成盈利模式。

1. 中农网业务集成盈利模式

深圳市农产品股份有限公司是中国农产品流通领域唯一一家上市企业，该公司 1993 年就致力于农产品信息化的建设工作，并在 1997 年建成了具有国内领先水平的中国农产品信息网。目前拥有各类会员企业近 4000 家，涉及国内农产品生产、加工、运销、消费，以及农业科研、行政等单位，涵盖果蔬、粮油、食品、饮料、水产、肉禽蛋、花卉、饲料等各行业，提供信息服务、交易服务、第三方服务和行业配套服务等，如图 6-1 所示。

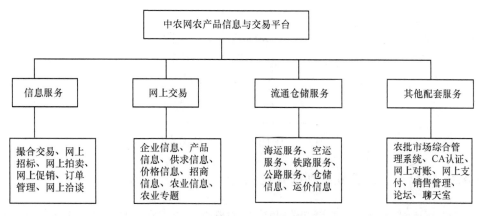

图 6-1   中农网业务集成盈利模式

可见，作为农产品供应链核心企业的深圳农产品股份有限公司，其盈利模式主要是通过完善的信息化服务，使得供应链成员企业在第一时间了解市场信息，应对市场变化的预测更为准确，相应各环节企业间的决策更为灵活和准确，体现了深圳农产品股份有限公司的核心竞争能力。

中农网的盈利模式是电子商务最好的发展形式，无论是信息的流通还是资金的流通，都能快速又安全地达到买卖双方，通过信息的快速流通，把农业的资源和农业信息资源有机整合。中农网的盈利模式设计合理、规划周密，与国内大型的公路、海运、铁路等运输单位紧密合作，所有交易会员可直接在网上与自己需要的运输公司洽谈、订仓，确保物流的正常运转。中农网成为首家在国内农业网站中实现身份认证和网上支付的农业网站。

该案例说明农产品供应链集成平台信息化建设的成功，极大地促进供应链的有效集成，形成有效的盈利模式，为信息技术（IT）企业集成农产品供应链提供了方向。

2. 黑龙江农合网集成盈利模式

黑龙江农合网是在实现农业产业链经营方针的指导下与相关农业和金融等多部门、多单位、多体系联合，为农民及合作社无偿服务的一家公益团体机构。农合网的盈利模式就是以网站为核心企业集成农产品供应链，向上提供给上游企业生产计划，签订订单合同，发展订单农业，为农户合作社提供优良品种，提供一定的技术支持，为农户寻找需方；向下与下游企业签订合同，提供一定的优质产品。这样对上下游企业集成，不仅可以获得一定的服务费用，还可以独立地管理整条农产品供应链，以核心企业的身份对农产品供应链进行集成。具体功能如图6-2所示。

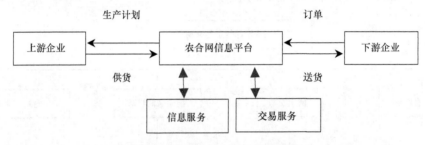

图 6-2 黑龙江农合网功能模式图

6.1.2 农产品网站企业盈利模式优化设计

郭鹏通过对国内外学者就盈利模式的概念、特点和构成要素的结论进行理解研究，提出一种盈利模式的定义：企业为实现利润目标而采取的方式与方法，是企业对主要战略和经营层面的筹划设计，包括对利润源、利润点、利润杠杆和利润屏障等4个要素进行设计，最终形成的有助于实现盈利的操作路径的组合[163]。研究表明，几乎所有企业的利润模式都是以某一个或两个要素为核心的各要素不同形式的组合。网站管理者作为农产品供应链的核心企业或者电子交易的服务企业，是集成供应链的重要和必要条件，对于节省交易成本、提高整条农产品供应链的整体竞争力起着至关重要的作用。因此，根据现有农业盈利网站的研究，从利润源、利润点、利润杠杆和利润屏障等4个要素来分析网站的盈利模式。

黑龙江农合网的前身是一个专业的IT企业，在计算机技术方面有着得天独厚的优势。在实现农业产业链经营方针的指导下与相关农业和金融等多部门、多单位、多体系联合，它是为农民及合作社服务的一家公益团体机构。农合网的盈利模式就是以网站为核心企业集成农产品供应链，找到集成上下游企业的结合点，进行信用评价，为用户提供可靠的交易平台，还介入了安全在线支付系统，以及制定了农产品电子商务活动的法律法规，保障交易的正常进行，以核心企业的身份对农产品供应链进行集成。

根据现有盈利网站的调研，基于利润源、利润点、利润杠杆和利润屏障等 4个要素[163]设计网站企业的盈利模式，如图 6-3 所示。

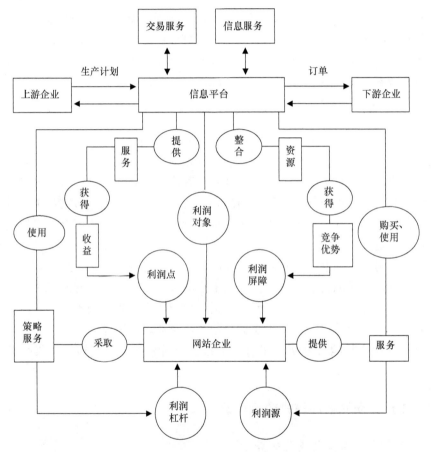

图 6-3　网站企业盈利模式图

1. 网站企业的利润点设计

利润点是指网站企业为满足用户网上交易农产品、节约交易成本的需求，可以获取利润的服务，主要包括广告服务、以农产品交易为主的网上代理服务。利润点反映的是该企业从客户手中得到怎样的收益，建立一个明确的利润点设计是盈利模式的首要任务。

2. 网站企业的利润源设计

利润源来自该网站企业提供的商品或服务的购买者和使用者群体，是该企业利润的唯一源泉。通过定价分析和细分客户，主要是农产品生产的农业合作社、农场主、销售和购买等相关企业，其中最有吸引力的利润源，是特优绿色农产品的买卖者。

3. 网站企业的利润杠杆设计

利润杠杆反映的是企业的一部分投入，是指网站企业生产产品或服务，以及吸引客户购买和使用企业产品或服务的一系列业务活动方式，可以定义为供应链上集成的所有激励机制，即广告服务、以农产品交易为主的网上代理服务相关的各种双赢或多赢的契约，网站企业要达成这些契约，需要必要的投入。

4. 网站企业的利润屏障设计

利润屏障是指企业为防止竞争者掠夺本企业的利润而采取的防范措施，它与利润杠杆同样表现为企业投入，但利润杠杆是保障企业利润来源，利润屏障是保护利润不为其他同行竞争企业所动。针对实际出现的代收货款的快递业及运输业服务保障难问题，提出如下方法：网站管理者在前期政府的投资支持下，建立该信息平台，为用户提供相关服务，实行类似于各大银行信用卡的会员卡制度，对用户收取一定的会员年费，对信息平台进行后期维护和更新，以保证信息平台的正常运转。另外，随着平台知名度的提高，广告的有效性也会得到大幅度增强，包括广告收入等附加功能的收入也会是平台的收入来源之一。网站管理者为会员企业提供的信息平台的具体使用流程包括：用户认证准确，网上交易农产品供求信息准确，交易额信用卡化，在线交流服务，交易后信用评价。

网站企业的利润对象就是在信息平台上的所有用户，包括不同类型的涉农企业。

6.1.3 农产品网站盈利模式效果评价

1. 农产品网站盈利模式优势

图 6-3 提出的盈利模式，较其他有关网站盈利模式的研究，与银行合作，为用户提供了与银行信用卡类似的信用卡，为用户交易提供了便利。网站管理团队具备较高的专业技术水平，网站服务器和会员终端计算机之间设置经公安部认证的防火墙，与专业的网络安全公司合作，做好安全策略，保护会员的隐私，保障网站的正常运行。

规避了信用风险。在谈到农产品电子交易风险时，首先要考虑的就是信用风险,信用是基于信任主体参与风险行为的意愿,信任只有在有风险的情况下才有意义[164]。尤其是交易双方之外的第三方提供信息平台,往往是第三方机构的惩罚力度越大,交易商违约的可能性就越小[165]。网站管理者得到了政府的协助监管,制定了合法的大宗农产品电子交易条款,削减了违约情况的发生。政府必须通过立法、税收和政策等法律和经济杠杆的作用来引导企业的博弈活动,使博弈结果向帕累托最优逼近。

规避了交易风险。在此信息平台上都是透明交易,这就避免了人为控制价格,欺骗,非法转移标的,内部人操纵市场,公司假借网络维修、电脑故障等原因从中做手脚等的不合法交易行为。在现货市场上,农产品的价格往往会陷入"蛛网现象"中。例如,粮食、果蔬本身作为生活必需品,需求是相对稳定的,在短期内,一旦规模定下来了,就算价格有大的波动,也不会引起供给的较大变化,此时供给的弹性小于需求弹性。供给增多的信息导致交易价格下降,造成交易见险。

规避了质量风险。网站管理者与农资供应商、农产品种植合作社、加工制造企业、批发商一起从源头抓起,对所种植的农产品实行"身份证"识别,做到生产有记录、产品能查询、质量可追溯,效仿寿光、小汤山等蔬菜种植基地从田头上防范农产品污染,加大农业投入品和无公害农产品市场监管力度,确保该信息平台上交易的农产品都是无公害产品。尽量规避电子化农产品交易的产前风险。

2. 农产品网站盈利模式存在利润屏障作用不强的问题

在我国现代化农业发展时期,会员信用卡的应用还存在不完善的地方,信用卡年费对于改善农业网站企业盈利状况,促进现代农业健康发展具有重要的意义。合理的年费定价能够保证网站企业的基本收益,改善企业盈利状况。同时,合理的年费定价还能够减少睡眠会员卡的比重,促进持卡者使用循环信贷,提高信用卡申请人资质,降低违约风险,对我国信用卡产业的健康发展也具有重要的意义。

在上述网站企业的盈利模式中,主要问题是如何规避物流企业代收货款的风险,对此,网站企业与银行联合,为平台用户办卡和制定相关优惠政策。那么,从银行为用户提供贷款便利等的角度进行考虑,制定相关的盈利定价模型成为网站企业最重要的关键。

6.2 基于定价视角的粮食供应链信息平台企业与生产主体的利益补偿协调机制

2012 年,网络先进的信息技术使得粮食供应链集成成为可行的管理方法,信息技术将大大降低协调成本和运营风险，农户与企业在信息获取、处理上处于平等的地位，最终顾客也可以通过互联网参与信息集成，使企业与农户可以较低的成本开展实时的信息交流和沟通，这为优化每一次交易，展开充分协商铺平了道路，也为供应链中企业与农户之间每一回合博弈的局前通信创造了条件。供应链管理主要采用专用网络平台和通用网络平台方式[166]，通过信息集成企业、农户等节点企业。农业网站企业的信息平台盈利模式主要靠信息流对供应链商流的服务来实现，国内的农产品信息交易平台发展迅速，政府每年的一号文件都明确了向农民合作社倾斜。刘忠强等在 2010 年从物流管理、溯源管理、技术服务、决策支持和门户网站等各方面提出了面向农民专业合作社的信息化建设技术方案[167]。但是，实际调查农业信息平台长期运营不善的问题，发现存在 2 个主要关联问题：其一，由于农业信息平台企业不能保障交易信息发布的准确性，信息平台服务业存在服务费用收入下降的风险；其二，当农业信息平台企业使用完政府对其支持政策的基金后，获得的平台使用费用不够企业运营信息平台的费用，必然导致平台使用功能越来越弱。因此，平台企业如何能保障使用平台的企业不离去，充分地集成更多的农户参与交易，成为农产品电子商务平台推进的重要问题。对此，作者试图针对北方适合网络交易的特优粮食，寻找对信息平台企业有益的平台模式，以及农户和合作社的特优粮食定价策略，有助于找到适合网络信息平台的运作策略，从而提高粮食供应链的竞争力。

6.2.1 粮食供应链信息平台企业的集成问题及假设条件

假定交易的粮食是特优的，满足网上交易的条件。假定基于交易平台构建与上游生产商的集成方式有 2 种：其一，平台企业通过与合作社建立专有系统（ISO）供应链[168]，保障购买订单等相关信息的准确性，合作社需要向平台交大客户会员费 C_r（即通过专用平台进行购买和销售的成本），可以登录平台企业为该合作社设置的专有平台，享受平台企业的供应链信息集成服务；其二，平台企业通过基于互联网的电子商务通用平台与农户进行供应链衔接，具有开放性，由于平台网站经营者的局限，难以保障所有开放的用户交易信息的完全真实性，只能保障其资质符合条件，那么，在平台买卖特优粮食的满意程度会打折扣，交易折扣率为 d，大概是 0.784 左右[169]，$0 \leq d \leq 1$，农户向平台企业缴纳使用通用平台费用 C_d（即通过通用平台进行购买和销售的成本），满足 $C_d < C_r$，对于交易次数较少的农户，这种方式比较合适。

假定基于交易平台构建与下游买家的集成方式是通过平台使买家购买差异化的产品，即合作社专用平台的产品和通用平台的产品具有差异化的价格。粮食购买者认定的粮食使用价值为 v（$0 \leq v \leq 1$），农户直接在通用平台上直

售价格为 p_d ，农户销售给合作社的批发价格为 w ，通过合作社的专用平台销售价格为 p_r 。

在上述假设条件下，粮食信息交易平台企业要保障运营利润，需要确定选择专用平台或通用平台，还是都选择，另外，如何基于这 2 种平台向合作社和农户收取合适的年费，以及农户销售的定价策略如何。

6.2.2　农户与合作社基于粮食供应链信息平台购买的最优定价策略

1. 基于粮食供应链信息平台购买的需求函数构建

根据文献[166]推导，得出：

合作社会员的需求函数

$$Q_r = \begin{cases} 1 - \dfrac{p_r - p_d}{1-d}, \dfrac{p_d}{d} \leqslant p_r \\[3mm] 1 - p_r, \dfrac{p_d}{d} > p_r \end{cases} \tag{6-1}$$

农户对信息平台的需求函数

$$Q_d = \begin{cases} \dfrac{dp_r - p_d}{d(1-d)}, \dfrac{p_d}{d} \leqslant p_r \\[3mm] 0, \dfrac{p_d}{d} > p_r \end{cases} \tag{6-2}$$

2. 合作社的最优定价策略

设合作社的利润为 π_r ， $\pi_r = (p_r - w)Q_r$ ，对合作社来说就是在 w 已确定的情况下如何确定最优的 p_r 以使自己的利润最大化。根据文献[166]推导，得到合作社的最优定价策略为

$$p_r^* = \begin{cases} \dfrac{1 - d + p_d + w}{2}, (p_d, w) \in R_1 \\[3mm] \dfrac{1 + w}{2}, (p_d, w) \in R_2 \\[3mm] \dfrac{p_d}{d}, (p_d, w) \in R_3 \end{cases} \tag{6-3}$$

其中 R_1 、 R_2 、 R_3 如图 6-4 所示。

3. 农户的最优定价策略

根据上述假设，设农户的利润为 π_m ，显然 $\pi_m = (w - c_d)Q_r + (p_d - c_d)Q_d$ ，对农户而言，就是如何确定最优的 w 和 p_d 以使自己的利润最大化。根据文献[166]推

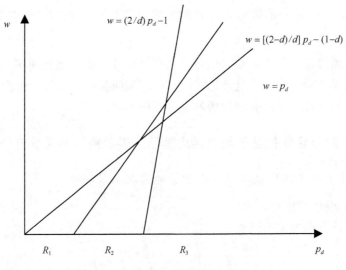

图 6-4 R_1、R_2、R_3 区域示意图

导，得到农户如下全局最优的定价策略：

$$(p_d^*, w^*) = \begin{cases} (-,\dfrac{1+c_r}{2}),0 \le d \le \dfrac{(1+c_r)^2+(1-c_r)\sqrt{1+6c_r+c_r^2}}{4} \\ (\dfrac{d+c_r}{2},\dfrac{d+c_r}{2}),\dfrac{(1+c_r)^2+(1-c_r)\sqrt{1+6c_r+c_r^2}}{4} < d \le 1 \end{cases} \quad (6\text{-}4)$$

为了表达简便，令 $\bar{d} = \dfrac{(1+c_r)^2+(1-c_r)\sqrt{1+6c_r+c_r^2}}{4}$，得到表 6-1。

如表 6-1 所示，农户定价策略由（p_d，w，p_r）表达如果 $d \in [0,\bar{d}]$，即使农户采用何种通用平台的直销价格 p_d，也不能对合作社产生竞争压力，此时，农户应该通过合作社专有平台销售，才有较好的利润，此时，平台企业应选择建立合作社专有平台，才能获得应用利润；如果 $d \in [\bar{d},1]$ 时，平台企业应选择建立合作社专有平台和通用平台两种形式集成买卖双方，农户才可使利润最大化。

表 6-1   农户与合作社基于粮食供应链信息平台购买的最优定价策略

		$[0,\bar{d}]$	$[\bar{d},1]$
平台企业选择平台建设方式		合作社的专有平台	通用平台和合作社专有平台
合作社的 定价策略	p_r	$(3+c_r)/4$	$(d+c_r)/2d$
农户的 定价策略	p_d	—	$(d+c_r)/2$
	w	$(1+c_r)/2$	$(d+c_r)/2$

6.2.3　基于折扣的粮食供应链信息平台企业的利益补偿协调机制的步骤

根据 $\overline{d}=\dfrac{(1+c_r)^2+(1-c_r)\sqrt{1+6c_r+c_r^2}}{4}$，推导出 $c_r=\dfrac{d\pm(1-d)\sqrt{2d}}{2-d}$。

1. 基于网站服务的粮食品种确定平台交易折扣率

由于不同的粮食在平台交易折扣率不同，大概是 0.784 左右，可以根据网站所服务的不同特优粮食，确定平台交易折扣率。

2. 根据粮食品种的平台交易折扣率确定单双平台进行购买和销售的成本范围

由 $d\leqslant\dfrac{(1+c_r)^2+(1-c_r)\sqrt{1+6c_r+c_r^2}}{4}$ 推导出通过专用平台进行购买和销售的成本范围：

$$\frac{d-(1-d)\sqrt{2d}}{2-d}<c_r<\frac{d+(1-d)\sqrt{2d}}{2-d}\tag{6-5}$$

由 $\dfrac{(1+c_r)^2+(1-c_r)\sqrt{1+6c_r+c_r^2}}{4}\leqslant d\leqslant1$ 推导出通过专用平台和通用平台进行购买和销售的成本范围

$$c_r\geqslant\frac{d+(1-d)\sqrt{2d}}{2-d}\ 或c_r\leqslant\frac{d-(1-d)\sqrt{2d}}{2-d}\tag{6-6}$$

3. 根据平台进行购买和销售的成本范围确定建设平台种类和使用平台成本定价

在已知粮食品种的平台交易折扣率，根据公式（6-5）和公式（6-6）可以确定粮食信息平台企业针对合作社建设专用平台，还是既建设合作社销售的专用信息平台又建设农民销售的通用信息平台。此外还能确定平台使用成本，可将其看成平台使用定价。

6.3　信息平台企业实施粮食供应链利益补偿协调机制的策略

6.3.1　信息平台企业的集成粮食供应链的构成

信息平台企业建立的集成粮食供应链与市场自发形成的粮食供应链存在差

别，后者主要包括粮食生产者、产地多级中间批发商、销地多级零售商、粮食消费者等。而信息平台企业作为供应链核心企业，基于信息平台建立的集成粮食供应链主体主要包括：信息平台企业、上游粮食合作社企业和下游粮食销售商及最终消费者等，他们之间都是通过信息平台作为连接纽带进行无缝衔接的，具体集成粮食供应链构建如图 6-5 所示。

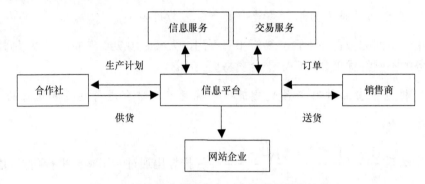

图 6-5   网站企业基于信息平台的粮食供应链构成

信息平台企业在实现农业产业化经营方针的指导下与相关农业和第三方服务等多部门、多单位、多体系联合，为农民及合作社和粮食销售商提供服务。在农业领域基于信息平台开展粮食电子商务活动，从单一的提供农业相关信息到成熟的网站盈利模式的提出，对改善我国的农业产业价值链结构和提高农业竞争力都起着积极的作用，这也是实现农业现代化的必经阶段。

6.3.2   信息平台企业实施利益补偿协调机制的集成策略

信息平台企业作为粮食交易信息平台的核心管理者，在确定了信息平台的供应链主体构成之后，就要明确提出基于信息平台的粮食销售通道的集成策略。

1. 信息平台企业提供给农民合作社专有信息平台的策略

信息平台企业能为粮食实现电子化交易提供两类可供选择的电子化交易平台：针对农户组成合作社的专用平台（IOS）和直接针对农户的通用平台（Web）。可以将特优品种的粮食在网上直销的交易折扣率作为消费者对网上交易的接受程度 d，d 作为关键参数，成为选择合适的信息平台，进行粮食供应链信息平台集成策略的关键依据。例如，将大豆、玉米或是绿色蔬果的网上接受程度 d 作为关键参数，可以具体得出哪种粮食更适合专用信息平台或通用平台。

2. 信息平台企业有效集成上下游企业的自我发展的盈利模式

林勇和马士华，以及 Keskinocak 等研究了国内外研究的热点问题——供应链的集成化研究，并在电子商务环境下进行深入的研究[170, 171]。将供应链集成归纳为包括供应链资源的集成、市场的集成、信息集成和组织主体的集成四方面的集成[172]。赵新娟和谭国真提出了基于网格计算的供应链管理系统模型[173]，蒋艳辉等研究了基于网格的商品流通领域供应链信息集成效率[174]。信息平台企业为用户量身定做了合适的信息平台，对各个因素进行充分考虑以后，提出了有效的信息平台盈利模式。寻找到合适的集成点，研究集成策略如下。

信息平台企业对供应链的上游合作社及下游销售商进行有效的集成策略包括两方面：一是根据国家相关支农护农政策，对合作社开通"绿色通道"。例如，对农作物的种植疑难问题进行指导、为合作社寻找销售商、对合作社实行会员制管理等一系列优惠政策等激励机制，鼓励合作社参与信息平台交易。将粮食网上直销的价值折扣率作为消费者对网上交易的接受程度 d，以此作为关键依据，针对不同的对象（合作社和农民），提供不同的信息平台，实现粮食网上交易活动集成的第一步。二是对于下游销售商，基于传统的评价机制，建立基于信用评价的信用机制，以此对下游销售商进行集成评价管理，保障信息平台的可持续运营和销售通道的通畅。

根据现有农业信息平台的盈利模式，结合信息平台的供应链的集成策略，从利润源、利润点、利润杠杆和利润屏障等 4 个要素来分析信息平台的盈利模式，进而对农民合作社销售通道的建立和维护进行研究，分析基于信息平台的自我发展盈利模式，具体如表 6-2 所示。表中"—"表示无策略。

表 6-2　信息平台企业的盈利模式分析

盈利模式构成要素	信息平台企业	上游合作社	下游销售商
利润源	提供的各项服务，包括网上交易粮食供求信息发布信息服务、其他配套服务、在线交流服务、在线支付等	购买、使用	购买、使用
利润对象	寻找准确有效的信息平台用户	等价于	等价于
利润点	提供的广告服务、粮食交易中介服务等	购买、使用	购买、使用
利润杠杆	制定的策略、服务所做出的投入	—	—
利润屏障	整合现有资源获得竞争优势	—	—

6.3.3　信息平台企业实施利益补偿协调机制的信誉维护策略

网站企业对上集成合作社，对下集成销售商，以降低整条供应链的成本、提高供应链的运行效率为目的，结合各环节连接的合理性提出了包括合作社、销售商和信息平台的粮食电子商务活动的盈利模式结构。另外，对供应链上的商流、物流、信息流及资金流进行有效集成，尤其重视信息流的整合，将供应链各节点企业信息系统中的信息集成起来。

在上述盈利模式的指导下，网站企业作为核心企业对外要集成上游合作社，考虑下游消费需求，有效控制供应链与外部环境对内要协调控制粮食产供销的各个中间环节，对各个业务流程进行整合和集成，进行无缝集成衔接，创造整条粮食供应链的价值。从粮食的种植开始，遵循盈利模式的结构，合作社企业和销售商就集成于该信息平台之上，遵守统一的粮食技术标准，及时共享有关粮食生产数据情况，参与节点企业之间的产供销计划，集成协作供应链的其他环节，同时，粮食的销售通道也进入了建立和维护阶段，合作社和销售商在盈利模式的指导下相互协调，及时疏通粮食的销路，实现信息平台节点企业之间的"共赢"。

网站企业作为信息平台的核心主体，必须建立合适的信用机制，通过严格评价，及时剔除，选择信用良好的用户在此信息平台上进行交易，维护粮食供应链集成的畅通。粮食在此信息平台上正常流通，不但可以提高信息平台的利润价值，还可以为农业网站树立良好的知名度，进而提升企业的信誉和名声，从而获得永久的市场竞争力。

6.3.4 信息平台企业构建粮食可追溯与甄别信息系统的策略

由于不易从外观甄别粮食质量的现状，高质量产品往往得不到高价值，这是粮食主产区，尤其是黑龙江省长期存在的难题。例如，寒地棚室种植的蔬果具有反季节特征，成本较高，规模集中上市实现高价值的关键是通过有效的甄别方法提高顾客的购买意愿，减少中间环节，降低成本。

国外研究表明：2000 年以来，消费者对可追溯体系的认知很少，对可追溯体系的兴趣不高，特别是相关的技术方面。消费者不愿意在购买后通过电话或网络来查看食品的信息，更习惯于接受严格、精炼且信息充分、带有直接的质量保证标识或保质期等某种承诺的标签；对食品可追溯体系的认知和购买时是否将其作为购买标准取决于消费者经常消费的商店类型及收入水平[175, 176, 177]。所以，有必要在消费者聚集的连锁超市中，建立消费者可以直接甄别产品安全质量和品质的载体，该载体要实现消费者对产品直观追溯。供应链集成管理能够解决从种植到销售终端一体化构建，减少不必要的交易成本，因而被超市广泛应用。由于蔬果保质期较短，多采取冷链物流运输棚室蔬菜。冷链管理是以人工控温为手段，以供应链集成为目的一种供应链管理。供应链集成管理与物联网技术的全程追踪、实时监控相结合，将成为连锁超市获得最大利润的关键技术之一[178, 179]。将物联网技术中的传感设备，如无限射频识别 RFID 装置、红外感应器、全球定位系统、激光扫描器等与互联网结合起来构建的网络系统，能够使顾客在甄别产品质量和品质上更为简单直接[180, 181]，蔬果质量安全信息在不同的供应链主体之间进行无缝衔接，全程保证蔬果的质量安全[182]。Ruiz-Garcia 等[183]把基于 Zigbee（一种基于 IEEE802.15.4 的低功耗、低传输速率、架构简单的短距离无线通信技术）的无线传感器网络应用于水果温湿度实时监测，但该研究只是模拟了水果的环境，而没有对装有水果的真实环境进行测试，更没有实际应用。刘国梅和孙新德于 2011年基于 WSN（无线传感器网络）和 RFID 技术研究了一种粮食冷链物流监控追踪系统，对粮食冷藏运输过程和冷库进行实时监控和数据传输，真正做到全程安全和透明，有效解决粮食的安全监控和品质保证问题，但是没有实现供应链的全程监控[184]。同年，郭斌等基于 Zigbee 研究蔬果冷链配送环境信息采集系统，解决了数据采集和实时监测的问题[185]，该技术具有先进性，但是没有聚焦蔬果供应链全程。2010 年，Ruiz-Garcia 等和 Zhang 等分别研究了用于粮食追踪与溯源的设计原型系统，这些系统可通过网络便捷地查询粮食生产、分销、运输等各环节[186]。上述研究表明，研究蔬果冷链全过程监控技术，不仅可以提供一种甄别产品质量的方法，而且具有应用创新性。

在下一节，试图以连锁超市为主体，基于物联网技术和供应链集成方法，设计从棚室到超市门店有效甄别高质量粮食的物联网供应链，提高棚室粮食的价值，为解决黑龙江省长期存在的高质量粮食不能实现高价值的难题提供解决思路。

6.4　以超市为信息平台企业的粮食可追溯与甄别信息系统

近年来，消费者对于安全、品质给予了更高的要求，许多新的技术与工艺被引入以迎合消费者对粮食的可靠性与安全性持续增加的需求。同时，为了减轻粮食质量安全问题所带来的影响，企业及政府机构已经意识到有必要确保食品可追溯。2015 年的中央一号文件，更是将粮食安全作为重中之重的议题。在过去的一段时间中，可追溯系统在食品、粮食领域已经得到了广泛的关注和应用。

6.4.1　文献回顾

欧盟委员会于 1997 年正式提出了可追溯性的概念，用于食品业中控制其安全及一些其他要求。可追溯系统是将有关安全、质量、食品配料及原产地等信息传递给消费者的系统，可追溯系统具备追踪产品和活动的基本能力，其中，活动意味着从生产、物流、销售等过程追踪产品[187, 188]。因此从供应链视角进行可追溯系统的研究逐渐得到了研究者的关注。

Thakura 和 Hurburgh 认为食品供应链的所有主体，都需要存储并提供食品所需的信息，以便需要时提供给需求者，要做到在完整的供应链上实现可追溯，最重要的是实现供应链节点间的可追溯，以及节点内部可追溯，同时应用信息系统分析与设计的理论与方法，建立了谷物供应链可追溯系统的 IDEF 模型[189]。由此可见，供应链视角下的可追溯，是要在供应链主体内部，以及主体与主体之间发生关系的过程中（主要是物流过程）实现与产品及相关活动的追踪与溯源。

从供应链的视角实施可追溯系统，需要粮食供应链具备较强的集成度，才能促使各节点企业通过信息共享、资金和物资等方面的协作进行协调，对供应链上所有活动能进行有效衔接。

毛薇针对畜禽产品供应链分析了建立可追溯体系面临的主要问题，指出了养殖环节标准化程度不高，全程追溯难度较大等问题，究其原因主要集中在上游生产节点内部信息管理的水平不高，中间物流节点信息标准不一，信息共享程度较低，导致了可追溯只能在局部范围实现[190]。该研究的部分内容同样适用于更广泛的粮食供应链。

冷志杰和陈晓旭以实现质量可甄别为目的，分析了供应链各环节质量数据流的特点，并应用物联网的相关理论与方法，从蔬果的生产、配送及销售过程三个方面进行冷链系统设计[191]。

通过对相关文献的梳理可以看出，以粮食供应链作为环境是可追溯领域的主要研究方向。粮食可追溯系统的建立必须以供应链为基础，而供应链的管理水平直接决定了可追溯系统的实施效果，这不仅包括粮食供应链的组织结构、治理机制，也包括基本的操作流程。因此，针对供应链的可追溯系统，不仅要考虑影响产品质量的数据采集与应用，同时还要采集供应链中所发生的商流、信息流、物流等数据，并将这些数据集成，才能实现供应链环境下的追踪与溯源。同时，可追溯信息在终端能够有效地服务于消费者的甄别过程，才能充分发挥系统的作用。

6.4.2 系统总体框架的设计

本系统以粮食为实施对象，以"农场+物流+零售超市"结构的供应链作为应用主体，建立可追溯系统，如图 6-6 所示，用于超市建设的信息平台上。韩燕于2009 年对比分析了 5 种粮食供应链模式，认为"连锁零售网络+生产基地+农户"模式能够最大限度地消除信息不对称，保障粮食质量安全[192]。

粮食的相关信息在系统各个节点被采集，并在上述主体之间流动，形成了追溯流程。温湿度、土壤 pH、氧气浓度、摄像头等传感器设备被用于追溯数据采集过程中，与产品交易信息、物流信息在数据库关联，实现物流、商流、质量数据的集成；在超市端放置查询机器，用于提供甄别服务过程。针对已构建的供应链模型，应用物联网的三层结构模型，构建了基于物联网的系统模型框架。

6.4.3 系统主要功能与流程的设计

孙小会等认为粮食供应链的各个环节是形成最终粮食食品质量的一个质量环

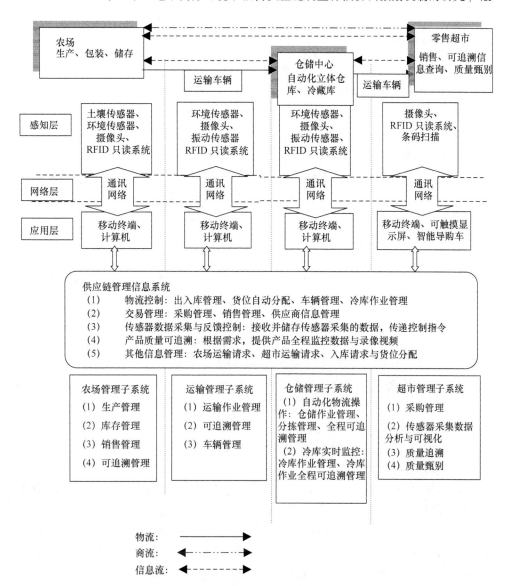

图 6-6　粮食供应链可追溯系统框架图

节或阶段，每个环节或阶段的质量管理之间需要相互协同形成完整的系统[193]。一种粮食从田间到餐桌，需要经过采摘（挖掘）、分拣、质检、储存、包装、营销、干线、配送、售后等多个环节，因此供应链管理系统是商流、物流、信息流管理的集成。

设计的供应链可追溯与甄别系统包括农场管理、运输管理、仓储管理、超市管理 4 个子系统，各子系统之间可进行交易管理、任务请求发送与接收（如运输任务、仓储任务等）、可追溯信息与甄别管理等功能。

1. 农场管理子系统

生产管理。系统通过插入每个地块的 RFID 标签来表示每个地块上生产的粮食；产品生长期间传感器、摄像头采集的数据传输给系统，地块 RFID 标签与采集的数据关联。对于粮食类产品，在产地采用一维条码、二维码、RFID 结合的方式，对于表皮可粘贴一维码的产品，通过一维条码作为载体记录每个产品在农场的物流操作，并将产品装入销售包装，包装外贴有二维码与软质 RFID 标签；表皮不适宜粘贴标签的产品，则在采摘后放入包装盒内，在包装盒外贴二维码与软质 RFID 标签；所有产品装入贴有 RFID 标签的物流包装箱，下游物流操作记录在该 RFID 标识的数据库字段内，并和箱内所有产品的标签进行关联。

商流管理。主要功能是对下游超市等零售环节的销售管理。接收超市的采购请求，生成销售订单，显示所有请求采购产品的库存状况，并生成产品补货单、拣货单、运输请求；补货单发送至农场生产作业区，现场移动终端接收指令并进行采摘；拣货单发送至粮食仓储区进行拣货备货作业；运输请求发送至运输节点。

物流管理。主要功能是农场仓储管理，包括库存控制、拣货作业、包装作业、流通加工作业等。并将 RFID 标签贴在包装上，同时系统能够生成条码，与 RFID 配对使用，唯一标识该批粮食；粮食准备运出生产区时，通过超高频 RFID 读写机读取包装上的 RFID，并将出库数据写入 RFID 标签，系统能够根据读取的 RFID 中记录的产品类别，分配该批产品送到自动立体仓库或冷库，如果系统判断该批产品送到立体仓库，则能够发送指令给该区域做好接货准备，同时给产品分配相应的货架及储位，如果分配到冷库，则能够发送指令给冷库区的终端该批产品需要冷藏的温度范围。

质量追溯管理。以 RFID 识别码作为主键建立后台数据库表，并将每个 RFID 地块的传感器信息写入数据库；产成品按包装分类，将一维条码、二维码、RFID 标签与该数据库表进行关联。新建存储一维码、二维码的数据库表，将每包装单位成品分配并粘贴一维码、二维码标签（或加贴软质 RFID 标签），并将产品数据写入存储一维码，二维码的数据库表，该表与订单数据库表进行关联。这样保证农产品从农场到超市的全程可以实现以订单数据库表为核心的物流商流信息的可追溯。

农场生产子系统的 UML 设计如图 6-7 所示。

2. 冷库管理

该子系统主要包括以下内容：仓储作业管理。对已经卸货的产品，在系统中选择是否需要过磅，如果过磅，将过磅的数值——"冷却前过磅值"记录在系统中；过磅后，选择是否需要预冷环节，该环节为可选环节，选择是否预冷，如果选择预冷，选择进行预冷的方式（冰冷法、水冷法、风冷法），并选择是否需要包装与包装方式；选择是否需要冷却，为可选项。冷藏环节，根据订单对产品冷藏温

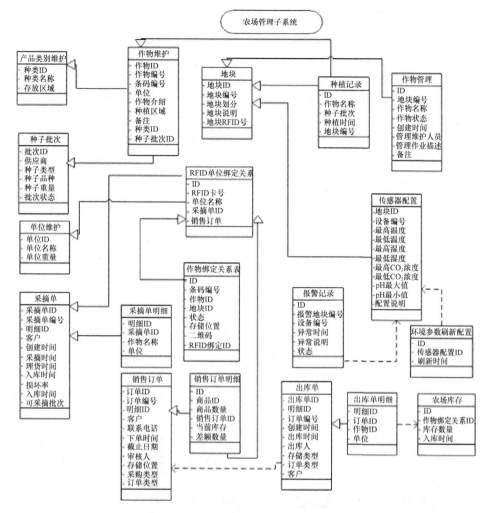

图 6-7　农场管理子系统的 UML 流程图

度的要求，如果有要求，就按照订单的要求，设定冷藏温度，如果没有要求，按照粮食类不同分类产品的冷藏温度标准设定冷藏值，冷藏中，将冷藏的温度记录到可追溯信息中。

质量追溯管理。冷库温湿度传感器、氧气传感器的数值，以及摄像头采集的图像数据，实时传输并存储在数据库内，每批次产品根据 RFID 出入库时间段来选择传感器在数据库内的数据，并转存 RFID 主键的数据表内，同时存储的还有全部仓储作业活动。

3. 超市管理

该子系统主要包括以下内容：质量追溯管理。超市管理子系统有权限查阅已购买的粮食（包括在途或已到货）全部传感器采集的信息，并通过分析甄别该批产品的质量，对于问题产品进行原因的溯源，并提出改进意见；同时对于已订购的生长中的粮食，超市节点有权限实时查阅该批次产品传感器采集的信息与摄像头实时视频，达到质量监控的目的。

质量甄别管理。甄别管理包括已到货产品和未到货产品查询两个模块。

已到货产品甄别提供两种模式甄别方式：第一，超市辅助甄别，该模式下，超市节点将已产生的商流、物流、质量等多维数据，以线性图输出，并设置质量标准区间，对于不同区间的曲线标识不同颜色，并辅助说明代表不同质量的产品；第二，消费者自主甄别，消费者查询超市提供的该产品的详细数据，根据自己的知识进行判断。

未到货产品甄别。实时数据查询权限主要分配给提前订货的消费者，查询其定制的粮食的生长与物流实时状态信息，以监督粮食质量。

6.4.4　系统的实现

管理系统采用 B/S 架构。服务端应用 ZK 框架+数据库的模式进行开发。ZK框架是一个用 JAVA 实现的简单但是功能强大的表现层框架，它包括了一个基于 Ajax 的事件驱动引擎、这也是它的最大特色。在终端，除了可以通过 Windows 访问系统，同时开发了基于 Android 的农场生产现场管理应用。

管理系统包括农场管理、超市管理、运输管理、冷库管理、仓储管理、基础设置 6 个模块；用户通过用户名、密码、账户类型的形式登录，系统通过账户类型的设置来限制供应链中不同节点企业的使用权限。

在接口实现上，管理信息系统与硬件设备通过数据库来驱动。系统与硬件之间通过开发的中间件，实现管理系统读取硬件设备采集的信息，并将指令传递给硬件设备。

在可甄别环节，硬件设备选择多功能触控一体机+RFID 读卡设备。消费者选择超市端上架的产品，可用手机扫描二维码获取追溯信息，以表格文字的形式输出产地、传感器、物流操作的信息；消费者也可以在多功能触控一体机上，通过扫描外包装的 RFID 标签甄别产品质量。多功能触控一体机上通过访问管理系统，加载超市管理子系统中的终端甄别模块界面，输出传感器信息、物流信息、图片视频三类信息，传感器信息以曲线图+质量标准刻度的形式输出传感器采集的数据，并用不同颜色标识质量标准刻度之上及之下的曲线，最大程度地帮助消费者更加直观地甄别产品质量。

6.5　互联网平台企业整合大宗粮食供应链的长期利益补偿协调机制的应用

2014 年，阿里巴巴、苏宁、淘宝等电商巨头纷纷涉足农业产业链，大北农、新希望等农资企业正在利用互联网积极搭建综合农资服务平台；中粮集团携手招商局集团共同打造的粮达网、买粮网等互联网平台为粮食生产者和粮食加工企业提供了更为方便、快捷的交易平台，粮食价格信息公开化，发布价格信息便捷及时，操作简单，改变了传统交易模式，不受地理位置限制，尤其是可以异地交易[131]。随着互联网技术的高速发展和市场对个人或企业信誉的重视，第三方电商平台的地位越来越重要，互联网平台整合大宗粮食供应链的长期利益补偿协调机制是不能规避的问题。第三方电商平台不但可以承载监督、约束的功能，而且在粮食供应链上下游主体间架起沟通的桥梁，及时传递信息，有效解决双方信息不对称的情况[194]，使得农资供应商、粮食生产者、粮食加工企业、粮食经销商紧密地联系在一起，在享受电商平台带来收益的同时，也受到第三方监督主体的约束。具体表现为：平台为其建立企业信用档案和个人信用档案，粮食生产者在平台上可以订购农业生产资料（包括化肥、农药、良种、农业机械租售服务等）；粮食加工企业可以在平台上对企业进行宣传并发布需求信息[80]；粮食销售企业也可以在平台上寻找到稳定粮源，保障粮食质量安全，积极打造本土品牌。并且作为第三方力量，平台对签订契约的加工企业和粮食生产者或加工企业和销售企业进行监督，双方合作完成一笔订单后平台会提升双方的信誉值，如果发生违约行为，违约者会被减双倍的信誉值并被没收违约金，企业和粮食生产者的诚信记录是公开透明的，不仅利于双方甄选合作伙伴，并且可以使"声誉机制"在不断重复博弈合作过程中发挥至关重要的作用[82]。本节将以黑龙江农垦青农农业科技有限公司（以下简称青农公司）为例，构建青农公司在讷河市的大宗粮食供应链长期利益补偿协调机制，为互联网平台整合大宗粮食供应链提供支持。

6.5.1　讷河市粮食供应链构建供应链利益补偿协调机制之前存在的问题

黑龙江农垦青农农业科技有限公司是北大荒上市公司控股子公司，是一家致力于利用互联网平台整合粮食供应链的企业，采用利益补偿协调机制联结大宗粮食供应链上相关主体，2015 年 12 月，已经构建了包括互联网农资供应商、无人机航化植保服务、粮食生产者、粮食加工企业在内的原粮生产供应链，已经在讷河市、依安县、哈尔滨阿城区等地发展了 1000 余家规模农户、合作社、农资企业和无人机服务公司成为公司会员，以契约形式联结参与主体，协调各主体间利益关系，建立长效、稳定的大宗粮食供应链。讷河市坐落于黑龙江省西北部，松嫩平原的北缘，隶属于黑龙江省齐齐哈尔市，地形以高平原和平原为主，面积 6674km²，其中耕地面积 3544.7km²，占总面积的 53.32%，土壤肥沃，讷河市境内河流较多，有嫩江、老莱河、南阳河、石底河等，为农田灌溉提供了便利的基础条件，主要粮食作物有稻谷、小麦等[195]。对应的大宗粮食供应链上粮食生产者、粮食加工企业、粮食经销商间的结构较为松散，粮食交易成本较高，流通效率低下。对青农公司在讷河市发展情况进行调查发现，该公司采用契约合作的方式，已经成功吸纳 2 家农资供应商、18 家粮食合作社、340 家普通农户、3 家粮食加工企业签订了利益共享契约，并组建了 4 支无人机植保服务队为会员提供农业植保服务。但是，青农公司的大宗粮食供应链存在以下主要问题。

1）粮食生产者获利能力不足

在加入青农公司组建的粮食供应链利益补偿协调模式之前，虽然国家不断加大对粮食生产者的补贴政策，但是由于农业生产资料的价格也在不断上涨，粮食生产者的生产成本不断增加，侵蚀着粮食生产者本就微薄的收益，粮食生产者在向农资供应商采购生产物资时由于采购批量较小，无法形成价格折扣，在运输上未能实现规模经济。粮食生产者目前仍旧采用田间人工作业或者传统植保机械作业，植保作业的防治效果差、成本高，容易发生中毒事件，也难以保证农作物的施药量，容易造成农药残余过量，影响农作物的质量安全。粮食生产者由于规模较小，谈判地位较低，在粮食销售过程中缺乏与粮食加工企业的谈判能力。因此，在加入青农电子商务平台之前，粮食生产者在粮食供应链上处于弱势地位，无法获得供应链上的均衡利润，更不可能获得粮食加工企业和粮食经销商的利润补偿。

2）大宗粮食供应链中尚无有效监督主体

农资供应商与粮食生产者基本是一次性交易关系，没有长期合作。粮食生产者对于农业生产资料的辨别力较差，农业生产中经常会出现买到假种子、劣质农药化肥的情况。农资供应商需要投入大量的广告成本才能够起到宣传效果，粮食生产者对农资品牌认可度低，农资供应商没有稳定的销售渠道。由于没有有效的监督主体，单独的粮食生产者规模较小，与粮食加工企业合作过程中处于劣势，所以之前未形成利益补偿协调合作契约或者契约违约率较高，难以形成长期稳定的合作关系。

3）粮食加工企业没有打造出品牌

为了提高粮食品质，传统的经验主义种植方式已经不适合现代农业发展的需要，粮食生产从选育品种再到田间地头的管理都需要专业的技术支持进行指导，在加入青农公司的平台之前，粮食生产者由于受到家庭收入、自身教育水平、农机信息等因素的制约，难以主动采用先进的农机植保机械，田间人工作业和传统机械作业不仅效率低、防治效果差，而且难以保障粮食的质量安全，种粮主要靠经验积累和交流分享，粮食生产者与相关科研机构及技术咨询部门联系较少，很难获得相关的科技支持，致使粮食加工企业难以长期稳定地获得优质粮源，影响成品粮的品质。粮食加工企业没有品牌意识，粳稻加工之后销售也没有稳定渠道。

6.5.2　以青农公司为核心的粮食供应链利益补偿协调机制的构建

青农公司作为核心主体进行合理的供应链组织流程优化,将农资供应商、无人机服务公司、粮食生产者、粮食加工企业以会员的形式整合成一条粮食供应链,对会员提供相应服务并进行监督,粮食生产者与粮食加工企业通过利益补偿协调契约进行联结,将粮食供应链上相关主体紧密联结在一起,实现了经营计划统一、生产服务统一、农资供应统一、技术指导统一、产品加工统一、产品销售统一,即 6 个“统一”。由青农公司主导的粮食供应链实现了粮食生产的集约化,并且在粮食生产者与粮食加工企业间、粮食加工企业和粮食经销商间准备建立利益补偿协调契约,使得原粮销售中的风险能够共同分担,稳固粮食供应链,确保原粮销售与稳定供给。以青农公司为监督主体的长期利益补偿协调机制的运行如图 6-8 所示。

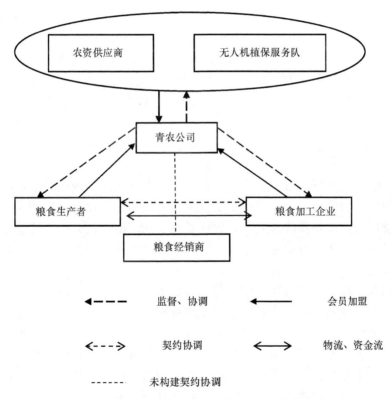

图 6-8　青农公司约束下大宗粮食供应链结构模型

由于青农公司尚未和粮食经销商达成合作关系,因此青农公司与粮食经销商间用虚线连接,将粮食经销商也纳入大宗粮食供应链利益补偿协调机制是该公司的努力方向。根据上述对大宗粮食供应链上成员间的利益分析和大宗粮食供应链长期利益补偿协调研究框架，将粮食加工企业与粮食生产者以利益补偿协调契约进行连接、粮食加工企业与粮食经销商以收入共享协调契约进行连接，通过对大宗粮食供应链主体决策行为进行博弈分析，寻找到大宗粮食供应链长期博弈的优化条件，以此为基础构建监督主体约束下的大宗粮食供应链长期利益补偿协调机制，稳定大宗粮食供应链主体间的合作关系，提升大宗粮食供应链整体利润，增强大宗粮食供应链的竞争力。

1. 粮食加工企业与粮食生产者利益补偿协调契约的选择和构建

根据前文对大宗粮食供应链上粮食生产者与粮食加工企业间的利益分析，粮食生产者与粮食加工企业间的合作稳定性影响整条供应链的长期稳定，因此需要通过契约手段来协调彼此之间的利益关系。通常所指的利益补偿协调是对利益的再分配，不仅包括常见的收入共享契约、价格补贴契约等，还包括主体间的风险共担、信息共享等手段。粮食生产者由于规模限制，实力较弱，交易地位较低，粮食加工企业受到原粮成本升高、销售商压价等影响，收益也受到挤压，双方采用直接利益补偿的契约较难，但是由于农业生产的不确定性和风险性，双方通过契约手段共同承担可能存在的风险，从而形成一种风险共担型契约。当粮食生产者与加工企业共同承担原粮供给不足的风险时，粮食加工企业需要提高契约采购价，弥补因粮食生产者供给不足造成的损失；当粮食加工企业与生产者共同承担原粮供给不足的风险时，粮食生产者无力按契约完成原粮供给，需要向粮食加工企业支付一部分罚金来弥补损失，这种风险共担型契约可以使原粮供应链保持稳定供给。

根据前面的分析，粮食生产者与粮食加工企业之间的利益关系直接决定了彼此之间的利润分配，会对整个粮食供应链稳定与持久发展产生较大的影响。利益补偿协调不仅是指收入共享、价格补贴等利润的再次分配，还包括风险分担及信息共享。在粮食供应链中粮食生产者地位较低，而加工企业粮食加工获利越来越薄，彼此之间直接进行收入共享或者价格补贴难度较大，而在风险分担的基础上，基于各自对风险规避与市场需求的不同，从而构建出风险分担型契约，形成一种利益补偿协调机制。在这种利益补偿协调机制中，当加工企业分担一部分原粮供给不足风险时，生产者可通过接受契约罚金补偿加工企业部分损失，当生产者分担一部分原粮供给不足风险时，加工企业可通过适当提高采购价格补偿生产者部分损失。这种形式的利益补偿协调机制使得粮食供应链更加稳固，确保原粮销售与稳定供给。具体分两种情况：一，粮食生产者接受罚金时的风险分担利益补偿契约；二，粮食生产者自主集货时的风险分担利益补偿契约。

现实情况中可能会出现粮食生产者或者粮食加工者违约的情况，既不提供足够数量原粮或者不按契约数量进行收购，又不接受缴纳罚金，这样就会导致大宗粮食供应链断裂，合作关系被打破，因此，为防止此类事件的发生，需要青农公司对粮食生产者和粮食加工企业进行有效筛选，保证会员的质量和信誉。同时青农公司也会为合作的参与主体提供便利的服务支持，包括农资供应、技术指导、品种改良和生产培训等。构建大宗粮食供应链中长期有利的合作关系，可以有效降低主体间的交易成本。

2. 粮食加工企业与粮食经销商收入共享协调契约的选择

到 2015 年，青农公司尚未与粮食经销商建立契约合作关系。

粮食加工企业和粮食经销商实力都较强，谈判地位相当，因此双方可以采用收入共享契约作为协调手段。收入共享契约的本质是通过将供应链的整体利益在供应链成员间进行重新分配，以此达到激励供应链成员的目的，成员间通过协商来制订收入共享系数，可以满足成员的基本利益需求，促使供应链的整体状态达到最优。粮食交易市场具有完全竞争性，交易信息透明，价格弹性较低，粮食销售价格受粮食经销商促销等行为影响较小，适用于收入共享契约进行协调。粮食加工企业和粮食经销商按照收入共享契约原则签订合同，粮食经销商采购价格低于粮食加工企业成本的批发价格，此时粮食经销商为了弥补粮食加工企业的损失，将销售收入按照共享契约参数返还给粮食加工企业，使得粮食加工企业和粮食经销商所获利润高于不采用收入共享契约时的利润，对双方起到激励作用，实现构建稳定大宗粮食供应链的目的，达到供应链整体的绩效最优。

3. 以青农公司为核心的大宗粮食供应链利益补偿协调机制的契约组合

以青农公司为核心的大宗粮食供应链利益补偿协调机制的契约组合原则，可参考供应链利益补偿协调机制构建原则进行[62]。一是青农公司具备较大规模及较强的经济实力，如资本投资公司、合作组织或大型粮食加工企业；二是构建后的大宗粮食供应链最优利益要比未建立利益补偿协调机制的供应链利益高；三是参加供应链的成员要比不参加时获得更多利润；四是构建的大宗粮食供应链上信息尽可能透明。

6.5.3　青农公司整合讷河市粮食供应链利益补偿协调机制的实施

青农公司通过筛选优质农资供应商并进行大规模采购，能够有效降低生产资料成本；组建无人机植保服务队对会员农户进行农药、化肥喷洒，每亩作业价格 8 元，是人工作业价格的 1/2，传统机械作业价格的 1/6，并对作物种植服务技术进行专业指导，有利于提高粮食产量和质量安全；在青农公司监督、约束下，会员粮食生产者与会员粮食加工企业签订利益补偿协调契约，共同承担原粮供给不足的风险。当粮食生产者参与承担原粮供给不足的风险时，粮食加工企业需要提高对粮食生产者的粮食契约采购价，来弥补粮食生产者因原粮供给不足造成的损失；当粮食加工企业参与承担粮食供给不足的风险时，如果粮食生产者由于产量等原因无法按照之前签订的合同完成粮食的供给，就需要向粮食加工企业支付约定好的罚金，以补偿粮食加工企业因原粮供给不足造成的损失。粮食供应链利益补偿协调机制可以使原粮供应链保持稳定供给，如果有任何一方违约，青农公司将取消其会员资格。

在该模式下，农资供应商可以克服农民对农资产品质量的鉴别能力低、对品牌的识别能力弱、农户认可度低、有效出货不稳等问题，构建农资销售新渠道；粮食生产者不仅可以享受到比较优惠的农资价格，并且在第三方监督主体的约束下与加工企业形成契约合作关系，不仅能够降低生产成本，并且能够获得稳定的契约订单，增加了粮食生产者的利润，有利于提高粮食生产者的生产积极性；粮食加工企业可以对粮食品质进行鉴别，筛选优质粮食生产者，获得稳定优质粮源，减少交易成本，并且利用第三方的互联网平台，寻找到实力较强的粮食经销商进行合作。这样不但有助于减少中间环节和重复流程，提高交易的效率水平，降低各环节之间的成本，还可以增加成品粮的销售渠道，降低参与者的风险，增加收益。目前，讷河市的粮食经销商并未以会员身份进入大宗粮食供应链长期利益补偿协调机制中。

6.5.4 讷河市粮食供应链利益补偿协调机制的应用效果

1. 粮食生产者提高了收益

粮食生产者的收益提高主要体现在两方面：一是粮食生产者的种植成本降低；二是粮食生产者的粮食交易成本降低。青农公司对粮食生产者采取会员制度，这样的做法不仅可以增强粮食生产者对青农公司服务平台的黏性，也可以解决粮食生产者土地不集中无法统一实行无人机进行植保服务的问题。青农公司对外也提供农业航化作业，作业价格是 8 元/亩，但公司对会员粮食生产者提供的作业价格是 3 元/亩，远远低于传统植保作业价格，这对粮食生产者有极大的吸引力，粮食生产者不需要承担购置成本、养护成本等，就可以直接享受到安全、高效的植保服务。粮食生产者和粮食加工企业对青农公司平台的黏性及对自身的监督、约束，保证了双方之间的契约履约率，从而减少交易成本，增强了契约的稳定性，保障粮食供应链的原粮供给。

2. 粮食加工企业降低了采购的风险和成本

青农公司对粮食生产者提供专业的技术指导和植保服务，引导粮食生产者和粮食加工企业签订利益补偿协调契约，这样不仅能够使粮食生产者和粮食加工企业间的契约合作更加稳定，而且使粮食加工企业能够获得优质、稳定的粮源，减少了粮食加工企业面对千家万户农民的采购交易成本，有效提高了成品粮的产品质量，减少粮食加工企业因供给的原粮质量不同带来的高生产成本和风险。

3. 增加社会的外部性效益

青农公司对无人机公司和农资供应商进行资源整合，捆绑农业生产资料和无人机服务进行销售，推广了现代农机的应用和普及。这样不仅能够有效提高农药利用率和农业作业的安全可靠性，避免因人工施药造成的中毒事件，而且先进的施药、施肥技术与田间人工作业和传统机械作业相比，节约农业用水近 90%，减少水资源的浪费、降低过度施药对粮食质量的影响，减轻农业生产对生态环境造成的污染。粮食生产者和粮食加工企业的稳定合作关系也可以避免社会资源的浪费。

综上，得出如下结论：针对讷河市粮食供应链进行调研，发现讷河市粮食供应链存在以下问题：①粮食生产者获利能力不足；②大宗粮食供应链中尚无有效监督主体；③粮食加工企业没有打造出品牌。通过契约手段将粮食供应链上农资供应商、粮食生产者、粮食加工企业联结在一起，建立利益补偿协调机制，可以有效增强粮食供应链的整体竞争力。青农公司主导的粮食供应链实现了粮食生产的集约化，并且在粮食生产者与粮食加工企业间、粮食加工企业和粮食经销商间建立利益补偿协调契约，使得原粮销售中的风险能够共同分担，稳固粮食供应链，确保原粮销售与稳定供给。2015 年，由于粮食经销商并未以会员身份进入讷河市的大宗粮食供应链长期利益补偿协调机制中，所以，构建完整的粮食供应链是青农公司正在努力的方向。

6.6　小　　结

本章得出如下结论：①基于利润源、利润点、利润杠杆和利润屏障的操作路径，组合设计一种农产品网站企业盈利模式；在此基础上，分析粮食供应链信息平台企业的集成问题，建立了基于定价视角的粮食供应链信息平台企业与上游粮食生产主体的利益补偿协调机制。②分析网站企业基于信息平台的粮食供应链构成，从实施策略、信誉维护策略，以及构建粮食可追溯与甄别信息系统的策略三方面总结了网站企业实施粮食供应链利益补偿协调机制的策略。③针对超市粮食设计了可追溯与甄别系统，可以实现粮食在供应链相关环节的商流、物流与信息流的可追溯，同时在终端提供多种可视化的追溯信息，为消费者甄别质量提供个性化服务。④以黑龙江农垦青农农业科技有限公司作为互联网平台，整合大宗粮食供应链的长期利益补偿协调机制问题，针对讷河市粮食供应链进行调研，发现问题，通过契约手段将粮食供应链上农资供应商、粮食生产者、粮食加工企业联结在一起，建立了利益补偿协调机制契约，可以有效增强粮食供应链的整体竞争力，实施效果好。

第 7 章　粮食供应链三种服务补偿协调激励机制

在粮食供应链上，服务作为一种商品，对粮食生产和质量安全，乃至供应链整体利润增长起着重要作用，依靠提高供应链服务增加供应链利润也是转变农业发展方式的重要内容。本章针对粮食主产区急需解决的农机配套服务、人力资源开发服务、粮食物流园增值服务等，进行利益补偿协调机制研究。

7.1　商品粮的三级农机供应链服务补偿协调机制

农机配套泛指农机配备的成套性，有为动力机械配备相应型号作业机械的动力机械配套，还有为完成某种产品生产过程的多项作业而配备的必要的、能满足农艺技术要求的各种型号农业机器配套[196]。通过农机配套可以提高土地利用率和劳动生产率，达到获得农作物高产、低耗、低成本的目标[197]，国内外都非常重视农机配套。根据发达国家发展农机化经验得益于完善的农机服务组织体系[198]，2010 年中国国务院提出到 2020 年基本建成现代化农机流通体系和完善的农机售后服务网络，促进农机配套。

2012 年，黑龙江农垦地区各农场的农机全部私有，在各作业区建立农机机务队，依据平等、自愿原则，对成员的大部分农机在生产、维护时进行统一管理，取得了一定的成绩。但由于农机具有成本高、使用时间短等特点，虽然实行了统一管理，但受利益、亲缘关系等驱动，部分农机户自主性较强，经营方式灵活，出现整个农机作业系统使用成本的增加，降低了农业机器系统的效率。近年来农机服务系统研究已经成为热点问题，在不同区域推进优化农机配套服务成为当前研究的主要趋势。为此需要研究商品粮的三级农机供应链服务补偿协调机制。

7.1.1　三级农机供应链界定

依据农机服务组织结构[199]，农机配套服务界定为探讨基于农民散户合作的农机配套作业服务，以及服务于农机配套作业的农机配套经营服务、其他相关农机配套的服务，而对具体的服务组织不作研究。把农机配套技术得到的配套产品作为农机配套服务的主要载体，农机作业服务是研究农机系统在农业生产过程中的工艺与农机的配套优化服务；农机配套经营服务是为满足农机作业配套服务需求提供的服务，包括农机的销售、维修、租赁服务等，其他农机配套服务包括地方农机管理部门等对配套需求提供的服务。研究范畴主要是黑龙江管局（农场）、生产队的大规模农机作业配套服务，包括农业生产周期中（包括产前、产中和产后）从事的各种农机配套服务，在家庭联产承包的前提下散户（散机户、机手、技术人员、普通农民及其他人员）自发形成的农机机务队，在公平、自愿的前提下农机配套服务的协调机制优化等问题[200]。因此，界定三级农机供应链：农机机务队（也称农机合作社）为上游主体，其拥有各种粮食生产相关的农机具，农机配套服务者使用配套专利技术为农机合作社进行农机配套服务，粮农是粮食种植者，可以分为两类，一类雇用农机合作社的配套农机，另一类不用配套农机。

7.1.2 农机配套服务的协调优化

在三级农机供应链上综合考虑集成农机配套服务，依据农机配套服务的集成方法，以机器系统绩效最优为目标，选取与农机系统使用绩效相关的指标，如机器成本、利润、使用和维护费、油耗、补贴、人工费、适时损失等为变量建立数学模型，优化农机配套服务各变量取值范围，进一步分析对现有的农机配套服务提出补偿激励机制。

1. 农机配套服务的系统模型建立

假设：首先利用现有的农机具，通过专利技术科学合理地配套出配套产品，极大地提高机组效率，减少适时性损失。其次利用专利技术配套的产品需要交纳一定的费用。最后使用配套产品的农户利润大于配套产品的利润。设使用和不使用农机配套服务利润分别为 l' 和 l；卖粮收入都为 s；农机当年成本都为 c；使用和不使用农机配套的农机使用费分别为 $(1+\alpha)f$ 和 f，其中 $0<\alpha<1$，α 为使用专利增加机器使用费用的比例。使用和不使用农机配套的油耗分别为 $(1-\beta)y$ 和 y，其中 $0<\beta<1$，β 为使用专利节省油耗费用的比例；使用和不使用农机配套的人工费分别为 r' 和 r，且 $r'<r$（人数减少或作业时间减少）；使用和不使用农机配套服务的适时性损失分别为 m' 和 m，且 $m'<m$；于是建立利润模型为

使用农机配套产品的利润模型：

$$l'=s-c-(1+\alpha)f-(1-\beta)y-r'-m' \quad (0<\alpha<1，\ 0<\beta<1) \quad (7\text{-}1)$$

不使用农机配套产品的利润模型：

$$l=s-c-f-y-r-m \quad (7\text{-}2)$$

2. 农机配套服务的协调优化模型建立与分析

利用公式（7-1）与公式（7-2）的差得到农机配套服务的协调优化模型：

$$l'-l=-\alpha f+\beta y-(r'-r)-(m'-m) \quad (7\text{-}3)$$

已知 $r'<r$，$m'<m$，要使 $l'-l>0$，只需 $-\alpha f+\beta y-(r'-r)-(m'-m)>0$

$$即\ \alpha < \frac{\beta y - (r'-r) - (m'-m)}{-f} = \frac{(r-r') + (m-m') - \beta y}{f} \tag{7-4}$$

由上式分析可知：使用比不使用农机配套的利润高，需要通过讨论使用专利增加机器使用费用的比例 α（$0 < \alpha < 1$）和使用专利节省油耗费用的比例 β（$0 < \beta < 1$）的关系来确定。要使公式（7-4）满足 $0 < \alpha < 1$ 时，必须 $(r-r') + (m-m') - \beta y < \alpha f$，即 $\beta > \dfrac{(r-r') + (m-m') - \alpha f}{y}$。又由于 $0 < \beta < 1$，故使用专利节省油耗费用的比例 β 要满足 $\dfrac{(r-r') + (m-m') - \alpha f}{y} < \beta < 1$ 时即可。

通过以上模型分析可知：要推进农机配套服务的开展，α 和 β 是两个决策变量。α 满足公式（7-4），配套服务的产品才可能推行下去。这就要求农机专利技术的水平能够满足 $(r-r') + (m-m') - \beta y < f$，同时专利费用不要太高，专利费能随着农机使用规模的扩大而减少，利用专利技术而省的油耗费用的比例要满足 $\beta > \dfrac{(r-r') + (m-m') - \alpha f}{y}$。这样才能使农机配套服务协调有效地实施。

7.1.3　三级农机供应链上服务补偿协调机制

针对农机配套产品生产、销售、使用环节构成的三级农机供应链而言，构建如下服务补偿协调机制。

（1）农机配套产品是指农机配套服务者通过专利技术科学合理地配套出配套农机产品，用配套专利组合可代表服务产品的差异化。

（2）以机器系统绩效最优为目标，构成三级农机供应链上服务补偿协调机制的目标。

（3）建立有效的三级农机供应链上服务补偿协调机制。通过建立和分析农机配套服务的协调优化模型可知，使用专利增加机器使用费用的比例 α 满足公式（7-4）的条件说明，政府相关部门在农机配套推广上应该在配套相关专利最初推广上进行初期补贴，而且销售企业也要对农机配套产品使用者进行补偿，当配套使用达到一定规模时，专利费能随着农机使用规模的扩大而减少到使用者能够承受的程度，此时就可以使农机配套服务协调有效地实施，但具体补贴额度需要进一步进行测算。

7.2　商品粮的生产基地基层管理者的人力资源补偿协调机制

中国共产党十八届三中全会提出，加快培育集约化、专业化、组织化、社会化相结合的新型农业经营主体，培养新型职业农民，解决谁来种地的紧迫问题。鉴于黑龙江省农垦总局一直是中国现代化程度最高的农业生产企业，农垦地区是中国最大的商品粮生产基地、粮食战略后备基地和全国最大的绿色、有机、无公害产品生产区[201]，以其为背景，相关研究成果具有超前示范性。2014 年黑龙江省农垦总局把培养青年农工纳入垦区实用人才培养计划，期望不断提高农工素质，造就新型职业农工队伍，让农工成为体面的职业。在大学生中培育基层管理人员是黑龙江农垦总局从 2010 年开始探索的方法，其经验不仅能够开拓造就新型职业农工队伍的可行道路，对于培养新型职业农民队伍也具有重要的借鉴意义。但是，由于黑龙江农垦地理位置处于北方寒冷之地，位于流通网络的末端，具有诸多经营方面的劣势，垦区后代上大学后很少返回农场，随着黑龙江农垦青年人才的流失，如何研究生产基地基层管理者的人力资源补偿协调机制成为重要研究课题。为此首先需要构建垦区基层管理人员胜任素质模型，在此基础上，构建生产基地基层管理者的人力资源补偿协调机制。

7.2.1　垦区基层管理人员胜任素质模型的构建

在人力资源管理理论中，如何选择培育某一岗位的优秀从业者，需要研究甄别出胜任素质特征，以此作为招聘和培训的指导基础。针对基层管理人员胜任素质特征研究，可归纳为三个步骤。首先，总结调查管理人员的胜任素质特征，可用的方法有行为事件访谈法、问卷调查法、专家小组讨论法、文献调研法及工作日志法[202]；其次，提取管理人员主要胜任素质特征的方法，主要用主成分分析法构建胜任素质模型，该方法是多元统计分析中的重要方法，是多个相关指标的线性组合，可以将大量具有复杂相关关系的一系列指标归纳为少数的几个综合指标，它的优点是既能使各成分相互独立，舍去重叠的信息，又能更集中地表征研究对象的特征，有效地避免大量重复工作[203]；最后，研究出的主要胜任素质特征与本研究相关的应用，主要有两个方面，一是用于改进人才招聘技术，实现人力资源的合理配置[204]，二是为农村基层领导干部培训设定科学规范的培训内容，从而建立并完善农村基层领导干部的培训机制[205]。鉴于此，构建胜任素质模型，应用在垦区培育基层管理人员的招聘和培训中是可行的。在此采用行为事件访谈和文献调研相结合的方法，遴选具有本科学位的青年作为垦区基层管理人员的胜任素质特征，运用问卷调查法和主成分分析法、因子分析方法构建胜任素质模型，该模型的应用研究结果用于垦区在高校招聘、培训基层管理人员，有利于尽快培养青年农工并纳入垦区实用人才培养计划，该研究不仅对于造就垦区新型职业农工队伍具有实践意义，同时针对我国造就企业型农业新型主体具有重要的人力资源理论方面的意义。

1. 问卷的设计与调查

1）垦区基层管理人员基础胜任素质特征选取

第一，通过文献调研法，对 2002 年至今有关管理者胜任素质研究进行梳理，以及通过对胜任素质词典的研究，得到与研究对象相关的主要胜任特征有社会责任感、领导驾驭能力、成就欲、应变能力、个性魅力、人际关系处理能力、沟通能力、创新能力、行动力、学习能力、团队意识、知识素质、亲和力、激励能力、授权能力等 36 项[206]。第二，根据工作日志法，查阅垦区基层管理人员招聘的岗位职责，提炼代表现代化农业企业的核心胜任素质特征，包括健康体魄、热爱垦区、甘于奉献、优秀的政治素质、作风踏实、浓厚的组织纪律观念、扎实的专业知识，以及较强的语言表达能力、写作能力和组织协调能力共 10 项不同于地方（单位）企业的胜任素质特征，作为现代化农业企业基层管理者的特有素质。第三，在上述基础上，通过行为事件访谈法对垦区绩效优秀的基层管理人员进行沟通访谈，随机抽取样本 50 人，通过讲述他们在任职期间一些成功和不成功的案例，抽取影响他们工作优劣的关键行为和心理活动的主要信息，以及他们认为胜任基层管理者工作所必须配备的主要素质和技能，并且通过分析其岗位说明书等形式挖掘出影响目标岗位绩效的细节行为，之后，对信息进行初步归纳和合并，对其进行频度统计，最终确定频度较高的 35 项胜任素质特征。

2）垦区基层管理人员基础胜任素质特征问卷设计与实施

根据 35 项胜任素质特征对应形成 35 个题目的问卷。对垦区的基层管理人员进行预调研（共发放问卷 60 份，收回问卷 53 份，有效问卷 47 份，问卷的回收率为 88.3%，有效率为 88.7%）以检验初级问卷的合理性。此次的预试调研对象主要是随机抽取的高等农业院校选拔的垦区助理班基层管理人员，经过信度分析，其 Cronbach's Alpha 的值是 0.889，大于 0.7，说明这 35 个胜任素质要素数据属于高信度，因此表明预试问卷具有很高的信度，验证了问卷设计的可靠性。对有效数据再进行因子分析，KMO 的值为 0.803，Bartlett 球形检验的 X^2 值为 1327.897（自由度为 190），达到显著水平，适合进行因子分析，同时也再次证明了预试问卷结构效度的科学性。因此，选择从高等农业院校大四学生中招聘成立的垦区干部助理培训班全体为主体样本，总计 173 人，这些毕业生全部均匀充实到黑龙江垦区基层管理团队中，反馈良好，因此研究结果具有代表性。本次调查一共投放问卷 173 份，样本针对基层管理者都进行了新型职业农民的管理、技术传播等相关培训，可以代表受过培训的新型垦区基层管理人员，从他们身上研究胜任素质模型，并用于垦区基层干部招聘培训中，是有代表性、可行的。调研时间是 2013 年 9~10 月，调查问卷的发放主要采用电话提醒、网上邮件形式，回收问卷 148 份，其中有效问卷为 135 份，问卷回收率是 85.5%，有效率是 91.2%。

2. 垦区基层管理人员主要胜任素质特征优化

选用国际通用的 SPSS 软件 17.0 版，对回收的问卷数据进行分析。首先，选择因子分析方法，进行可行性检验，由检验结果可得，此次样本 KMO 值为 0.818，表明问卷各项目之间的相关度较高，问卷数据适合进行因子分析。Bartlett 球形度检验 X^2 值为 2350.214，自由度为 741，显著性是 0.000，表明总体的相关矩阵间有共同因子存在，所以通过因子分析的适用性检验。其次，采用主成分分析法提取主要因子，对所抽取的因子进行 Varimax 正交旋转，抽取特征值大于 1 的因素，并使其因子载荷量控制在 0 和 1 的两极分化上，从而得出 9 个公因子，前 9 个因子总共解释了垦区基层管理人员胜任素质总变异的 71.99%，所以前 9 个因子足以解释垦区基层管理人员胜任素质情况。各因子的特征值及方差贡献率与累计方差贡献率如表 7-1 所示。

表 7-1　各因子的特征值、方差贡献率与累计方差贡献率

因子	初始特征值			提取成分后特征值			旋转成分后特征值		
	特征值	解释差百分比/%	累计解释差百分比/%	特征值	解释差百分比/%	累计解释差百分比/%	特征值	解释差百分比/%	累计解释差百分比/%
1	8.434	27.208	27.208	8.434	27.208	27.208	3.001	9.681	9.681
2	2.944	9.498	36.706	2.944	9.498	36.706	2.964	9.561	19.242
3	2.131	6.874	43.580	2.131	6.874	43.580	2.864	9.237	28.479
4	1.879	6.061	49.640	1.879	6.061	49.640	2.613	8.429	36.908
5	1.622	5.231	54.872	1.622	5.231	54.872	2.611	8.423	45.331
6	1.576	5.085	59.957	1.576	5.085	59.957	2.274	7.336	52.667
7	1.412	4.553	64.510	1.412	4.553	64.510	2.095	6.760	59.427
8	1.245	4.016	68.526	1.245	4.016	68.526	2.035	6.565	65.991
9	1.073	3.461	71.987	1.073	3.461	71.987	1.859	5.996	71.987

在表 7-1 中，累计方差贡献率为 71.99%，大于 60%，表明量表具有较好的结构效度，在共同度方面，所有的公因子方差都在 0.5 以上，且平均共同度为 0.72，说明公因子可以解释大部分观测量的变异程度。将因子载荷量大于 0.5 的变量集合成一个因子，并将其命名，对同一因子，其对应的题项的因子载荷量均大于 0.5，则认为此变量的收敛效度好。

根据每一个公因子所包含的主要胜任素质特征条目，以及每个胜任素质特征的解释，结合实际调查，对公因子进行命名并加以行为描述解释，如表 7-2 所示。在表 7-2 中，可命名因子 1 为个性品质；因子 2 为个人的工作能力；因子 3 为管理能力；因子 4 为综合技能；因子 5 为工作态度；因子 6 为关系建立能力；因子 7 为领导特质；因子 8 为变通能力；因子 9 为垦区精神。通过研究，由这 9 个因子构成了垦区基层管理人员胜任素质模型。

表 7-2　垦区基层管理人员胜任素质模型

优化的胜任 素质特征	行为描述
个性品质	作为管理者，有谦虚谨慎、公正无私和严己宽人的工作作风，思想积极向上，不断提高自身道德素养，认真贯彻党的基本方针和路线。有承担社会责任的意识和能力
工作能力	能够进行必要的组织结构创新，提高农业产量；不断拓宽自身知识体系，使自己能够始终适应组织发展和外界环境的改变。有坚决的执行能力，可以在最有效的时间内贯彻落实各项工作。能够随时洞悉市场的变化，做出相应的调查预测工作
管理能力	熟练地掌握基本的管理领域知识和技能，能够在实际工作中运用知识解决实际问题，对下属情况充分了解，懂得如何选用合适的人才做合适的事情，快速做出决定，有良好的决策判断能力
综合技能	能够根据工作任务对资源进行合理分配，同时控制、协调基层人员活动，从而实现组织目标。要懂得一定的财务知识和农业生产知识，努力配合审计等上级监管部门完成检查工作和确保垦区生产计划的顺利完成
工作态度	作为特殊的工作单位，在农场工作的基层管理者要有服务民众的思想意识，及时向上级反馈信息和提出问题，尽己所能，给予基层人员帮助。而且在工作中，要勇于承担责任，不推卸，讲求精益求精，随时有准备迎接新挑战的意识
关系建立能力	具备良好的沟通能力；团结基层人员，营造良好合作氛围，打造自身亲和力，以大局为重
领导特质	合理制订奖惩机制，激励垦区基层人员，提高他们良性竞争的能力，以身作则，以自己的行为和人格魅力对基层人员形成正面影响，使其积极工作。对待工作有高度的责任感，有一定的群众基础
变通能力	能够尽快适应新环境、新同事，针对可能发生的危机和正在发生的危机，有预测防范、事后妥善处理的能力。作为垦区单位的基层管理者，要在时间压力、反对意见或完成难度任务压力时表现出相应的稳定性，懂得随时变通
垦区精神	作为垦区单位的基层管理者，继承垦区文化，以艰苦奋斗、勇于开拓、顾全大局、无私奉献的北大荒精神时刻警醒自己，要形成爱垦兴垦、愿意扎根垦区、努力为垦区奉献的观念。

中央农村工作会议报告中提出把培育新型职业农民纳入经济社会发展规划中，而作为新型职业农民，他们不仅要有一定的文化素质和应有的专业技能，更要具备先进的观念理念及较强的管理能力；不仅要有社会责任感、讲诚信和遵守职业道德，而且对待农业生产要有深厚的感情，有高度的稳定性[207]。鉴于此，构建的垦区基层管理人员胜任素质模型中的主要胜任素质特征覆盖了作为新型职业农民的全部素质特征，表明该模型提取的主要胜任素质特征可以代表新型职业农工的素质。

7.2.2　高等农业大学对生产基地基层管理者的人力资源补偿协调机制及应用

高等农业大学对生产基地基层管理者的人力资源补偿协调机制包括补偿主客体、补偿内容和补偿结果三个部分。

1）补偿主体与补偿客体及相互关系

高等学校对生产基地基层的人力资源补偿协调机制中，补偿主体是高等农业大学，补偿客体是生产基地企业，二者是共生关系，黑龙江农垦是农业大学的实践基地和就业基地，是展示研究成果的转化基地，农业大学又是垦区专业人才的主要来源基地，最主要的是在人才开发过程中的专家库来源，是培训基地。

2）高等农业大学对生产基地基层管理者的人力资源补偿内容

第一，高等农业大学基于胜任素质模型对本科学生进行垦区基层管理人员的定向选拔。在申请成为垦区基层管理者时，应聘学生首先应满足以下两项条件：首先是中共党员；其次是学生会干部或者班长、团支书。这样保证了所应聘的学生已具备了一些最基本的素质特征，如政治素质、道德修养、组织协调能力、沟通能力、领导品质、管理能力；而在校学习期间，也确保了应聘学生具备应有的知识素质。在考核遴选学生时，主要采取笔试、面试两个环节选拔，笔试大多涉及北大荒精神文化、垦区概况及行政能力测验等主要内容；面试则采用非结构化方式，对应聘者随意提问，主要考查学生素质和基本能力概况。根据考核结果，按照与表 7-2 中主要胜任素质特征相关度高为招聘导向，对已具备的胜任素质通过培训进行强化训练，而对缺失的核心胜任素质则通过后期培训得以提升，这样，可加快被选拔的学生的上岗步伐，早日实现组织目标。

第二，基于胜任素质模型对本科学生进行垦区基层管理人员培训。应用垦区胜任素质模型，可以作为基层管理人员培训课程设计的依据，针对性地开发培训的课程。在开设现代种植业、养殖业、食品加工业、农业机械、管理、财务和营销等理论课程时，更多地采用研讨法和案例研究的授课方式，而且在培训时应少讲理论，多讲案例和实际操作，这样有助于提高培训效果。除此之外，应注重加强基层管理人员隐性素质特征的培养，因此，请黑龙江农垦总局机关领导和资深的专家采取行为示范、讲授的方式为学生开展有关垦史垦情、科学发展观的专题讲座，宣传北大荒精神，将垦区的组织文化理念无限传承，使学生从内心真正地愿意服务垦区，奉献垦区并且扎根垦区，达到上岗后的高度稳定性。专业课培训之余，重视理论与实践相结合，将原定为 1 周的实习时间改为 2 周，通过在垦区农场的实践，培养学生的责任感、基本的应用技能、工作能力、决策力、团队合作能力、服务意识、创新能力和领导力等方面，有侧重地强化本科生的职业素质的培养和提升。

3）高等农业大学对生产基地基层管理者的人力资源补偿结果及应用检验

高等农业大学针对垦区定向在大四学生中选拔，培训学生具备生产基地基层管理者的胜任素质，学生从实习期就进入基地，实习期满就被生产基地企业聘任为生产基地基层管理者。该机制应用结果如下。

鉴于本科毕业生难以直接胜任垦区基层管理人员，农垦总局在黑龙江八一农垦大学选拔大四学生建立垦区干部助理培训班，通过半年的学习和实习，招聘学员到基层管理岗位，2010~2014 年已经毕业 4 届，每届学员都供不应求，这个方式可以加快大学生进入领导岗位的节奏，降低了总局选聘和培养基层干部的成本。由此在实践上验证了高等学校对生产基地实施基层的管理者人力资源补偿协调机制是可行的。

7.3 粮食物流园的增值服务补偿问题与对策

粮食产业链升级是农业现代化发展的引领工作，物流园作为产业链的重要流通环节可以提供粮食仓储、运输、装卸搬运、配送等功能性物流业务，成为实现综合物流业务和增值服务的主要场所，起到共享资源、节约成本的作用。因此，研究粮食物流园的增值服务，成为粮食产业链升级、物流与供应链综合研究的关键课题[208, 209]。笔者针对大庆市地区具有代表性的粮食物流园进行调研，发现关键问题，对此，结合国际、国内先进物流园的增值服务功能，针对上述问题寻找大庆粮食物流园增值服务的对策，从而为大庆农业产业链升级提供支撑，为粮食物流园区的发展提供帮助。

7.3.1 粮食物流园先进增值服务的功能和项目

现代农业产业链不仅仅是独立的生产、运输、仓储等环节，而是系统观下，以信息技术为支撑，将商流、物流、信息流、资金流在各环节中一体优化计划、有效实施供应链管理的多个供应链网络的整合。所有企业都引导运行供应链管理，主导或参加供应链网的优化运行，自然形成现代农业产业链的动态升级。

增值服务是相对常规服务而言的。增值物流服务，在国家标准中被定义为"在完成物流园基本功能基础上，根据客户的个性化需求，提供的各种延伸业务活动。"传统的物流业务利润率只有 3%~5%，而增值物流服务利润可以达到12%~15%[210]。粮食物流园运输、仓储、货运的种类繁多，而且粮食自身具有特殊性，如防腐、冷冻、防虫等，对物流活动提出了更高的要求。目前，国内粮食物流发展还未实现产供销一体化，服务功能组织化程度很低，增值能力较为薄弱。

1. 粮食物流园增值服务的功能概述

根据文献[211]综合，粮食物流园应有以下增值服务功能：第一，为物流参与者提供便利性。通过简化手续、简化操作，推行一条龙、门到门服务，提供完备的操作或作业提示、培训、维护、省力化设计或安装、代办业务、自动订货、传递信息和转账、物流全过程追踪等都是对客户有用的增值性服务。第二，加快系统反应能力。一是提高运输基础设施、设备及仓库的使用效率；二是根据客户需求，设计科学的增值性物流服务方案，减少物流环节、简化物流过程，提高物流系统的快速反应能力。第三，提高物流的效率和效益。采用第三方物流服务商、物流共同化计划、实用先进的物流技术、经济的设施设备、科学的管理技术等，降低物流成本。第四，开拓更大的业务空间。精细化发展，延伸业务服务。向下游延伸为客户提供品质检验、改换包装、加标贴等流通性增值服务；或者向上游延伸提供订单处理、企业库存控制等业务。作为粮食物流园可以延伸到粮食产地产量调研、市场供需调查、餐饮、租赁、展示、货款回收与结算、物流方案的规划等一系列服务。第五，增强企业核心竞争力。通过不断革新营销方式，创新服务产品，增加一些不可替代的服务，提升企业的核心竞争力，从而保证物流企业获得竞争优势，处于不败之地。这些功能表现出如下多种服务项目。

2. 粮食物流园增值服务项目

物流园区的基础业务有六项，收货、理货、保管、保养、装卸和搬运[212]。物流增值服务形式很多，有承运人型、仓储型、信息型、金融型、第四方物流增值服务等 6 种形式。具体分为如下增值项目：分拣、包装、加工、加固、组装、检验、信息、办公、餐饮、住宿、停车、追踪、修理、质押、交割、租赁延伸业务、拼箱、拆箱、保税、联运、市场、展示、货代、方案、商务、配货、收款、结算、回单、咨询、保险、班列、专线、代销、越库、装备、逆向、集散、技术保障等[213]。

粮食物流园区增值服务是在基本物流服务的基础上延伸服务，是现代粮食物流的要求，也是降低物流成本、增加企业利润的有效途径，更是增强物流企业对抗竞争的有力武器。物流企业通过为增值服务提供条件，提升物流服务的信息化水平，加快物流现代化管理进程等一系列工作，可以在增加经济效益的同时，促进物流行业发展，为农业产业升级提速。

7.3.2 大庆市粮食物流园增值服务的调研

2013 年 9 月作者走访了 1 家高新产业园区的物流园和 2 家省级高新产业园，调查发现园区基本无法提供良好的物流门到门的服务，主要是缺乏园区的物流增值服务，具体问题有：①延伸服务较少。物流园区和高新产业园只能提供基础业务，如仓储、运输、配送、分拣等。②物流基础设施不足，自动化水平不高。物流园仓储设施功能单一，作业设备陈旧，效率低下，难以适应现代物流业务的需要，不能满足市场需求发展。③公共技术标准不配套，信息化水平不高。现代信息技术应用和普及程度还不高，公共技术发展也不平衡，企业间标准不同，没有信息接口，难以实现物流企业与园区用户间的联网和供应链管理。④公共服务设施的政府扶持力度有待加强。虽然在规划、土地、工商管理、财政税收、金融、通关等方面给予一定优惠，但有些公用物流设施、网络公用设备等细节落实不到位。

7.3.3 粮食物流园实现增值服务的补偿对策

对粮食物流园而言，需要针对上述问题，思考增值的补偿对策。

（1）增加延伸服务。粮食物流主体是现代物流的载体和价值实现者，在粮食物流中起着非常重要的作用[214]。物流企业应该努力提高服务专项能力、业务水平和管理能力，向专业化、社会化发展，尽快扩大自身的竞争优势，成为物流发展的领先者。积极与交通运输、仓储、货运代理、多式联运、邮政等企业横向联合，各自发挥比较优势，打破传统运作模式，整合现有物流设备、设施，创建粮食产业链的品牌体系，将单一服务提升转化为优质高效的现代物流服务，从而实现协同增效，达到价值增益、风险减损和成本节约的目的。

（2）集约解决物流基础设施不足，以便提供更多的延伸服务。建议政府作为公益性的流通基础设施，按照现代化物流园区要求，投资新建或改建现代化物流园区基础设施，以及公路网的通达深度和能力，完善物流园区的功能后，交由大型公司商业化运营。同时，充分利用各级政府安排的物流业发展专项资金，加强粮库建设，增加温控设备和防潮设备[215]。

（3）集中解决与园区各企业增值服务的标准接口问题。物流增值服务借助完善的信息系统和网络来实现，要积极打造物流园区信息平台，建立物流电子商务信息系统，形成网上交易、网上结算、异地交割、直达配送现代园区的先进物流模式，改变传统的实物货物、现金结算经营模式。按照现代物流的要求，不断引进专业技术人员，优化企业物流管理，加大培训教育投入，开展从业人员专业知识的培训，提升从业人员专业化水平，使从业人员具有较高的业务管理能力和技术水平。

（4）推动政府提供到位的公共服务补偿。为工商、税务、运管、检验检疫等提供必要的环境，逐步完善政府一站式服务的功能；为银行、保险、中介、餐饮、住宿、汽配汽修等各种支持性服务机构的进驻提供相应的配套设施，并为入驻企业提供必要的服务。现代物流业涉及面广，牵涉部门多，目前，国家主管物流的行政管理部门是国家发改委，在市区行政级别中主管部门不一致，各地根据行政责任划分，经贸部门、交通运输部门、发改委、现代服务业发展局、商业局都可能成为物流企业的主管部门。作为物流企业，要想快速发展，需要及时了解政府对行业的支持，必须经常与行政主管部门取得联系，争取政策上的扶持和帮助。

7.4 协调面食敏捷型供应链和原粮效率型供应链的物流服务补偿协调激励机制

研究协调面食敏捷型供应链的波动需求和原粮效率型供应链的稳定需求的物流模式选择，可以为供应链中的企业选择物流服务提供有效的协调契约。

根据供应链的内涵[62]，结合实际，确定以面粉或面食企业为核心，通过核心企业对信息流、物流、资金流的控制，面粉加工厂采购小麦生产成面粉，再通过食品企业加工成面食半成品或成品，最后经由销售渠道卖给消费者，从而将相关企业联结成网链结构，该网链结构形成了面食供应链。根据分销渠道的含义[215]，确定面食供应链中的分销渠道，是指面粉或食品从生产者向消费者转移时，取得其所有权，或帮助其转移所有权的企业。其中包括面食的制造商、加工商、批发商、零售商等，也包括物流服务商。面食供应链分销渠道的管理目标是如何以更小的渠道成本，有效地满足市场需求。

商品粮供应链既包括原粮供应链，又包括食品供应链。首先，针对商品粮供应链上游部分的原粮供应链，是效率型供应链。例如，小麦供应商主要考虑以最低的成本向客户提供小麦这种功能型产品。该类产品主要面向基本需求，具有生命周期长、需求稳定和便于预测、产品变异程度小等特点。因此，效率型供应链相对成熟、稳定，比较易于实现市场的供需平衡。物流服务选择确定性强，风险相对低，可以考虑相对低的物流成本作为补偿；其次，针对商品粮供应链下游部分的食品供应链，是敏捷型供应链，往往包括面粉加工厂、面食加工厂、面食门店，敏捷型供应链主要体现供应链的市场调节功能，对未预知的需求做出快速反应，提供创新型产品。该类产品主要面向创新型需求和个性化需求，生命周期短，需求不稳定并且难以预测，变异程度大。因此，要求供应链的响应速度与柔性。在控制成本的前提下，尽可能缩短提前期。

效率型供应链应用以节约成本为主的推式管理，对敏捷型供应链应用以响应速度为主的拉式管理是供应链管理的基本原理，但是，在我国原粮延伸产业链形成的食品供应链市场中，效率型供应链和敏捷型供应链同时存在，且存在交叉并相互影响。合理平衡效率型供应链和敏捷型供应链之间的相互作用，是必须要解决的问题。需要明确这样的相互作用在哪里发生，这个发生的点称为推拉平衡，也叫订单分离点，平衡点找不到，就会出现订单拉动的需求与原粮推送的供给不均衡，从而出现库存积压或不足的风险。可以通过供应链推拉平衡战略管理平衡敏捷型供应链的波动需求和效率型供应链的稳定需求，管理它们之间的相互作用以限制两种供应链之间的干扰。对此，尝试应用推拉平衡理论[217]来解决，针对商品粮供应链，寻找推拉平衡点，平衡点之前的原粮供应链用推式管理，平衡点之后的食品供应链用拉式管理。

在面食供应链分销渠道成本中，物流成本是主要部分，而且面食供应链的推拉平衡点的定位不同，物流成本也不同，提前期也不同，考虑供应链不同的推拉平衡形成原粮推式供应链（匹配效率型供应链）和面食拉式供应链（匹配敏捷型供应链）不同衔接带来的成本，分析面食供应链推拉平衡的不同定位，选择有效的物流服务模式组合，是降低面食供应链分销渠道成本、满足客户需求亟待解决的问题。

因此，在本书的研究范畴中，通过互联网市场细分定位，以及物流配送的增值服务可以解决物流服务的协调内容。考虑选择面食供应链分销渠道现有的物流服务模式。

7.4.1 哈尔滨面食供应链分销渠道的推拉平衡点定位调查

根据面食供应链订单所能到达的供应链的位置，将商品粮供应链分成原粮供应链和食品供应链。这个位置就是供应链中的推拉平衡点，也称解耦点，也叫订单进入点、顾客订单解耦点、产品个性化解耦点、物质解耦点、信息解耦点[217]。原粮供应链通常用推式管理，食品供应链常用拉式管理，推拉平衡点也称订单分离点，如果订单拉动的需求与原粮推送的供给不均衡，就会出现库存积压或不足的风险。

因此，从推拉平衡的视角，面食供应链总体成本最小是指原粮供应链和食品供应链之间能有效衔接，中间不会产生信息不畅带来的库存积压和不足的问题。供应链分销渠道物流模式要根据解耦点的位置来确定，解耦点不同，则面食供应链分销渠道应选择的物流模式不同。根据在哈尔滨市的调研结果，得出面食供应链存在 4 种情况，如图 7-1 所示，三角所示为推拉平衡点也称订单分离点。

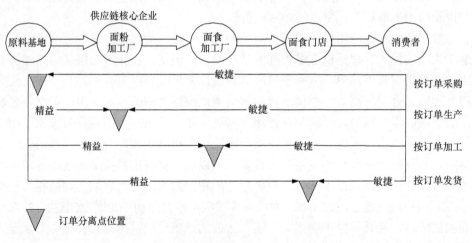

图 7-1　面食供应链订单分离点位置的 4 种情况

7.4.2 面食供应链分销渠道的物流服务模式比较

在面食供应链中，假定面粉加工厂为核心企业，其面食供应链分销渠道有面食加工厂、超市、门店等面向消费者的销售企业，这些企业通常在自营物流模式、第三方物流模式和物流联盟模式[218]中选择一种。选择的评价指标包括：物流成本、物流风险、服务质量和信息反馈。比较三种物流模式的结果如表 7-3 所示。这种多目标评价指标存在二律背反现象，如成本和服务质量。因此，针对风险、服务质量和信息反馈指标，设定一个面食供应链分销渠道核心企业能够接受的最低要求，即物流风险控制要求不丢失、不损坏质量、按时送达，服务质量要求能够满足 98%的订单配送，信息反馈方面要依托于企业自建的信息网络平台或第三方物流企业信息平台的信息共享。在此基础上，物流成本就成为物流模式选择的唯一指标。因为推拉平衡点在供应链的位置会影响供应链物流成本，因此，根据推拉平衡点定位，可以更好地确定该供应链物流模式的组合。

表 7-3　商品粮供应链分销渠道的可选物流模式的比较

物流模式	物流成本	物流风险	服务质量	信息反馈
第三方物流模式	低	一般	较低	一般
自营物流模式	高	较低	较高	及时
物流联盟模式	低	一般	较低	及时

7.4.3　基于推拉平衡点的哈尔滨面食供应链分销渠道的物流服务补偿协调激励机制

推拉平衡点所在位置的上游供应链为原粮推式供应链，下游供应链为面食拉式供应链。如图 7-1 所示，分 4 种情况构建物流服务补偿协调激励机制，以减少总成本。

（1）按订单采购：该供应链是拉式供应链，服务质量要求高，风险较小，信息要求畅通。消费者直接向产地种植户发订单，采购高品质小麦，需要自己加工面粉，基地选择第三方物流模式进行发货，以减少供应链成本。

（2）按订单生产：面粉加工厂按照订单进行面粉的生产，需要根据市场全年的需求，以及面粉加工历史数据，预测面粉全年的产量，然后进行预期采购，因为市场小麦生产有较长的提前期，必须要保有一定数量的小麦，才能完成食品加工厂的不确定订单，因此，哈尔滨加工企业到澳大利亚、河南等产地全年采购小麦，然后配方加工成不同面粉品牌推销到市场，这是一个推式供应链的过程，当面食加工厂订单到达，就可以按订单生产。因此，这个推拉平衡会产生风险，采购大于订单，会产生库存积压，否则，会失去销售良机。因此，面粉加工厂采购物流选择第三方物流，使得推式供应链成本更低。而向面食加工厂分销的过程是拉式供应链，应该注重服务质量，因此，在市区运输距离近且对于运输过程中面粉的质量要求较高时，应选择自营物流模式，如果有长期订单，规模供应，应采取联盟物流。推式和拉式供应链的有效衔接主要靠信息共享。

（3）按订单加工：消费者每日需求的面食品种和规模经过数据积累可以预期，面食加工厂门店给面食加工厂下订单，面食加工厂按照订单进行面粉的食品加工，面食加工厂门店有直营、加盟等，针对在市区内的门店，应选择自营物流模式以保供证运输过程中的食品质量和配送效率，针对在市外的门店，应选取联盟物流模式在保证食品质量的同时降低运输成本。该供应链也是拉式供应链，服务质量要求高，风险较小，信息要求畅通。

（4）按订单发货：面食加工厂门店按照订单进行面食的配送，主要是一些小的面食消费群体下订单到门店，根据所在区域选择距消费群体最近的门店进行直接配送，其对于面食配送效率要求较高，为保证面食的质量和口感，应选择自营物流模式。

综上所述，物流服务模式的选择不仅要考虑面食供应链的总成本、物流风险、服务质量和信息反馈，还要考虑供应链推拉平衡总的不同位置，以及形成原粮推式供应链和面食拉式供应链不同衔接情况带来的成本不同。得到基于推拉平衡点的哈尔滨面食供应链分销渠道的物流服务补偿协调激励机制是：分离点之前原粮供应链选择成本较低的第三方物流服务，分离点之后的食品供应链应选择服务质量较高的自营物流服务和联盟物流服务，进行服务补偿协调激励粮食供应链。

7.5 小　　结

农机配套、人力资源和物流服务是粮食三级供应链的重要服务资源，以黑龙江垦区为调研对象研究了农机配套服务的补偿协调机制，构建了垦区基层管理人员胜任素质模型，从应用方面探讨了高等农业大学对生产基地基层管理者的人力资源补偿协调机制，研究得到了粮食物流园实现增值服务的补偿对策，以及基于推拉平衡理论补偿协调哈尔滨商品粮供应链面食分销渠道的物流服务激励机制。

第8章 大宗商品粮三级供应链利益补偿协调机制应用研究

在城乡一体化背景下,研究主要粮食供应链利益补偿协调机制应用,可以有效衔接主产区到主销区的粮食产业链,有助于保障粮食安全,进而支撑城乡经济社会全面、协调、可持续发展。

针对粮食供应链的利益补偿协调机制的整体应用,需要基于整条粮食供应链视角,考虑供应链上主体的选择、协调机制种类的选择及所能实现的最终目标。粮食生产具有季节性、地域性,粮油加工企业生产具有连续性、不稳定性,成品粮消费具有全域性、稳定性,针对这三者之间的矛盾,粮食供应链集成管理是最佳解决途径,而粮食供应链集成管理中的协调机制能够满足链上主体参与供应链比不参与时获得更多的收益,包括粮食生产与经营利润、长期合作、信誉及品牌竞争力等方面。

黑龙江省粮食分为省内销售和省外销售,省外销售粮食品种主要包括水稻、玉米及大豆,对于省外销售主要以原粮为主,散粮运输,2012 年以来,随着黑龙江省粮食加工业的发展,加工成品粮出省销售比例有所提高,但省外成品粮销售还存在着环节多、成本高、销售推广难等问题。以黑龙江省大宗商品粮三级供应链为对象,研究利益补偿协调机制在实际中的几个应用案例,分析应用条件和应用效果,以及实施过程中的政府保障措施。

8.1 黑龙江省产地加工企业不能协调种植者和经销商的案例

通过对黑龙江省大米销售情况进行调查,发现省内大米主要销往北京、天津、上海、江浙、安徽、广东、四川等地区,但黑龙江省粮食加工企业不论是从省内、省外采购还是向省内、省外销售,在利益补偿协调契约构建方面都不尽如人意。

对黑龙江省多家大米加工企业的调研发现,截至 2014 年,粮食加工企业与上游粮食生产者和下游粮食经销商之间缺乏有效的利益补偿协调机制,特别是一些中小型加工企业,在原粮采购及成品粮销售过程中,契约(合同)的形式较为单一,有很多没有契约,仅是依靠人情关系维护,供应链主体之间衔接较为脆弱,利益协调效果不佳。

北大荒米业具有规模加工能力，2012 年 11 月至 2014 年 1 月在对其调研过程中，了解到其加工厂每年从农户手中收原粮 16 000~17 000t，2012 年的收购价格在 2650 元/t 左右，2013 年收购单价在 2800 元/t 左右，运输费用（公路）由买方承担，近距离按每车算，远距离则按每公里算。付款时，现金或用银行卡支付视情况而定，多数为用银行卡支付。在收粮过程中，与农户之间无契约。粮食加工厂收购的原粮绝大多数直接来自于农户，若通过中间商则需要花费更多的费用。加工能力在 10 万吨以下时，加工程度为初级加工，加工完成后的糙米或大米，销往外省，运输费用由买方或卖方承担，卖到山东省及四川省较多，且大多销售给大型批发市场的粮食经销商，占销售比例的 60%~70%，对粮店或直营店销售所占比例为 10%~20%，大型超市占 10%~20%。契约的制订经由双方共同协商，虽与分销商长期合作，但考虑到行业的不稳定性，一般用批发价契约，维系当前利益是永远的前提，双方协商后的契约中的销售补偿不提供技术支持，运输由铁路和公路组成，费用由双方协商。已有研究表明批发价契约不能协调供应链。

8.2　黑龙江省产地经销主体协调商品粮供应链的案例

讷河是全国著名的大豆生产基地，其大豆种植面积、单产、总产和出口量均为国内较高水平[219]。讷河市优质高蛋白大豆联合社实现了让农民满意、自身增值的协调管理效果，通过走访该联合社，并参考朱启臻[220][221]研究的案例主体——讷河市优质高蛋白大豆联合社，对比发现，与朱启臻案例视角不同的是，按该联合社商品粮供应链的定位，该联合社是一个构建了供应链利益补偿协调机制的经销商。

8.2.1　讷河市优质高蛋白大豆联合社供应链现状

讷河市优质高蛋白大豆种植联合社与讷河市具有代表性的 18 家各类种植专业合作社（18 家合作社共吸引入社农户 7560 户）签订了利益共享的契约，可以主导种植品种，使用耕地 31.8 万亩等。作为经销商具有规模激励能力，使上游种植者具备了规模种植能力，2012 年联合社选择种植非转基因高蛋白大豆，其产量占全国高蛋白大豆产量的 1/3。联合社在大豆市场上具有很强的谈判能力，在高蛋白大豆供应链中占据核心主体的地位，是供应链利益补偿协调机制的微观构建主体和实施主体。

8.2.2　大豆联合社构建供应链利益补偿协调机制之前存在的问题

1. 供应链种植者获利能力不足

组建大豆联合社之前，种植合作社多数规模较小，凝聚力不够，导致在向农资供应商采购生产物资时由于采购批量较小，无法形成价格折扣；种植品种没有甄选，产量规模不足，在运输上未能实现规模经济，在大豆销售过程中也缺乏与加工企业之间的议价能力。因此，在组建联合社之前，大豆种植者在这条供应链上处于弱势地位，无法获得供应链上的均衡利润，更不可能获得下游加工企业和销售商的利润补偿。

2. 供应链中产销衔接不畅

由于单独的大豆种植合作社规模较小，与大型大豆加工企业合作过程中处于劣势，因此之前未形成"订单生产"的固定合作契约，导致市场信息不对称，以农民为组织者的合作社不能获得及时的市场信息传导，出现了无序生产、盲目经营等问题。另外，由于缺乏市场产品需求信息的获取，生产出的具有高质量的高蛋白大豆无法获得其应有的价值，使供应链产销环节无法畅通衔接。

3. 大豆种植科技水平进步较慢

为提高生产效益，大豆的品种选育、田间管理及生产技术等需要相关的专业技术支持。组建联合社之前，各小规模种植合作社与科研机构及技术咨询部门联系较少，很难获得相关的科技支持，在解决良种繁育、高产栽培等技术问题之前，种植业未能实现产业扩大，阻碍了大豆供应链的整体快速发展。

8.2.3 高蛋白供应链利益补偿协调机制的目标

构建供应链利益补偿协调机制的目标是使各主体的目标和供应链整体目标一致，主要包括两部分，即利润增加和产量（销量）规模扩大。

为此，大豆联合社领导班子首先从黑龙江省农业科学院拿到优良品种，以及栽培方案，然后找到销售渠道，算好收益账，再深入各合作社、百姓家做工作，协调种植者的目标。

1. 促进农民增收

通过订单契约，保障农民生产成本降低和销售收入增加，比原来自己种值最好的生产利润还要高，而且保持多年不变。

2. 保持高蛋白大豆供应链整体收益稳定发展

大豆产业是讷河的农业支柱产业，政府从土地规模流转、生产技术支持、支农政策项目等方面给予支持，联合社带动的 18 家合作社稳定发展，有效带动农村劳动力就业，提高居民生活幸福指数。联合社融合了政府大豆产业链发展目标和供应链利益补偿协调机制的目标，能够改善供应链的整体获利效果，提高供应链的风险抵御能力，实现该供应链长期、稳定、有序发展。

8.2.4 高蛋白大豆供应链利益补偿协调机制的构建与实施

1. 政府的大豆产业链政策支持

政府制定粮食产业链政策并落实在讷河市大豆产业链上，以讷河市农民专业合作社为切入点实施。

首先，由政府部门成立了"讷河市农民专业合作社领导小组"，并对联合社章程的建立、组织形式、流程管理等方面进行指导，从政策导向方面帮助联合社建立与成长。

其次，在联合社运营过程中，政府从宣传示范等方面给予政策支持，积极加强联合社的舆论宣传，将联合社的运作作为地方特色加以推广，优先宣传在民主管理、服务能力、产品质量、社会反响等方面表现优异的合作社，吸引更多的种植主体加入联合社，提高联合社的社会影响，实现规模经营的效益目标。

最后，政府积极整合政策资源，对于优先发展和重点产业的合作社采取项目优先申报、重点资金支持等政策，同时在技术、管理、营销渠道、人才培训、品牌建设等方面进行相关政策支持，促进联合社有序发展。

2. 联合社进行供应链利益补偿协调机制的实施

首先，联合社作为核心主体进行合理的供应链组织流程优化。联合社以民主选举的形式推选理事会、监事会，下设财务部、项目部、农化部、农服部、营销部、稽查部等6个职能部门，明确了每个职能部门的权利与义务，做到责任落实、规章制度完备。在日常运营中实现"九统一"：基地统一模式、经营统一计划、市场统一开拓、资金统一协调、投入品统一采购、包装统一版面、产品统一销售、技术统一指导、农机统一管理。该供应链流程实现了大豆种植的集约化，在此基础上构建了"订单+基地+农户"的生产组织模式。

其次，建立利益共享的协调契约。联合社以利益共享为基础，对参与的合作社成员实行利润的"三次分配"：初次分配为以高出市场价格 0.1 元/kg 的价格向社员收购大豆原粮；二次分配为将联合社经营收益的60%依据交易量返还给社员，其余的40%留用；三次分配为将留用部分与营业外收入（收购社员以外的农产品收入）的50%以分红形式返还给各分社，剩余50%作为联合社自留发展资金。

最后，与下游加工商之间形成风险共担的合作契约。与本地和外地较具实力的加工企业签订长期稳定的合作契约，采取"订单式生产"的长期合作方式，在种植之初签订了销售契约，其中规定了大豆销售的数量，保证分社生产的大豆具有稳定销路；同时由于生产规模较大，与加工企业之间具有一定的议价能力，从而大规模地保障加工企业需求，也换取单位售价的提高，每公斤大豆价格比市场价格高 0.2~0.3 元。

8.2.5　高蛋白大豆供应链利益补偿协调机制的应用效果

在产业链政策支持下，实施了供应链利益补偿协调机制后，高蛋白大豆供应链整体获利能力显著提高。

1. 种植者提高了收益

在保持较高的利益补偿的条件下，收益提高主要体现在种植者生产成本降低方面。由于联合社上游的种植合作社总体规模较大，对于生产资料采购具有规模优势，联合社可以实现采购价格折扣，在种子、化肥等农资采购过程中，发挥了极大的议价优势，使种植主体生产成本明显降低。联合社于 2011 年集中采购生产资料，共计采购化肥 3450t，采购价格低于市场价格 480 元/t，化肥采购成本节约 165.60 万元；共计采购种子 984t，采购价格低于市场价格 0.50 元/kg，种植采购成本节约 35.4 万元，这两项入社社员共节约 201 万元。联合社由于有统一的农机管理制度，在征地、播种及收获环节也使成本下降，其成本节约效果如表 8-1 所示。

表 8-1　合作社节本增收对比表

项目	合作社外价格	合作社内价格	节省金额	使用量
种子	2.8 元/斤	2.3 元/斤	0.5 元/斤	10 斤/亩
化肥	59.15 元/亩	50.75 元/亩	8.4 元/亩	35 斤/亩
整地	42 元/亩	27 元/亩	15 元/亩	
播种	10 元/亩	7 元/亩	3 元/亩	
收获	20 元/亩	15 元/亩	5 元/亩	

2. 高蛋白加工企业降低了采购的风险和成本

联合社在高科技指导下的高蛋白大豆质量具有突出的优势，能够规模供货，减少了加工企业面对千家万户农民的采购交易成本，以及由于产品质量不同带来的高生产成本和风险。因此，加工企业愿意与联合社签订"订单生产"契约，每公斤大豆价格以比市场价格高 0.2~0.3 元的差价补偿给联合社。

3. 联合社具有稳定的供应链渠道收益

联合社通过建立具有竞争力的供应链，使得供应链各主体获得了市场上的超额利润。自身分享了开拓供应链渠道带来的服务利润。表现如下。

一是联合社重视销路的开拓，扩大下游主体规模。组织人员到四川、福建、重庆、上海、浙江、山西、陕西等高蛋白大豆主销区调研市场，对接农产品深加工企业；在四川成都新都粮食市场成立联合社南方分公司，重点负责开发西南市场，大豆销售的省外市场逐步打开，大豆供应链产销节点衔接逐步加强。

二是联合社通过与加工企业签订利益补偿协调契约，实现了在销售环节收益分享的提高。由联合社作为经营主体与加工企业之间签订"订单生产"合同，形成了"企业+基地+农民"的产业发展态势，以充足的供应条件换取较高的销售价格，联合社中参与主体合作社的大豆销售价格高于市场价 0.1 元/kg。

三是联合社通过与 18 个合作社建立利润三次分配机制，在增加了种植者收益的同时，从集中农资采购、统一指导生产、集中运输等各管理方面节省了成本，规模生产发展也带来了联合社收益的稳定分享。

4. 供应链整体产销量增加

供应链整体产销量增加，融合了政府产业链发展的目标与供应链利益补偿协调机制的目标。在种植主体收益增加的背景下，联合社极大地调动了粮食种植者的生产热情，完成了具有一定规模的大豆生产基地建设，实现了生产经营的规模化和集约化，到 2011 年年初，已经建成种植基地 18 处，种植面积稳步增加。同时随着科技力量的投入，高蛋白大豆田间种植得到了全程技术跟踪，有效提高了亩产量。2011年联合社大豆种植总面积为 19.68 万亩、总产量为 3 万 t 玉米、杂豆种植面积 6 万亩、产量 3.5 万 t，马铃薯等其他作物种植面积 6 万亩、产量 15.5 万 t。

8.2.6 联合社进行供应链利益补偿协调机制持续实施的政府保障措施

1. 农业生产基础设施保障

联合社在运营过程中可以购买到优良品种，也具有种植生产的先进技术和方法，基本实现了土地规模化经营。但是仍然存在水利设施和农机配备不足的问题，很多社员在耕作过程中仍然处于粗放的小机械耕种状态，依旧"靠天吃饭"，水利灌溉程度不高，很大程度上依靠自然降水调节，农业的增产无法得到相应保障，对于高效农业更是可望而不可即。需要政府和相关企业从农民利益出发，加大农村电网建设力度，加大灌溉水利系统辐射面积。

2. 通过农业扶持项目支持减轻资金不足的压力

联合社在运营过程中需要大量资金，其中包括高新技术品引进费用、收购社员原粮预定垫付资金，作为供应链中的核心主体，联合社的资金链强度将给整条供应链带来巨大影响，联合社资金渠道越充足，社员的利益保障程度越高，其种植积极性相应提高，粮食供应链也更加稳定。虽然近年联合社通过龙江银行的贷款解决了一部分资金问题，但是仍然存在较大缺口。需要政府推动联合社积极申报国家农业扶持项目，在项目支持下，以科技指导粮食有序生产。

3. 物流运力保障

联合社于 2011 年共生产大豆、玉米、杂豆、马铃薯等作物 22 万 t，其中 5.5

万 t（约为总产量的 25%）的农产品发往四川、福建、广西、重庆、上海等地食品企业。但是农产品增收并未给联合社社员带来应有的喜悦，5.5 万 t 农产品运输需要约 1000 个火车车皮，铁路运输运力不足给粮食外运带来了巨大困扰。如果不能按约定发货，联合社及其成员将承担违约责任，造成利润下滑。因此，联合社需要通过政府渠道与铁路部门沟通联系，预订用于原粮外运的车皮，保证供应链顺利履约，消除物流运输风险。

8.3　黑龙江省产地加工企业协调商品粮供应链的案例

黑龙江北大荒丰威食品有限公司主要加工小麦。根据粮食产业结构的调整，小麦在黑龙江主产区比例减少，2012 年小麦产量 70.0 万 t，比上一年下降 32.5%（《2012 年黑龙江省国民经济和社会发展统计公报》）。因此，该加工企业既是产区又是销区的加工企业，是探索产地在黑龙江大宗商品粮三级供应链利益补偿协调机制应用的典型案例。

8.3.1　黑龙江北大荒丰威食品有限公司小麦供应链现状

黑龙江北大荒丰威食品有限公司是小麦供应链的核心主体，上游种植者比较分散，主要在山东、河南、河北、东北三省采购小麦，采购价格随行就市。上游种植者主要是农户和黑龙江垦区农场，采购量较少，为二三百吨，不足部分从国有粮库采购；近年来该企业在澳大利亚建立了小麦种植基地，负责提供高质小麦。每年 9~11 月都会集中向种粮农户采购粮食，11 月左右是粮食采购的旺季，要为年前加工做准备，这个时间段也是原粮的涨价期。

加工的面粉、挂面等成品粮的下游销售商主要分为两类，一类是商超，因产品质量较好，实施回购契约，合作稳定；二是区域授权的经销商，签订批发价基础上的利益补偿契约，主要包括一定销售规模下的返利与搭赠。

8.3.2　黑龙江北大荒丰威食品有限公司小麦供应链利益协调的主要问题

1. 与上游小麦供应商之间的利益协调问题

在采购渠道方面，北大荒丰威食品有限公司根据粮食网相关信息，获知小麦产地相关情况，向种粮农户（散户）采购小麦。原粮科组织相关人员，根据满足企业质量要求的原粮样品，到产地采购，单次采购量集中在 500~1000t，主要由采购小麦的质量和价格，以及企业加工需求决定。这部分采购属于随行就市，哪里小麦质量好、价格低就去哪里采购，没有产前的订单及契约。不足部分向国有粮库采购，粮食加工企业与粮库之间没有协调契约，采购随机性较大，且不稳定，并伴随较高的运输费用。

2. 与下游小麦销售商之间的利益协调问题

黑龙江北大荒丰威食品有限公司产品销售渠道主要包括两个：一是通过商超途径将商品提供给消费者，对于进入商超的粮食加工产品，加工企业对商超提供正常的条码费、场地费，在商超促销阶段提供促销员，但是没有任何的激励及奖励措施，实施回购契约，存在着大量过期回购问题；二是将产品销售给经销商，在区域范围内为粮食经销商提供某种或某些粮食产成品，由粮食经销商负责粮食产品在该区域范围内的市场开发、销售网络建设和产品销售工作，粮食加工企业与粮食经销商之间存在返利与搭赠，双方由合同约定享受的权利及负担的责任，并约束彼此行为，但由于激励手段较弱，存在经销商销售积极性不高的问题。

8.3.3 黑龙江北大荒丰威食品有限公司小麦供应链利益补偿协调机制重构

构建供应链利益补偿协调机制的目标是使各主体的目标和供应链整体目标一致：一是实现黑龙江北大荒丰威食品有限公司主导小麦供应链整体收益的增长；二是小麦供应链上游和下游主体利益不下降。

1. 与上游小麦供应商之间利益补偿协调机制优化性重构

基于小麦供应链整体收益最大化的目标，与小麦种植户建立长期、规范、具有约束力的契约模式，并且易于管理和相互监督。北大荒丰威食品有限公司作为小麦供应链中的核心主体，根据种植户的履约情况建立信誉评价机制，根据评价结果进行利润二次分配，建立带有罚金的利益补偿协调契约，对履约程度高的种植户进行奖励，对违约的种植户进行惩罚，甚至排除在供应链之外。

2. 与下游成品粮销售商之间利益补偿协调机制优化性重构

第一，北大荒丰威食品有限公司作为加工企业与粮食经销商之间通过定价约束。粮食加工企业制订粮食产品价格，为粮食经销商提供粮食产品价格表，表中价格为粮食经销商所享受的供货价格。假设此供货价格为 W2，当市场供求及价格发生变化时，粮食加工企业会将供货价格 W2 调整为 W2*，并以书面形式通知经销商价格变更情况。粮食经销商在粮食产品价格上将会受到粮食加工企业的价格约束，包括粮食产品新价格的执行和新产品上市价格，均需要按照粮食加工企业制订的价格 P 进行销售，不得低于规定的价格销售，否则视为低价销售，将会接受处罚，包括取消季度返利等。

第二，在订货流程方面，由于市场需求的不确定性，目前多数粮食加工企业的生产均按照订单数量进行计划安排，避免产能过剩及加工粮食产品积压，从而产生库存成本及其他费用。粮食经销商会根据自己对市场的把握，以及销售进度提前一周左右制订进货计划，并向粮食加工企业提交订单，说明下个销售周期的产品需求计划，包括加工粮食的产成品种类及其数量 q2，粮食加工企业会根据粮食产品需求计划，安排本企业的生产加工计划。

第三，付款流程。卖方占据强势地位时，粮食加工企业要求粮食经销商在发货之前进行付款（W2q2），买方占据强势地位时，则粮食加工企业选择货到付款（W2q2），这取决于双方的交涉与谈判协调能力。

第四，库存及运输管理流程。粮食交易一般数量较大，库存及运输成本是一项较大的费用，一般粮食加工企业负责将粮食经销商订购的粮食产品运输到粮食经销商的仓库或营业场所，这部分运输及装卸费用由粮食加工企业负责，而粮食经销商负责粮食产品在其自身仓库及营业场所产生的相关费用。

第五，奖励及补偿策略。粮食经销商的销售努力对粮食供应链具有影响，粮食经销商的努力包括采取措施尽可能多地销售粮食产品，开拓市场，向粮食加工企业反馈经销市场的产品信息，零售客户及消费者对销售粮食产品的态度、建议等，协调、配合及参与粮食加工企业的各项市场推广计划的制订及实施等。

为了刺激粮食经销商的销售，提高其努力积极性，粮食加工企业对粮食经销商采取多种方式的奖励方法。例如，搭赠和季度返利方式。当粮食经销商在完成季度销售指标的前提下，销售总额 pq 不低于规定的 X1 万元时，会随车给予 b1%的搭赠，当销售额达到或超过 X2 万元时，给予季度销售额的 b2%作为季度销售奖励。销售额的统计方式以粮食加工企业的财务数据为准，粮食经销商配合粮食加工企业核对账目，保证双方数据一致。

8.4　黑龙江省商品粮三级供应链利益补偿协调机制的应用条件

通过 8.1 节的案例分析，黑龙江省大宗商品粮三级供应链的利益补偿协调机制的构建非常必要，可以协调链上主体的利益，优化商品粮供应链结构，提升其竞争力。但是，现实市场条件下，在商品粮三级供应链中实施各种利益补偿协调机制也要有其应用条件，以满足应用效果的实现。

8.4.1　不同核心主体应用商品粮三级供应链利益补偿协调机制的条件分析

针对商品粮三级供应链利益补偿协调机制的整体应用，首先，要确定供应链的核心主体，核心主体起到协调其他参与成员的作用，并且，不同的供应链核心主体，在选择构建契约应用方面也会有所不同。

以粮食生产者为核心主体的商品粮三级供应链，会偏重于原粮销售及原粮加工增值后的销售，属于推动式经营方式。此时，利益补偿协调契约的构建主体多为粮食生产者本身，多会选择粮食生产者自主集货型风险共担利益补偿协调契约，因为粮食生产者作为核心主体，其在供应链中具有主导性作用，为追求自身及供应链整体利益最大化，需要满足链中粮食的加工量及市场的需求量，粮食生产者会主动进行自主集货。

以粮食加工企业为核心主体的商品粮三级供应链，则会偏重于原粮采购的稳定性及成品粮的批发销售。以粮食加工企业作为核心主体，主要是指粮食加工企业具备较大生产规模，能够与粮食生产者和粮食经销商分别构建协调契约，从而在商品粮三级供应链中形成利益补偿协调机制，协调供应链达到成本降低、风险分担及良性发展的目的。粮食加工企业按照目标，利用构建好的协调契约主动与粮食生产者和粮食经销商进行联系。此时契约协调目标偏向于达成粮食加工企业的加工需求。粮食协调契约签订流程从供应链上游环节开始，顺序向下游延伸，这是粮食供应链契约与工业品供应链契约的差异之处。

以粮食经销商为核心主体的商品粮三级供应链，则会偏重于粮食成品的企业批发和市场零售，粮食经销商主要根据市场需求信息来判断整个商品粮供应链的粮食加工供给数量，属于市场拉动式经营方式。此种商品粮供应链在应用利益补偿协调机制时，侧重于粮食数量与质量保障，按照市场需求信息加工、销售满足要求的成品粮。

8.4.2 商品粮三级供应链各主体规模约束条件分析

研究大宗商品粮供应链，首先要确定其供应链上主体的生产、加工及销售具备一定规模，才能构建带有罚金的风险分担利益补偿契约，粮食生产者在原粮供给不足时无论是接受罚金还是进行自主集货，都需要加工商筛选出具备一定生产规模的粮食生产者，从而能够与粮食加工企业进行平等而有效的合作，在不能履约的情况下，也能够承担契约罚金，或进行自主集货，这样的粮食生产者可以与下游粮食加工企业之间签订风险共担与利益共享契约。粮食生产者与粮食加工企业经过协商，确定契约罚金系数，以及对双方的约束力。在黑龙江省可以实现粮食规模生产的组织有国有农场、家庭农场、种粮大户及农民专业合作社等，他们可以实现上述利益补偿协调机制的应用。较大型家庭农场可以单独与加工企业或粮食经销商签订契约，也可以多个种粮大户集结成农民专业合作社形式，与下游主体构建利益补偿协调机制，同时在同一区域的几种粮食生产主体可以联合统一，进而与下游主体谈判，在某一区域形成原粮供给大型主体，如讷河市大豆联合社案例。上述主体能够保障原粮的有效供应，并有实力与链上其他主体进行平等合作，确保供应链结构的持久稳定及相互制约。

8.4.3　商品粮三级供应链利益补偿方式分析

在商品粮供应链中应用利益补偿协调机制，就是要求供应链上各个主体能够实现利益共享、风险共担。在应用中可以采取以下利益补偿的方式。

（1）粮食生产者和粮食加工企业之间的利益补偿方式。在种植生产初期就签订对应契约，此契约不仅在粮食种植品种、质量等级、数量及期限等方面进行要求，还规定了粮食生产者必须具备接受罚金的能力，从而保障契约持续进行下去，避免粮食供应链的断裂。这类契约对双方的协调意愿具有较高要求，并且双方信息对称，粮食生产者与粮食加工企业能够具备一定的风险承担能力。

（2）粮食加工企业与粮食经销商之间的利益补偿方式。粮食加工企业作为供应链核心主体，与成品粮经销商之间签订基于批发价格的收入共享协调契约，双方协商收入共享系数与契约批发价格，契约参数可以按照市场销售价格进行调整。此类契约可应用于较大型粮食加工企业与成品粮经销商，要求双方具备明晰的财务管理体系，实现信息共享机制，可以实施收入共享协调契约。截至2014 年，此类契约在粮食供应链中未完全应用，主要是因为对合作双方有较高的协调要求。但是，这类契约可以作为一种研究方向，以探索开拓粮食加工企业的产品销售渠道。

8.5　大宗商品粮三级供应链利益补偿协调机制的应用流程和效果

契约是供应链利益补偿协调机制的表达形式，构建和实施这样的契约，首先要确定其供应链上生产、加工及销售主体具备一定规模，其次要确定供应链的核心主体。大宗商品粮三级供应链不同核心主体构建契约、协调其他成员的流程如下。

8.5.1　商品粮三级供应链利益补偿协调机制的契约选择

根据 4.7 节的研究结果，粮食生产者和粮食加工企业之间，如果重视未来收益，就会签订带有罚金的风险分担利益补偿协调契约，并且多周期实施。调查表明，当粮食生产者对原粮实际产出的预测期望越高时，粮食生产者可承担的订购量随机风险也随之增大，体现为粮食生产者有意愿也有能力满足契约订购量。

粮食加工企业与粮食经销商之间，加工企业作为供应链核心主体，要选择与成品粮经销商之间签订基于批发价格的收入共享协调契约，并且每周期实施。双方协商收入共享系数与契约批发价格，契约参数可以按照市场销售价格进行调整。此类契约可应用于较大型粮食加工企业与成品粮经销商，要求双方具备明晰的财务管理体系，实现信息共享机制。目前，此类契约在粮食供应链中未完全应用，主要是因为对合作双方有较高的协调要求。但是，可以作为一种研究方向，以探索开拓粮食加工企业的产品销售渠道。

8.5.2　黑龙江省商品粮三级供应链利益补偿协调契约的应用效果

（1）黑龙江省商品粮三级供应链利益补偿协调契约应用效果可分两部分：粮食加工企业与上游粮食生产者构建的带有罚金的风险分担契约应用效果。一是对粮食生产者能力进行有效筛选，因为粮食加工企业可通过设定较高的契约罚金筛选具有规模产出、履约能力强的粮食生产者。二是这类契约的应用也可以促进国家粮食补贴更加规范。因为基于粮食产量计算方式进行政府补贴，可以使得粮食生产者的风险共担能力变大，促进其有能力分担企业更多风险，有助于供应链整体协调。

（2）粮食加工企业与下游成品粮经销商构建的收入共享利益协调契约应用效果，一是巩固两者之间的长期合作关系，更加强调利益共享与风险共担的利益补偿协调意识。例如，在对黑龙江省粮食省外销售的调查中获知，粮食销售主要集中于京津沪地区，而在其他中南部地区销售情况不好。针对安徽、浙江、江苏等地的调查显示，加工企业与经销商之间没有利益协调契约，而是通过双方协商按照随行就市的方式定价，不注重长期合同的维系，因此通过契约的签订可以促进利益补偿协调机制在供应链中构建。二是利益补偿协调机制可对粮食供应链的利益重新分配。采取收入共享方式，与经销商签订收入共享契约，可给予经销商低于成本的成品粮批发价格，帮助粮食经销商拓宽销售渠道。

8.6　基于供应链利益补偿协调机制的杂粮产业链升级落实机制

鉴于契约是供应链协调机制的具体表现形式[107]，除大宗商品粮之外，随着消费者对食品口感及健康要求的日益提高，杂粮市场在粮食交易中占据的地位越来越重要，在此，研究杂粮供应链中由政府主导的物流整合及杂粮供应链协调机制。

可以通过研究杂粮供应链利益补偿协调机制契约的重构，协调形成有竞争力的供应链，能够应对市场需求的波动，从而推动产业链更紧密地衔接，落实产业链的升级，该研究具有重要的现实意义。

8.6.1　指导思想和原则

1. 重构杂粮供应链利益补偿协调机制的指导思想

综合国内外研究，重构杂粮供应链利益补偿协调机制的指导思想，是为了达到供应链中参与各方多赢的效果，使得供应链整体效益最优。买卖各方在制订供应链契约中的价格、数量、惩罚措施、弹性订货等条款时，必须经过各方的协商，清楚地知道各方目前的优势和劣势，正确处理各方在合作过程中所面临的机会与存在的潜在威胁，使得各方在合作过程中各种资源进行优势互补[107]。

2. 重构杂粮供应链利益补偿协调机制的原则

基于供应链利益补偿协调机制构建原则[62]，得出杂粮供应链利益补偿协调机制重构的原则如下。

第一，遵循信息共享的原则。粮食供应链上涉及主体及环节众多，为追求各自利益最大化，将会选择牺牲供应链整体利益的经济行为，容易放弃供应链整体绩效最大化的选择。个体目标与供应链整体目标不一致是博弈的常态，只有通过各种信息共享，才能让各主体认识到维护供应链整体利益的重要性，以达成供应链成员个体目标与供应链整体目标的一致性。而杂粮供应链利益补偿协调机制，可以帮助链上主体对供应链的利益分配有整体的认识和判断，并按照其流程约束安排各自的经济活动，促使供应链上各利益主体达成一致目标。

第二，实现供应链整体利益最大化和个体利益不下降的原则。参加供应链的成员要比不参加时获得更多利润，或者减少风险。这里供应链的利益不仅指收益，也包括减少市场风险。供应链的这个原则不适用于小农户，种植主体应该具有一定规模，而调研也表明，通过合作组织等形式聚集小农户，形成一定规模，有利于和下游加工或者销售企业形成长期的利益补偿协调机制。

第三，协调生产者高效益及消费者安全一致性的原则。杂粮供应链利益补偿协调机制要达到种植生产者高效率及客户安全的双重目标。一方面，粮食生产存在着明显的产业缺陷，与其他部门相比，生产效率和生产者收入较低，该机制应保障生产者实现经济利益，这是任何改革必须遵守的底线，因此管理的目标为"高效"，另一方面，消费处于基础性地位，该机制应保证消费者能够充分、持续地获得与其需要相符的杂粮数量和质量，管理的目标为"安全"。

8.6.2　杂粮供应链利益补偿协调机制重构的内涵

现有的杂粮供应链利益补偿协调机制一方面推高了杂粮价格，另一方面摊薄了加工企业等供应链中间环节的利润，因此需要进行重构。

供应链的契约管理研究，主要是指供应链契约决策变量的设计[107]。杂粮供应链利益补偿协调机制优化性重构的内涵包括如下几个方面。

（1）明确杂粮供应链利益补偿协调机制优化性重构的目标。

（2）了解杂粮供应链协调的主要问题，明确单周期协调的激励主体、环境激励条件、单周期利益补偿协调组合模式的基础模式，重新确定契约决策变量，从上游开始，核心企业协商成对契约，在单周期契约的基础上进行多周期契约协商。前期研究佐证了这点，前期研究表明集成天然形成的粳稻供应链的驱动模式是推拉型的，以应用供应链推式战略为主，推动应主要施加在产地中心市场价格上，以拉式战略为辅，拉动应施加在加工地粳米中心市场价格上[127]。因此，如果加工企业作为杂粮供应链核心企业，鉴定契约应从上游开始，先签订大宗生产者和加工商的原粮契约，然后是加工企业和销售商的成品粮契约。杂粮供应链的契约协商机制，采取 Sackelberg 博弈，符合可行的契约双方的协商原理和方法[67]。

（3）根据供应链集成机制评价指标体系，筛选可以评价粮食供应链利益补偿协调机制的评价指标，运用定性和定量相结合的方法赋予权重，可以评价单周期协调契约的协调效果。

（4）形成协调机制，用契约规范表达。

8.6.3 整合大庆市杂粮产业链的物流共同配送协调机制研究

大庆是黑龙江杂粮主产区，杂粮产业发展在农业中具有重要地位，比四大粮食作物耐干旱，适宜贫瘠地生产，因为杂粮在国际上被公认为具有独特的平衡膳食、促进人体健康的作用，市场对杂粮需求的持续性和多样性一直较高，因此，杂粮往往是种植业结构调整的主要方向之一，大庆对杂粮产业非常重视，大庆杂粮品种众多，产量逐年增加。但是，杂粮生产、加工和销售都存在难以抵御的市场风险，存在规模难以扩大、收益难以稳定和提高的问题，为此，如何从物流视角，推动杂粮产业链的整合，成为大庆市未来农业经济发展的重要方向。该方向研究主要分两部分：第一，对杂粮物流的分环节管理，主要涉及杂粮从生产、加工、仓储、运输到配送等一系列环节[222]的单项管理，集中在局部环节的管理优化研究。第二，杂粮产业链物流整合研究。这部分研究通常将生产、加工、仓储、运输到分销配送部分环节的物流管理进行整合研究，是研究热点。例如，针对黑龙江省现代农产品物流模式进行分析，将现行农产品物流模式整合后提出了多模式共存的农产品物流模式[8]；针对农业产业链整合中存在的"公司+农户"、专业市场批发、农民合作组织、集贸市场等产业链整合模式的利弊进行分析，得出农民合作组织型产业链整合模式是未来的主导模式[10]；从创新研究视角，分别从农户利益视角、消费者利益视角出发，探讨农产品供应链整合，并对兼顾两者的整合模式进行探讨，提出采用电子商务手段的农社对接作为整合模式[223]等。综上，针对大庆市杂粮产业链物流现状进行调查，采用共同配送协调机制，进行大庆农产品产业链的虚拟共同配送体系设计，试图为政府引导企业，从物流管理视角推进杂粮产业链升级提供思路，该研究具有重要的现实意义。

1. 大庆市杂粮产业链的物流支撑问题

第一，杂粮产业链信息利用程度低。虽然大庆市农业物流信息化水平不断提升，但物流信息平台运用效果不理想。由于杂粮物流企业连接上游农户与下游分销商，很难要求客户进行信息化操作，造成许多农产品物流企业信息系统难以有效运行。同时，由于现有杂粮信息网站大多趋同，各物流主体间信息流通不畅，对物流环节信息处理不及时，也缺乏对市场需求的准确预测，使得在杂粮物流交易过程中，物流电子信息化利用率不高。从整体上看，杂粮产业链信息化程度低，造成很多企业获得信息不及时而产生亏损的情况。

第二，物流信息流通不畅，共享困难，协调效率低。由于大庆市物流企业或杂粮生产、加工基地不重视信息化平台的建设，造成杂粮物流信息流通不畅，不能准确、及时反馈杂粮物流需求与市场供销情况。也就是说，物流信息不能为杂粮生产与杂粮物流配送调度服务。同时，许多物流配送企业出于成本与简化流程的考虑不愿主动共享物流信息，农户或杂粮生产基地也因物流技术落后或缺乏专业的物流信息人才，不能将自身物流需求传播扩散出去。由于物流技术落后，缺乏相应的物流信息平台，物流信息在供应链各环节之间共享困难，影响了杂粮供应链各主体之间的协调，致使协调效率低下。

第三，杂粮产业链中的增值环节比较薄弱。理论上物流能够实现农业产业链中农产品的增值。但大庆市现有杂粮产业链中价值链短，大多数杂粮直接进入批发市场，缺少中间深加工环节，使得杂粮附加值低。同时由于中间物流环节过多，杂粮配送成本高，加上仓库贮存所需要的仓储条件、物流费用高，使得整个杂粮产业链中的增值能力降低。

综上，需要从物流管理视角，改进杂粮产业链的整合程度，提高杂粮增值程度。

2. 大庆市杂粮产业链共同配送模式改进

共同配送模式是指对某一地区的用户进行配送时，由多个配送企业联合在一起共同进行，以实现整体合理化的协作型配送模式[224]。从涉及过程与交易的本质来说，共同配送模式是专业市场型第三方物流模式的一种。采用这一模式，可以充分利用现有物流资源，分工协作来整合杂粮产业链，在保证产业链畅通的同时，提升物流运作效率。但这一模式运作相对复杂，必须依靠物流信息中心对杂粮物流资源进行统一调节。结合大庆实际，改进该模式，具体形式如图8-1所示。

3. 大庆市杂粮物流共同配送模式的协调机制设计

以物流整合大庆市杂粮产业链的目的是通过最优的杂粮整体物流系统运作，实现整个产业链效益的最大化。而体系流程的优化与设计对促进产业链增值、提

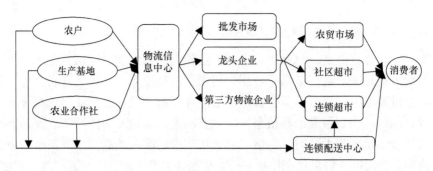

图 8-1　农业产业链整合的共同配送模式

升整个产业链效益、大庆市物流成功整合杂粮产业链十分重要。

　　在图 8-1 的基础上，结合以苏果连锁超市为中心，包含信息中心、区域中心、市级中心、终端中心到用户的多层级共同配送体系结构[225]，以及北京市鲜活农产品虚拟共同配送体系的结构示意图[18]，设计大庆市杂粮虚拟共同配送协调机制，如图 8-2 所示。

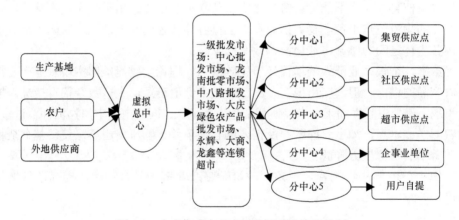

图 8-2　大庆市农产品虚拟共同配送协调机制

　　在构建的大庆市杂粮虚拟共同配送协调机制中，农户、杂粮生产基地与外来供应商供应的杂粮信息汇总后进入虚拟总中心，通过总中心统一调度分配到一级批发市场（包含连锁超市），进而在虚拟分中心仓储、配送到各个终端超市或者社区供应点，实现整个杂粮供应链的流通。其中虚拟总中心是实施共同配送物流模式的神经中枢系统，对整个配送体系进行统一调度。通过构建虚拟总中心，可以根据历史需求信息对大庆市杂粮的市场需求进行合理准确的预测，从而将结果反馈给供应商与农户。同时，也可为来自外地的供应商进行线路优化，从而降低运输成本。

　　基于杂粮虚拟共同配送协调机制进行产业链整合的架构如图 8-3 所示，表明构建虚拟共同配送协调机制是通过供应链整合来达到产业链衔接和整合的目的；

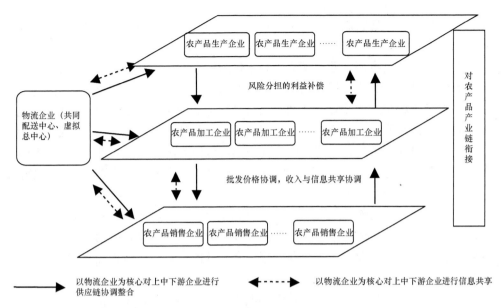

图 8-3　基于农产品虚拟共同配送协调机制的产业链整合架构

以大庆市现有的一级批发市场、物流公司和运输公司为基础，通过虚拟第三方物流企业，建立起具备多功能、信息化、服务优质的虚拟共同配送中心。通过虚拟共同配送中心可以密切整合杂粮产业链中的各个主体，调度内外部货源，构建高效便捷的杂粮产业链体系，从而达到产业链升级的目的。

总体归纳，从大庆市物流行业整合杂粮产业链的视角进行了上述研究，在相关文献综述的基础上，选择共同配送模式作为大庆市物流行业整合杂粮产业链的方法，设计了大庆市杂粮虚拟共同配送协调机制，该机制能够达到整合杂粮产业链、促进农业产业升级的目的。

8.6.4　大庆市杂粮产业链升级的政府协调机制

第一，通过核心企业重构杂粮供应链利益补偿协调机制，衔接杂粮产业链。在杂粮产业链各环节都有支持政策，体现国家从产业链衔接的角度努力创造了良好的政策环境。但是，从大庆的实施层面来看，这些政策不能改变杂粮产业链南销衔接不畅的劣势，因为产业链衔接的落实是靠核心企业集成上下游企业，形成稳定的供应链。调研表明，实施难度较大：一是合作社存在着土地流转的制约，种植环节主体的规模经营有难度；二是申报和实施政府的支持项目难度大；三是形成稳定杂粮供应链的合作社、加工企业多是产量有限的有机、绿色品牌。由于大庆处于产地，远离销地，物流成本推高了销售价格，也摊薄了加工企业等供应链中间环节主体的利润，规模发展具有独自承担风险的劣势。因此，杂粮产业链的衔接落实，需要培养杂粮供应链的核心主体，通过风险共担、利益共享的利益补偿交易契约的长期实施，重构杂粮供应链利益补偿协调机制，形成稳定的、有竞争力的供应链。

第二，通过政府的产业政策支持杂粮供应链利益补偿协调机制重构的目标。鉴于契约是供应链利益补偿协调机制的主要履行形式，因此，该机制重构的目标主要是指形成和实施利益补偿协调的杂粮供应链契约，从而促进供应链整体收益的增长、个体风险的下降、信息的进一步共享，促使成员目标与供应链整体目标一致。从政府的视角而言，就是政府如何形成政策环境，通过农业推广站和商务部门，促进供应链利益补偿协调契约在杂粮产业中广泛应用，达成稳定的供应链，增强产业链自身的竞争力。

第三，政府相关部门通过建立综合信息平台，为杂粮生产、加工和销售提供全方位的信息服务。信息平台不仅提供各种杂粮产品的信息，也为集聚农户的合作组织提供与加工企业、销售企业衔接成供应链的信息，同时推进支持杂粮产业链的政策信息。

第四，通过杂粮供应链利益补偿协调机制的评价，遴选杂粮供应链中的合作组织和核心组织，以便政府导入支持政策，以达到供应链整体激励的目的。现有的政府补贴政策激励了农民种粮的积极性，但是托高的市场价格也降低了加工企业的利润，导致供应链竞争力下降，产业链断链的风险加大。虽然杂粮属于小品种，但是，规模发展仍然能满足农民收益的底线，更能提高消费者的生活质量，因此，需要通过农业推广中心的渠道，支持生产技术和特色品种的发展，通过商务局支持销售有 QS 标志的产品。根据供应链集成机制评价指标体系，筛选可以评价杂粮供应链利益补偿协调机制的评价指标，运用定性和定量相结合的方法赋予权重，可以评价单周期协调契约的协调效果，对效果好的杂粮供应链上的企业或主体通过申报的省、国家支持项目给予支持。

第五，在杂粮产业中，政府通过行业监管，推进契约规范表达和实施。杂粮供应链利益补偿协调机制的契约要具备易于管理实施的可视化过程，在契约中，需要增加契约制订方自身的可视性，这种可视性涵盖了过去的行为、现在的状况、上（下）游交易主体的计划和能力；增加上（下）游交易主体对制订方的可视性，这就包括了订单状况信息、运送计划等。契约签订的双方利益、风险的分配，一定要在契约中落实到杂粮供应链各主体的运作中，成为一种规范。规范内容包括对杂粮产品的质量、数量、物流的约定，以及契约双方的权利、义务、风险、履约形式、违约处理等进行详细规定。

研究表明，运用大宗商品粮三级供应链利益补偿协调机制研究杂粮产业链升级的政府协调机制可行。该机制的核心主体是政府，协调流程包括，杂粮供应链利益补偿协调机制的契约；政府通过行业监管推进规范表达和实施；政府通过杂粮供应链利益补偿协调机制的评价，遴选杂粮供应链中的合作组织和核心组织，作为支持政策落实的载体。

8.7　黑龙江省商品粮三级供应链利益补偿协调契约应用中的反馈问题

调研发现，在商品粮三级供应链利益补偿协调机制应用过程中，存在以下问题。

（1）在构建商品粮三级供应链的利益补偿协调机制过程中，假设粮食加工企业是供应链的核心企业，并且仅研究一个粮食生产者、一个粮食加工企业和一个粮食经销商之间的利益协调问题。但是在实际调研中发现，核心企业的确定，有时不具有明显的限定。两个实力相当的主体，可能对供应链整体的协调均起到决定性作用，此时，需要主体之间更加紧密地合作；同时，有些粮食供应链上各个主体的实力均较弱，此时，需要政府作为主体进行整体协调。在现实中也反馈出，粮食供应链的生产、加工及销售主体不仅是一个，而是多个，特别是粮食生产者和粮食经销商，数目较多，需要区别应用研究得到的协调机制。

（2）商品粮三级供应链利益补偿协调机制应用过程中，假定粮食生产者、粮食加工企业和粮食经销商均为理性决策者，且彼此之间信息完全对称。然而，在实际应用过程中，要想达到信息完全对称是不可能的，但基本信息是近似透明的。例如，粮食市场中的粮食市场价格可以是透明的，可以直接查询，但实际交易价格受到多因素的影响。这方面的应用反馈问题对利益补偿协调机制的应用造成的影响不是很大，可以通过一定的措施避免，如供应链上各个粮食主体进行信息共享、信息共建等，但要避免恶意欺瞒。

（3）在调研中发现，虽然有一些粮食生产者具备了一定的规模种植能力，但是，大部分的种植规模较小，特别是一些以农户为生产单位的粮食生产区，这些农户的生产能力还不能直接满足粮食加工企业的需求，大多数的生产者面对的是粮食经纪人，极少有类似讷河大豆联合社的供应链。

（4）按粮食产出量补贴代替按种植面积补贴更有效，即将实施目标价格补贴制度，课题中构建的商品粮三级供应链中也设计出政府按照粮食产量对农民实施补贴，但是在实际中大多还是按照种植面积进行补贴。

8.8　黑龙江省商品粮三级供应链利益补偿协调契约规范的应用保障措施

8.8.1　政府干预路径

政府干预的主要节点是商品粮三级供应链的主产地粮食价格和加工地成品粮

价格，因为主产地价格是供应链的其他节点市场价格的 Granger 原因。例如，每年粳米收购价格主要受控于政府制订的最低保护价；调控加工地粳米价格是因为往往供应链断裂是由于加工地粳稻和粳米之间存在不合理的价差波动，二者不具有短期整合关系，仍需要政府引导性调整，否则不利于该供应链的集成。对于长期、短期整合的市场间异常波动，政府无须干预，市场会自发向市场均衡调整；但是，如果存在对社会资源不利的自发调节，即所谓"转圈粮"的发生，仍然需要政府引导性干预，以保证粮食在供应链中依从产地到加工地、销地的有效路径流动。政府干预需要根据市场整合调整的临界程度而定，调整通常不是一直进行的，只需要 1 周到 2 个月的短期调整即可[21, 217]。政府干预通过产业政策的形式下达。

8.8.2 政府干预措施

已经实施多年的政府最低保护价收购和粮食补贴、良种补贴等调控措施发挥了很好的作用。但是，存在两方面问题：第一，粮食补贴推高了粮食价格，减弱了粮食的价格竞争力，在第 4 章的研究表明，按产量补贴更有利于大宗粮食供应链协调；第二，对"北粮南运"的产供销协调性调控一直在困扰着政府和加工企业。南方城市到北方采购成本高于到国外采购，产供销环节协调机制一直缺乏，主要原因是国家粮食安全布局的目标与销地粮食企业利益最大化的经营目标不一致。对此，以下给出政府协调供应链利益补偿机制的干预措施。

（1）对产地大型种植者制订和执行合理产量补贴的目标保护价机制、粮食补贴和良种补贴。首先，制订合理的目标保护价，不仅要考虑粮食生产成本、政府的财政负担能力，还要考虑农民的生存成本和教育、物价上涨等因素，制订的粮食补贴和良种补贴应有效降低生产成本，根据产量制订补贴是较好的方法。其次，既要避免最低保护价格存在结构性矛盾即比价不合理问题，又要防止执行最低保护价格时压低收购价格的问题[226]，目前，如果推行结合市场价格的目标价格补贴政策，就能避免政府最低保护价推高粮价的弊端，保障种植者公平获得社会平均收益，保护种植者的种粮积极性。

（2）对产地大型种植者、加工商，或者销地的销售商推行产地到销地的粮食安全布局运输补贴政策。对产地市场间的价格波动，原则上政府不必进行调解，但是需要避免产地间不必要的均衡调整所耗费的运输成本，结合产地粮价与国际粮价比较优势低的情况，为了国家粮食安全布局，尽可能引导大宗粮食直接向主销地流动，即所谓避免"转圈粮"的发生。因此，政府需要根据产地和加工地、集散中心城市或者销地的距离，进行战略装车点建设、远距离产地的仓储补助、增加产地向销地不同距离的方向运输补贴等干预措施，从而避免不同产地由于统一最低保护价造成产地市场间的套利机会。

（3）鼓励大型种植者参与制订供应链利益共享机制的措施。我国保护价格的支付为一次性支付，即当市场价格低于保护价格时，代表政府的收储企业按保护价格买断种植者要出售的粮食，粮食就归政府所有，这种支付方式，在避免市场价格跌到保护价格以下给农场主造成损失的同时，也使其丧失了在政府收购以后获取市场价格超出保护价格时带来较高收益的可能性。有的粮贩利用农民子女上学急需用钱的心理，在开学前拼命压低粮价，甚至向社会降价抛售，待收购完后，又哄抬粮价，农民往往成了最低保护价的牺牲品[227]。因此，政府鼓励粮食银行、农场组织等支持产地种植者回收全年原粮。政府需要健全粮食收购市场准入制度，审核批准能行使托市收购和顺价销售、促进供应链整合的多元化粮食市场主体尤其重要，并给予信贷方面的优惠政策。

（4）制订合理的加工地产成品中心市场目标价格补贴措施。一方面，以稻米供应链为例，针对"稻强米弱"的情况，以加工地粳米和粳稻价差大于加工商单位加工成本为标准，在粳稻最低收购价的基础上确定加工商粳米销售的政府调节补贴的力度和时间长度。例如，对加工地有资质的加工商，确定长期收购粳稻资格，以国有粮库同样的补贴给予收购政策补贴，同时，根据所持有的销地批发商的合同，给予国家"北粮南运"方向运输补贴的政策支持，以及铁路运输方面的绿色通道等政策支持，这样的调整有利于大型加工商整合上游种植者和下游经销商。另一方面，要使加工商获得上述政府的支持，必须鼓励加工商集聚成大型企业，并通过与上游生产商的合作、购买期货套期保值和保险等有效措施规避运营风险。

8.9　小　　结

本章首先介绍了黑龙江省产地种植主体、经销商和加工企业不同程度协调大宗商品粮供应链的案例，得出黑龙江省大宗商品粮三级供应链利益补偿协调机制的应用条件，包括不同核心主体供应链应用条件、规模约束条件和利益补偿方式，并讨论应用效果；通过利益补偿协调机制应用案例调研，研究应用中的反馈问题；在政府干预路径和政府干预措施方面提出对大宗商品粮三级供应链利益补偿协调契约应用的保障措施；除商品粮三级供应链外，还研究了杂粮供应链的利益补偿协调机制，通过物流共同配送体系研究实现杂粮供应链整合，从政府角度针对杂粮产业发展与升级分析政策协调机制。

参 考 文 献

[1] 沈琼. 粮食主产区利益补偿的经济分析. 世界农业, 2014, 05: 1-5, 6.

[2] 焦晋鹏. 黑龙江省粮食主产区动态补偿机制的构建及其保障. 学术交流, 2014, 10: 137-140.

[3] 焦晋鹏. 粮食主产区动态补偿机制的演化博弈分析. 江西社会科学, 2014, 11: 41-46.

[4] 龙方, 卜蓓. 我国现行粮食生产者利益补偿政策的效率分析. 求索, 2011, 6: 9-11.

[5] 刘阳. 供应链一体化导向下农产品物流整合模式研究. 物流技术, 2013, (5): 51-53.

[6] 杨为民. 农产品供应链一体化模式初探. 农村经济, 2007, (7): 56-57.

[7] 朱毅华, 王凯. 农业产业链整合实证研究——以南京市为例. 南京社会科学, 2004, 7: 85-89.

[8] 杨瑛, 章荣. 黑龙江省现代农产品物流模式及优化探讨. 科技导向, 2013, (35): 344-345.

[9] 张利庠. 产业组织、产业链整合与产业可持续发展——基于我国饲料产业"千百十调研工程"与个案企业的分析. 管理世界, 2007, 4: 78-87.

[10] 成德宁. 我国农业产业链整合模式的比较与选择. 经济学家, 2012, (8): 52-57.

[11] 上创利, 赵德海, 仲深. 基于产业链整合视角的流通产业发展方式转变研究. 中国软科学, 2013, 3: 175-183.

[12] 冷志杰, 唐焕文. 大宗农产品供应链四维网络模型及应用. 系统工程理论与实践, 2005, 25(3): 39-45.

[13] 冷志杰, 刘宏宇. 基于农产品供应链集成机制的农业循环经济组织运行机制研究. 黑龙江八一农垦大学学报, 2009, 6: 83-88.

[14] 杨鹏, 干胜道. 供应链与全产业链管理模式的比较研究. 财会月刊, 2011, 18: 95-97.

[15] 郭易楠. 建立农产品供应链. 上海科技报, 2003 年 9 月 10 日(第 1 版).

[16] 宫敏丽, 金汉林. 基于供应链机制下舟山水产品冷链物流模式选择及对策. 农村经济与科技, 2013, 3: 135-136, 115.

[17] 王晶, 贾琪, 杨浩雄. 基于"农超对接"的第三方共同配送模式及成本分摊问题研究. 物流技术, 2013, (32): 7.

[18] 杨浩雄, 程红晶, 何明珂. 北京市鲜活农产品虚拟共同配送体系构建研究. 江苏农业科学, 2013, (1): 411-414.

[19] Duval Y, Biere A. Grain producers' attitudes to new form of supply chain coordination. International Food and Agribusiness Management Review, 1998, 1(2): 179-193.

[20] Griswold D T. Grain Drain: The Hidden Cost of U. S. Rice Subsidies. http: //ssrn. com/ abstract=975688. 2006-11/2012-3.

[21] 冷志杰. 黑龙江垦区粳稻供应链协作集成原则及支持政策研究. 农业系统科学与综合研究, 2011, (2): 186-191.

[22] 胡非凡, 吴志华, 崔丽爽. 2012 年中国粮食物流回顾与 2013 年展望. 粮食科技与经济, 2013, 38(2): 5-8.

[23] 赵其国, 黄季焜. 农业科技发展态势与面向 2020 年的战略选择. 生态环境学报, 2012, 21(3): 397-403.

[24] Kennett J, Fulton M, Molder P, et al. Supply chain management: the case of a UK baker preserving the identity of Candian milling wheat. Supply Chain Management, 1998, (3): 157-166.

[25] Hobbs J E, Young L M. Closer vertical coordination agri-food supply chains: a conceptual framework and some preliminary evidence. Supply Chain Management: An International Journal, 2000, (3): 131-142.

[26] 吴志华, 胡非凡, 袁华山. 基于供应链的长江三角洲粮食安全协调研究. 农业经济问题, 2010, (2): 21-27.

[27] 陈倬. 粮食供应链风险分析与防范研究. 农村经济, 2011, (12): 24-28.

[28] 洪岚, 尚珂. 我国粮食供应链问题研究. 中国流通经济, 2005, (2): 11-14.

[29] 崔晓迪, 田源, 程国宏. 信息化的粮食供应链管理. 中国储运, 2005, (5): 50-51.

[30] 吴志华, 胡非凡. 粮食供应链整合研究——以江苏省常州市粮食现代物流中心为例. 农业经济问题, 2011, (4): 26-32, 111.

[31] 杜京娜, 王杜春. 发达国家粮食供应链管理经验及其对我国的启示. 黑龙江粮食, 2009, (1): 51-53.

[32] 朱自平, 王道平, 李云竹. 粮食供应链的经济目标体系研究. 安徽农业科学, 2008, 36(25): 11113, 11160.

[33] 马艳, 张峰. 利益补偿与我国社会利益关系的协调发展. 社会科学研究, 2008, (4): 34-38.

[34] 田建民. 粮食安全长效机制构建的核心——区域发展视角的粮食生产利益补偿调节政策. 农业现代化研究, 2010, 31(2): 187-190.

[35] 李琪. 完善我国粮食主产区利益补偿机制的对策探讨. 企业经济, 2012, (12): 153-155.

[36] 龙方, 卜蓓. 粮食补贴政策对粮食增产的效应分析. 求索, 2013, (2): 18-20.

[37] 康涌泉. 基于粮食安全保障的粮食主产区利益补偿制度研究. 河南师范大学学报(哲学社会科学版), 2013, 40(4): 74-76.

[38] 王守祯. 完善粮食主产区利益补偿机制的思考. 中国财政, 2013, (8): 59-60.

[39] 赵波. 中国粮食主产区利益补偿机制的构建与完善. 中国人口·资源与环境, 2011, 21(1): 85-90.

[40] Kaipia R. Supply chain coordination—studies on planning and information sharing mechanisms. Espoo, Finland: Helsinki University of Technology, 2007.

[41] Li X, Wang Q. Coordination mechanisms of supply chain systems. European Journal of Operational Research, 2007, 179(1): 1-16.

[42] Clark A J, Scarf H. Optimal policies for a multi-eche-lon inventory problem. Management Science, 1960, 6: 475-490.

[43] Bhatnagar R, Chandra P, Goyal S K. Models for multi-plant coordination. European Journal of Operational Research, 1993, 67: 141-160.

[44] 陈原. 国内外供应链关系协调管理研究述评及展望. 改革与战略, 2007, 23(8): 29-33.

[45] Xu L, Beamon B M. Supply chain coordination and cooperation mechanisms: an attribute based approach. The Journal of Supply Chain Management, 2006, 42(1): 4-12.

[46] Cachon G P, Lariviere M A. Supply chain coordination with revenue sharing contracts: strengths and limitations. Management Science, 2005, 51(1): 30-44.

[47] Veen J, Venugopal V. Using revenue sharing tocreate win-win in the video rental supply chain. Journal of Operational Research Society, 2005, 56(3): 757-762.

[48] Cachon G P, Lariviere M A. Supply chain coordination with revenue-sharing contracts: strengths and limitations. Management Science, 2005, 51(1): 30-44.

[49] Krishnan H, Kapuscinskj H, Butz D. Coordi-nating contracts for decentralized supply chains with retailer promotional effort. Management Science, 2004, 50: 48-64.

[50] Tregutha N L, Vink N. Trust and supply chain relationship: a south African case study. Annual Conference Paper ofInternational Society for the New Institutional Economics, 2002: 27-29.

[51] Bogetoft P, Olsen H. Ten rules of thumb in contract design: lessons form Danish agriculture. European Review of Agricultural Economics, 2002, 29(2): 185-204.

[52] Zylbersztajn D. Tomatoes and courts: strategy of the agro-industry facing weak contract enforcement. School of Economic and Business, University of Sao Paulo, Brazil, 2003.

[53] Rashid S, Gulati A, Cummings R, et al. Grain marketing parastatals in Asia: why do they have to change now? Social Science Electronic Publishing, 2008: 10-47.

[54] Aker J C. Droughts, grain markets and food crisis in Niger. http: //ssrn. com/1004426. 2008.

[55] B Omar. Ballal. T. Intelligent wireless web services: context-aware computing in construction logistics supply chain. Electronic Journal of Information Technology in Construction, 2009, (20): 289-308.

[56] Apaiah R K. Designing food supply chains a structured methodology: a case on novel protein foods. The Netherlands, Wageningen University, 2006.

[57] 高帆. 中国粮食安全的理论研究与实证分析. 上海: 上海人民出版社, 2005.

[58] 洪岚, 安玉发. 我国粮食供应链整合困难的原因探析. 中国流通经济, 2009, (8): 33-35.

[59] 杜文龙. 我国粮食供应链整合问题探讨. 商业时代, 2006, (36): 7-9.

[60] 侯琳琳, 邱菀华. 论契约的供应链协调管理. 企业经济, 2008, (4): 17-19.

[61] 庄品, 王宁生. 供应链协调机制研究. 工业技术经济, 2004, 23(3): 71-73.

[62] 冷志杰. 发展农业循环经济的体制与对策研究. 北京: 科学出版社, 2011.

[63] 陈剑, 肖勇波. 供应链管理研究的新发展. 上海理工大学学报, 2011, (6): 694-700, 508.

[64] 马士华, 林勇, 陈志祥. 供应链管理. 北京: 机械工业出版社, 2000.

[65] 戢守峰, 刘铭嘉, 丁伟, 等. 基于三级供应链的收益共享契约协调研究. 东北大学学报(自然科学版), 2008, 29(11): 1652-1656.

[66] 侯雅莉, 谭涛, 周德群. 回购契约对三阶层供应链的协调. 科学技术与工程, 2010, (26): 6588-6589.

[67] 曹武军. 供应链契约机制的研究. 武汉: 华中科技大学博士学位论文, 2006.

[68] 王迎军. 顾客需求驱动的供应链契约问题综述. 科学管理学报, 2005, 8(2): 68-76.

[69] 邱若臻, 黄小原. 供应链渠道协调的收入共享契约模型. 管理学报, 2006, 3(2): 148-152.

[70] 赵小芸, 李传昭. 基于产品定价的两级供应链的协调及利润分配机制的研究. 科技管理研究, 2006, (2): 184-186.

[71] 曹武军, 李成刚, 王学林. VMI 环境下收入共享契约分析. 管理工程学报, 2007, 21(1): 51-55.

[72] 熊中楷, 李根道, 唐颜昌, 等. 网络环境下考虑动态定价的渠道协调问题研究. 管理工程学报, 2007, 21(3): 49-55.

[73] 林略, 杨书萍, 但斌. 时间约束下鲜活农产品三级供应链协调. 中国管理科学, 2011, 19(3): 55-62.

[74] 肖迪, 潘可文. 基于收益共享契约的供应链质量控制与协调机制. 中国管理科学, 2012, 20(4): 67-73.

[75] 黄大荣, 舒雪绒, 许茂增. 基于收入共享的双渠道三级供应链的协调研究. 数学的实践与认识, 2011, 41(5): 56-64.

[76] 赵红梅, 刘莹, 李滨. 基于收入共享契约的三层供应链协调研究. 上海管理科学, 2010, 32(5): 67-71.

[77] 邓爱民, 潘再阳. 模糊需求下三级闭环供应链协调的收入共享契约研究. 科技与管理, 2010, 12(1): 72-75, 93.

[78] 胡珑瑛, 蒋樟生, 孟梅, 等. 三级供应链收入共享协调机制研究. 哈尔滨工程大学学报, 2008, 29(2): 198-203.

[79] 徐慧, 达庆利, 黄永. 基于随机需求和顾客退货的供应链协调机制. 东南大学学报(自然科学版), 2012, 42(1): 194-198.

[80] 桑圣举. 模糊需求下的闭环供应链协调机制研究. 计算机工程与应用, 2012, 48(17): 36-40.

[81] 孙玉忠. 订单农业模式中的利益联结机制研究——以黑龙江省为例. 科技与管理, 2007, (2): 65-67.

[82] 李凯, 张迎冬, 严建援. 需求均匀分布条件下的供应链渠道协调——基于奖励与惩罚的双重契约. 中国管理科学, 2012, 20(3): 131-137.

[83] 孙大为, 魏博洋. 试论完善我国粮食供应链的若干对策. 中国市场, 2008, (41): 130-131.

[84] 李仁良, 郜文斌. 江西省粮食产业化中的利益协调管理探讨. 中国集团经济, 2009, (22): 77-78.

[85] 葛海波. 粮食供应链整合动力机制研究. 价值工程, 2010, (26): 29-30.

[86] 张中文, 张孝青. 金霞粮食物流配送的探究. 物流工程与管理, 2011, 33(1): 80-81.

[87] 冷志杰, 赵攀英. 基于联合库存的粮食供应商与加工商协作定价合同研究. 技术经济, 2009, 28(6): 108-112.

[88] 高艳, 冷志杰. 基于价格浮动模型分析的政府对大宗农产品定价调控政策研究. 农业系统科学与综合研究, 2010, 26(1): 49-52.

[89] 冷志杰. 基于供应链管理的黑龙江省粮食物流规划研究. 粮油食品科技, 2010, 18(A01): 1-7.

[90] 李泽华. 农产品契约交易及其发展条件. 农业经济, 2000, (12): 34-35.

[91] 张学志, 陈功玉. 我国农产品供应链的运作模式选择. 中国流通经济, 2009, (10): 57-60.

[92] 刘助忠, 龚荷英. 农产品供应链集成模式研究. 江苏农业科学, 2012, 40(11): 423-427.

[93] 方梦梦. 基于供应链管理的农产品批发市场商品流通研究. 中国商贸, 2013, (14): 17-18.

[94] 赵亚洲. 基于现代物流的粮食批发市场改造研究. 南京: 南京财经大学硕士学位论文, 2006.

[95] 单毅, 陆娅霖. 基于农产品营销角度的农超对接效益分析. 江苏农业科学, 2012, 40(3): 418-420.

[96] 熊会兵, 肖文韬. "农超对接"实施条件与模式分析. 农业经济问题, 2011, (2): 70-71.

[97] 吴永哲, 李永利, 李蔷. 秦皇岛破解农产品卖难. 河北日报, 2011-8-23. 六版

[98] 胡定寰. 试论"超市+农产品加工企业+农户"新模式. 农业经济问题, 2006, (1): 38.

[99] 彭小星, 黄细洋. 吉安县桐坪镇粮食收购模式探索. 中文信息, 2013, (5): 19.

[100] 赵德余, 顾海英. 粮食订单的缔约难题及其合约改进. 中国农村观察, 2005, (4): 9-10.

[101] 肖小虹. 当前我国农业产业链的契约风险及其防范. 农业经济, 2012, (11): 112-114.

[102] 刘斌, 刘思峰, 陈剑. 不确定需求下供应链渠道协调的数量折扣研究. 南京航空航天大学学报, 2005, 2: 256~261.

[103] Monahan J P. A quantity discount pricing model to increase vendor profits. Management Science, 1984, 30(6): 720-726.

[104] 朱珠, 朱云龙. 柔性契约协调机制下的供应链采购优化与决策. 控制工程, 2012, 19(1): 169-175.

[105] 吴云. 冷鲜肉供应链合作机制研究. 物流科技, 2010, (3): 39-40.

[106] 汤晓丹. 供应链管理思想下农产品物流动态联盟组织模式研究. 物流科技, 2012, (11): 6.

[107] 黄广超, 蓝海林. 供应链契约决策变量研究综述. 科技管理研究, 2006, (3): 258-260.

[108] 汤鹏翔, 王茜萌, 高远洋. 不同企业合作关系下供应链契约选择的博弈分析. 中国市场, 2011, (20): 89-93.

[109] 孙华, 胡金焱, 丁荣贵. 供应链协同契约机制研究现状与走向——基于信息不确定环境下的考察. 云南师范大学学报, 2011, 43(5): 86-95.

[110] van der Rhee B, van der Veen J, Venugopal V, et al. A new revenue sharing mechanism for coordinating multi-echelon supply chains. Operations Research Letters, 2010, (4): 296-301.

[111] 易舒. 供应链成员契约关系可视化研究. 物流科技, 2009, (5): 53-56.

[112] 陈明星. 粮食供应链安全: 一个新的粮食安全视角. 调研世界, 2011, (3): 40-43.

[113] 马云惠, 孙承志. 黑龙江省订单农业发展现状及对策分析. 吉林农业, 2012, (4): 23-24.

[114] 张谋贵. 我国粮食生产利益补偿机制研究. 西部论坛, 2011, (4): 25-26.

[115] 张青峰. 加强区域产销协作确保粮食安全的探讨. 粮油仓储科技通讯, 2013, 29(4): 52-55.

[116] 高瑛, 李岳云. 对我国粮食产销利益失衡问题的分析. 江海学刊, 2006, (6): 209-213.

[117] 高瑛, 李岳云. 我国粮食产销利益平衡长效机制构建——来自欧盟共同农业政策的启示. 世界经济与政治论坛, 2008, (5): 16-19.

[118] 李琳凤, 李孟刚. 当前影响我国粮食生产的主要因素分析. 中国流通经济, 2012, (4): 109-115.

[119] 徐祥明, 覃灵华. 中国近 30 年影响粮食安全因素分析. 国土与自然资源研究, 2012, (3): 36-38.

[120] 王双进, 李健英. 基于时间序列趋势图的我国粮食产量主要影响因素分析. 广东农业科学, 2013, (4): 179-182.

[121] 张爽. 粮食最低收购价政策对主产区农户供给行为影响的实证研究. 经济评论, 2013, (1): 130-136.

[122] Kennett J, Fulton M, Molder P, et al. Supply chain management: the case of a UK baker identity reserving Canadian milling wheat. Supply Chain Management, 1998, 3(3): 157-166.

[123] Hobbs J E. Innovation and future direction of supply chain management in the Canadian agri-food industry. Canadian Journal of Agricultural Economics, 1998, 46(4): 525-537.

[124] Young L M, Hobbs J E. Vertical linkages in agri-food supply chains: changing roles for producers, commodity groups, and government policy. Review of Agricultural Economics, 2002, 24(2): 428-441.

[125] Duren E V, Sparling D. Supply chain management and the Canadian agri-food sector. Canadian Journal of Agricultural Economics, 1998, 46(4): 479-489.

[126] Wagner B A, Macbeth D K, Boddy D. Improving supply chain relations: an empirical case study. Supply Chain Management: An International Journal, 2002, 7(4): 253-264.

[127] Leng Z, Zhao P, Wang X. Study on the price mechanism and the policies of Government for integration a rice supply chain. International Conference on Logistics Systems and Intelligent Management (ICLSIM), 2010: 1573-1579.

[128] He Y, Zhao X. Coordination in multi-echelon supply chain under supply and demand uncertainty. International Journal of Production Economics, 2012, 139(1): 106-115.

[129] 朱珠, 朱云龙, 申海, 等. 需求不确定下制造商为核心的三级供应链协调. 运筹与管理, 2012, 21(1): 88-95.

[130] 杨德礼, 郭琼, 何勇, 等. 供应链契约研究进展. 管理学报, 2006, 3(1): 117-125.

[131] 冷志杰, 高艳, 耿晓媛. 大宗粮食供应链上发展农业循环经济的微观组织模式构建研究. 中国管理科学, 2012, S2: 810-814.

[132] 董伟. 以超市为核心企业的农产品供应链绩效评价研究. 北京: 北京交通大学硕士学位论

文, 2010.

[133] 徐贤浩, 马士华, 陈荣秋. 供应链绩效评价特点及其指标体系研究. 华中理工大学学报(社会科学版), 2000, (2): 69-72.

[134] 邵晓峰, 季建华, 黄培清. 供应链竞争力评价指标体系的研究. 预测, 2000, (6): 52-56.

[135] 姜方桃. 集成化供应链管理的绩效评价研究. 南京: 河海大学博士学位论文, 2006.

[136] 王博. 集成化供应链绩效评价研究. 成都: 西南财经大学硕士学位论文, 2010.

[137] 伍雨竹. 北京市蔬菜供应链绩效评价研究. 北京: 北京交通大学硕士学位论文, 2009.

[138] 王洪鑫, 樊雪梅, 孙承志. 基于物流能力的农产品供应链绩效评价问题研究. 生产力研究, 2009, (19): 26-28.

[139] 胡运权. 运筹学基础及应用. 北京: 高等教育出版社, 2004.

[140] 孙宏岭. 粮食供应链管理的时代已经到来. 中国粮食经济, 2007, (6): 38-40.

[141] 专家: 粮食储备遭成本 "地板" 和价格 "天花板" 挤压. http: //news. xinhuanet. com/food/2005-09/18/c-1116606111.htm.2015.09.181 2015.10.30

[142] 吴文福, 刘春山, 韩峰, 等. 中国粮食产地干燥的发展现状及趋势. 农业工程学报, 2011, 27(2): 321-325.

[143] 郭燕枝, 陈娆, 郭静利. 我国粮食从 "田间到餐桌" 全产业链损耗分析及对策. 农业经济, 2014, (1): 23-24.

[144] 彭וֹ霞, 张蜜. 粮食最低收购价格的困境分析——以湖南稻谷价格为例. 中国统计, 2014, (2): 53-55.

[145] 李凤廷, 侯云先, 胡会琴. 粮食生产核心区建设中的粮食物流运作模型——基于供需双重驱动的视角. 中国流通经济, 2013, 5: 35-41.

[146] 冷志杰, 田静. 加工企业主导型粮食供应链中粮农风险共担契约研究. 黑龙江八一农垦大学学报, 2014, 5: 82-85.

[147] Rubinstein A. Perfect equilibrium in bargaining model. Econometrica, 1982, 50(1): 97-109.

[148] Abreu D, Gul F. Bargining and reputation. Econometrica, 2000, 68(1): 85-117.

[149] 周明, 敬震海, 李勇. 有效讨价还价区间的确定分析. 重庆大学学报, 2002, 25(10): 93-95.

[150] 王刊良, 王嵩. 非对称信息下讨价还价的动态博弈: 以三阶段讨价还价为例. 系统工程理论与实践, 2010, 30(9): 1636-1642.

[151] 李建华, 张国琪. 具有破裂风险的讨价还价模型研究. 税务与经济, 2007, (4): 8-11.

[152] 徐雅楠, 杜志平. 基于改进的 Shapley 值法供应链利益分配研究. 物流技术, 2011, 30(12): 182-184.

[153] Dewatripont M, Legros P, Matthews S. Moral hazard and capital structure dynamics: second version. http: //ssrn. com/abstract=382843 [2013-5-23].

[154] 陈江瑜. 基于讨价还价模型的供应链利益博弈. 物流工程与管理, 2012, 34(4): 83-84.

[155] 李华, 李恩极, 孙秋柏, 等. 基于讨价还价博弈的经理人激励契约研究. 系统工程理论与实践, 2015, 35(9): 2280-2287.

[156] 李林, 刘志华, 章昆昌. 参与方地位非对称条件下 PPP 项目风险分配的博弈模型. 系统工程理论与实践, 2013, 33(8): 1940-1948.

[157] Holmstrom B, Milgrom P. Aggregation and linearity in the provision of interemporal incentives. Econometrica, 1987, 55(2): 303-328.

[158] 靳少泽. 对粮食主产区农业利益补偿机制的思考. 河北农业科学, 2011, (2): 115-117.

[159] 张冬青, 张冬梅. 农产品电子商务应用模式及技术实现研究. 学术交流, 2009, (5): 94-96.

[160] 薛月菊, 胡月明, 杨敬锋, 等. 农产品供应链的信息透明化框架. 农机化研究, 2008, (2):

67-71.

[161] 李生琦, 陈奎. 消费者对消费者电子商务网站信誉评价模型研究. 中国流通经济, 2010, 6(4): 61-64.

[162] 李倩, 温跃, 朱锋. 金融惠农"进行时"金融时报, 2010 年 7 月 10 日(第 004 版).

[163] 郭鹏. R 经济型酒店的盈利模式分析. 西安: 西北大学硕士学位论文, 2006.

[164] 刘蕾, 秦德智. 电子商务中的信任风险分析, 经济问题探索, 2005, (9): 145.

[165] 张珺, 蒋冰冰. 生猪电子交易风险剖析. 宏观热点, 2011, 10(3): 100-103.

[166] 常志平, 蒋馥. 电子化供应链的信息平台选择及其产品定价策略研究. 东华大学学报(自然科学版), 2004, 30(1): 19-22, 27.

[167] 刘忠强, 王开义, 喻钢, 等. 农民专业合作社信息化建设技术方案研究. 农机化研究, 2010, (1): 1-4.

[168] 钱建平, 杨信廷, 刘学馨, 等. 信息技术条件下的农民专业合作组织管理模式. 农机化研究, 2008, (6): 6-9.

[169] Liang T, Huang J. An empirical study on consumer acceptance of products in electronic markets: a transaction cost model. Decision Support System, 1998, (24): 9-43.

[170] 林勇, 马士华. 集成化供应链管理. 工业工程与管理, 1998, 3(5): 26-30.

[171] Keskinock P, Goodwin R, Wu F, et al, Decision support for managing an electronic chain. Electronic Commerce Research, 2001, 1(1/2): 9-13.

[172] 吴先金. 供应链集成研究. 现代物流, 2007, 2: 22-24.

[173] 赵新娟, 谭国真. 基于网格计算的供应链管理系统模型研究. 计算机应用研究, 2004, 4: 82-84.

[174] 蒋艳辉, 姚靠华, 李娴. 基于网格的商品流通领域供应链信息集成效率. 系统工程, 2011, 6(29): 94-99.

[175] Giraud G, Amblard C. What does traceability mean for beef meat consumer?Food Science , 2003, 23(1): 40-46.

[176] Gellynck X, Verbeke W. Consumer perception of traceability in the meat chain. Agrarwirtschaft, 2001, (50): 368–374.

[177] Halawany R, Giraud G. Origin: a key dimension in consumers' perception of food traceability. 47thEuropean Congress of the Regional Science Association 'Indications Géographiques et Développement Durable' August 29 – September 2, 2007, Paris.

[178] 赵洁, 冯华. 供应链管理下的我国农产品流通模式探析. 中国物流与采购, 2009, (8): 64-65.

[179] 梁娜, 张艳华. 农村连锁超市运营模式创新研究. 中国流通经济, 2010, (3): 66-69.

[180] 孙社文, 张铭伯. 基于 DSP 技术和以太网卡的数据传输方案. 通信技术, 2008, 41(7): 98-100.

[181] 付雄新, 周受钦, 谢小鹏. 基于 RFID 的食品安全监管系统. 科学技术与工程, 2009, 9(13): 3897-3899.

[182] 陆昌华, 王立方, 胡肄农, 等. 动物及动物产品标识与可追溯体系的研究进展. 江苏农业学报, 2009, 25(1): 197-202.

[183] Ruiz-Garcia L, Barreiro P, Robla J I. Performance of Zigbee-based wireless sensor nodes for real-time monitoring of fruit logistics Journal of Food Engineering, 2008, (87): 405-415.

[184] 刘国梅, 孙新德. 基于 WSN 和 RFID 的农产品冷链物流监控追踪系统. 农机化研究, 2011, (4): 179-182.

[185] 郭斌, 钱建平, 张太红, 等. 基于 Zigbee 的果蔬冷链配送环境信息采集系统. 农业工程

学报, 2011, 27(6): 208-213.

[186] Ruiz-Garcia L, Steinberger G, Rothmund M. A model and prototype implementation for tracking and tracing agricultural batch products along the food chain. Food Control, 2010, 21(2): 112-121.

[187] Bevilacqua M, Ciarapica F E, Giacchetta G. Business process reengineering of a supply chain and a traceability system: a case study. Journal of Food Engineering, 2009, 93(1): 13-22.

[188] Jansen-Vullers M H, van Dorp C A, Beulens A J M. Managing traceability information in manufac- ture. International Journal of Information Management, 2003, 23(5): 395-413.

[189] Thakur M, Hurburgh C R. Framework for implementing traceability system in the bulk grain supply chain. Journal of Food Engineering, 2010, 95(4): 617-626.

[190] 毛薇. 供应链视角下畜禽产品可追溯体系的实施建设研究. 中国畜牧杂志, 2013, 10: 20-22, 28.

[191] 冷志杰, 陈晓旭. 基于物联网的有效甄别高质量蔬果的冷链构建. 物流技术, 2013, 21: 392-395.

[192] 韩燕. 基于质量安全的农产品供应链建设与优化研究——从供应链上的信息正向传递与逆向追溯角度的解析. 调研世界, 2009, (1): 24-26.

[193] 孙小会, 谭立群, 郭全洲. 农产品供应链质量安全管理研究. 价值工程, 2009, (12): 82-85.

[194] 张素勤. 推进我国粮食物流体系建设的对策探析. 河南农业, 2010, 6: 58-59.

[195] 乔丽敏. 加快讷河市农田水利建设, 促进农业经济可持续发展. 黑龙江科技信息, 2015, 6: 118.

[196] 余友泰. 农业机械化工程. 北京: 中国展望出版社, 1987.

[197] 晏国生, 毕文平. 农作物高产农机农艺综合实用配套技术. 北京: 中国计量出版社, 1995.

[198] 刘静明. 国外农机服务组织发展研究. 中国农机监理, 2010, (11): 41-42.

[199] 舒坤良. 农机服务组织形成与发展问题研究. 长春: 吉林大学博士学位论文, 2009.

[200] 舒坤良, 杨印生, 郭鸿鹏. 农机服务组织形成的动因与机理分析. 中国农机化, 2011, 233(1): 40-43.

[201] 李玉明, 陈继美. 基于 BP 神经网络的黑龙江垦区人才需求预测. 黑龙江八一农垦大学学报, 2013, 25(5): 90-93.

[202] 刘凤英, 李孝民. 胜任力模型构建方法研究综述. 经管空间, 2012, (3): 117-118.

[203] 张颖. 层次——主成分分析法对黑龙江垦区可持续发展评价的研究. 长春: 东北师范大学硕士学位论文, 2007.

[204] 赵起超. 基于胜任力模型的人才招聘研究. 学术交流, 2013, (6): 79: 81.

[205] 高莲莲. 关于农村干部培训的探索. 山西农经, 2009, (4): 12-15.

[206] 时勘, 王继承, 李超平. 企业高层管理者胜任特征模型评价的研究. 心理学报, 2002, 34(3): 306-311.

[207] 章力建, 朱立志. 培育新型职业农民, 保障农产品有效供给和质量安全. 中国农业信息, 2013, (23): 9-12.

[208] 王艳. 基于增值服务的农产品第三方物流研究初探. 江苏商论, 2008, (11): 56-58.

[209] 哈乐群. 农产品物流增值环节的挖掘. 中国农学通报, 2011, 27(11): 170-175.

[210] 辛允. 德国物流园区考察报告. 中国物流与采购, 2013, (6): 66-68.

[211] 潘文安. 物流园区规划与设计. 北京: 中国物资出版社, 2005.

[212] 姜超峰. 纵论中国物流园区. http://www.chengduwl.net/zjgd/170.jhtml［2014-5-10］.

[213] 姜超峰. 从仓储走向供应链. 中国流通经济, 2012, (12): 10-14.

[214] 杜凤蕊. 中国-东盟农产品物流现状与对策分析. 对外经贸实务, 2013, (2): 89-92.

[215] 罗士喜, 闫俊周. 我国新农村建设中农产品物流发展问题研究. 中州学刊, 2006, (6): 31-33.

[216] 吕玉明, 吕庆华. 电子商务对营销渠道管理的影响. 商业研究, 2013, (6): 55-60.

[217] 许锐, 冯春, 张怡. 精敏混合供应链解耦策略研究综述. 软科学, 2011, (4): 129-134.

[218] 苏靖淋, 申丽. 电子商务模式下企业物流比较研究. 电脑知识与技术, 2015, (5): 280-281, 286.

[219] 程秀芬. 大豆产业——讷河市的优势. 中国乡镇企业报, 2002 年 5 月 31 日(002)版.

[220] 朱启臻. 联合社的作用远非经济——以黑龙江省讷河市大豆合作社联合社为例. 中国农民合作社, 2012, (4): 33-35.

[221] 朱启臻. 农民专业合作社的发展方向——黑龙江讷河农民专业合作社联合社的调查. 营销界(农资与市场), 2012, (22): 52-57.

[222] 姜受堪. 农产品流通论. 北京: 中国商业出版社, 1992.

[223] 刘兵. 基于农户与消费者利益的农产品供应链整合研究——以中国生鲜蔬菜水果为例. 沈阳: 沈阳农业大学博士学位论文, 2013.

[224] 唐秀媛, 邓德胜, 陈德良. 我国家具企业物流配送模式选择研究. 中国市场, 2007, (49): 98-99.

[225] 陶静. 苏果连锁超市物流配送体系改进研究. 南京: 南京理工大学硕士学位论文, 2012.

[226] 温桂芳. 从食品涨价看农产品价格管理. 价格理论与实践, 2007, (9): 13-14.

[227] 黄少平, 洪晓泉. 农民工资定价机制探讨——对种粮农民工资实证分析. 金融与经济, 2005, (11): 38-39.

附录 1 著者与本书相关的论文与课题

相关的论文：

[1] 贾鸿燕, 冷志杰. 我国农产品质量安全追溯体系建设中存在的问题与对策. 民营科技, 2013, (11): 272.

[2] 冷志杰, 高艳, 耿晓媛. 大宗粮食供应链上发展农业循环经济的微观组织模式构建研究. 中国管理科学, 2012, (S2): 810-814.

[3] 冷志杰, 李恕梅. 农产品供应链信息平台的选择和使用定价策略研究. 黑龙江八一农垦大学学报, 2011, (5): 87-90.

[4] 冷志杰, 陈晓旭. 基于物联网的有效甄别高质量蔬果的冷链构建. 物流技术, 2013, (21): 392-395.

[5] 冷志杰, 崔海彬, 季学文. 农产品物流园的增值服务问题与对策. 中国储运, 2014, (2): 108-110.

[6] 冷志杰, 焉禹. 农垦新型职业农工基层管理者胜任素质模型构建及应用. 黑龙江八一农垦大学学报, 2014, (4): 95-99, 103.

[7] 冷志杰, 刘洪泉, 李强. 整合农产品产业链的物流共同配送模式研究. 中国储运, 2014, (9): 113-115.

[8] 冷志杰, 田静. 加工企业主导型粮食供应链中粮农风险共担契约研究. 黑龙江八一农垦大学学报, 2014, (5): 82-85.

[9] 冷志杰, 田静. 补贴政策与商品粮三级供应链利益补偿协调机制融合对策. 中国物流与采购, 2014, (16): 72-73.

[10] 冷志杰, 田静, 林琳. 基于供应链协调机制重构的杂粮产业链升级落实机制研究. 物流工程与管理, 2014, (7): 164-165, 201.

[11] 高艳, 刘永悦, 冷志杰. 政策激励大宗商品粮三级供应链成员协调研究. 黑龙江八一农垦大学学报, 2015, (3): 110-114, 128.

[12] 刘宏宇, 冷志杰. 供应链环境下农产品可追溯与甄别信息系统的设计与实现. 物流技术, 2015, (13): 252-255.

[13] 于晓秋, 冷志杰. 农机配套服务的系统分析和协调优化模型研究. 数学的实践与认识, 2013, (8): 8-14.

[14] 冷志杰, 蒋雨, 田静. 寒地反季节果蔬供应链信息共享激励机制的构建与应用. 物流技术, 2012, (19): 161-162, 187.

[15] 冷志杰, 于晓秋. 一种粮食供应链利益补偿协调机制构建研究. 中国粮油学会(CCOA)、国际谷物科技协会(ICC). Book of Abstracts of 14th ICCC cereal and Bread Congress and Forum on Fats and Oils, 2012.

[16] 冷志杰, 谢如鹤. 基于粮食处理中心讨价还价博弈模型的原粮供应链治理模式. 中国流通经济, 2016, (5): 36-43.

[17] 刘永悦, 郭翔宇, 冷志杰. 大宗商品粮三级供应链利益补偿实施的政府支持政策与供应链

运营对策. 农业经济, 2016, (6): 78-80.

[18] 冷志杰, 刘飞, 计春雷. 哈尔滨面食供应链分销渠道的物流模式选择. 中国储运, 2016, (5): 120-121.

相关的课题：

1. 2014~2016 年，国家软科学研究计划重大合作项目"粮食主产区利益补偿及其机制创新"（项目编号：2014GXS2D016），郭翔宇主持。

2. 2012~2014 年，黑龙江省哲学社会科学研究规划项目一般项目"粮食供应链利益补偿协调机制优化研究"（12B027），冷志杰主持。

3. 2014~2016 年，国家社科基金重大招标课题"建设统一开放、竞争有序的农产品市场体系研究"（14ZDA03）课题"统一开放、竞争有序的农产品市场体系构建研究"，谢如鹤主持。

4. 2012~2014 年，黑龙江农垦总局科技攻关项目"有效甄别高质量农产品物联网供应链技术的开发与应用"（HNK12KF-21 转成 HNK125A-12-13），冷志杰主持。

5. 2012~2013 年，省教育厅人文社会科学研究面上项目"基于信息平台的农民合作社销售通道的建立和维护研究"（12522197），冷志杰主持。

附录 2　黑龙江省粮食生产者协调模式调查问卷

黑龙江八一农垦大学经济管理学院为探索黑龙江粮食供应链利益补偿协调机制，进行本次匿名调查，非常感谢您填写问卷！按标号填写或勾选①……，其他等要说明问题，可用文字注明，在表格中或者在背面手写均可。

生产主体	2012-2013年的生产			粮食销售			合同 ①长期；②单次；③无	合同制定 ①买者；②卖者；③双方协商	定价方式 ①随行就市（价格来源于网络、其他）；②加成定价；③其他	合同中价格补偿方式 ①低于市场价的批发价，其他；②市场价加补贴价；③市场价加技术支持；④无	履约约束 ①无；②定金；③罚金；④其他	运输付费 ①买者；②卖者；③有运粮补贴	运输方式 ①铁路；②公路；③其他
	亩成本	亩产量	等级	渠道	去年卖价/元	今年卖价/元							
家庭农场主：①水稻；②小麦；③玉米				①粮贩收购；②加工企业；③粮库收购；④自留；⑤其他	—— —— ——	—— —— ——							
种粮大户：①水稻；②小麦；③玉米				①粮贩收购；②加工企业；③粮库收购；④自留；⑤其他	—— —— ——	—— —— ——							
农民专业合作社：①水稻；②小麦；③玉米				①粮贩收购；②加工企业；③粮库收购；④自留；⑤其他	—— —— ——	—— —— ——							
小农户：①水稻；②小麦；③玉米				①粮贩收购；②加工企业；③粮库收购；④自留；⑤专业合作社；其他	—— —— ——	—— —— ——							
企业等：①水稻；②小麦；③玉米				①粮贩收购；②加工企业；③粮库收购；④自留；⑤其他	—— —— ——	—— —— ——							

附录 3 粮食加工企业协调模式调查问卷

黑龙江八一农垦大学经济管理学院为探索黑龙江粮食供应链利益补偿协调机制，进行本次匿名调查，非常感谢您填写问卷！按标号填写，其他等要说明问题，可用文字注明，在表格中或者在背面手写均可。

1. 企业所处地域：

A. 黑龙江 B. 河北 C. 山东 D. 安徽 E. 四川 F. 广西 G. 河南 H. 其他_____

2. 企业年加工能力为：

A. 10 万 t 以下 B. 10 万~20 万 t C. 20 万~100 万 t D. 100 万 t 以上

3. 企业的粮食加工程度：

A. 初级加工 B. 精深加工 C. 高科技生物产品

一、企业与原粮采购相关问题

4. 企业年采购原粮在＿＿＿＿到＿＿＿＿t，原粮来源主要如下。

原粮来源	2012~2013年的采购情况			合同制定①买者；②卖者；③双方协商	长期合同维系①双赢的合同；②人情关系；③不需要维系；④其他	定价方式①随行就市；②加成定价；③其他	合同中销售补偿方式①低于市场价的批发价；②市场价加补偿价；③市场价加技术支持；④无	履约约束①无；②定金；③罚金；④其他	运输付费①买者；②卖者；③有运粮补贴	运输方式①铁路；②公路；③水路；④其他＿＿＿
	收购比例（数量）	单价/（元/t）	收购方式和成本							
粮食中间商										
农民										
国有粮库										
其他小型粮库										
本企业自己种植（基地）										

二、企业粮食产成品销售相关问题

企业年销售成品粮在____到____t。

企业下游主体	2012~2013 年的销售情况			合同制定 ①买者；②卖者；③双方协商	长期合同维系 ①双赢的合同；②人情关系信息共享；③不需要维系；④其他	合同定价方式 ①随行就市；②加成定价；③其他	合同中销售补偿方式 ①低于市场价的批发价；②返利方式(数量搭赠,回购方式)；③市场价加技术费用分担；③市场价加技术支持；④无	履约约束 ①无；②定金；③罚金；④其他	运输付费 ①买者；②卖者；③有运粮补贴	运输方式 ①铁路；②公路；③水路；④其他
	销售地点(省市)	销售比例	销售价格							
大型批发市场的粮食经销商										
粮店或直营店										
大型超市										
学校和规模型企业事业单位										
其他____										

附录 4 粮食经销商（零售商）协调模式调查问卷

卷！按标号填写，其他等需要说明问题，可用文字注明，在表格中或者在背面手写均可。

黑龙江八一农垦大学经济管理学院为探索黑龙江粮食供应链利益补偿协调机制，进行本次匿名调查，非常感谢您填写问

1.黑龙江粮食品种及品牌：_____

2.当地粮食品种及品牌：_____

一、粮食经销商（零售商）产成品进货情况

粮食经销商主体	2012 年和 2013 年进货情况				合同制定	长期合同维系	合同定价方式	合同中销售补偿方式	履约约束	运输付费	运输方式	运费/（元/t）
	来源地：①黑龙江；②其他__	价格	进货周期（区间）	每次进货量	①买者；②卖者；③双方协商	①双赢的合同；②人情关系信息共享；③不需要维系；④其他	①随行就市；②加成定价；③其他	①低于市场价的批发价；②返利方式（数量搭赠、回购方式、费用分担）；③市场价加技支持；④无	①无；②定金；③罚金；④其他运粮补贴	①买者；②卖者；③有偿；④其他运粮补贴	①铁路；②公路；③水路；④其他__	
粮食批发市场												
超市												
粮油商店												
其他__												

（加工企业（标注企业名称）：①加工企业；②批发市场；③其他__）

二、粮食经销商（零售商）销售情况

粮食经销商主体	销售网络（填几级）（类型）：①粮食批发市场；②超市；③粮油商店；④大型企事业单位；⑤终端消费者，其他___	2012年和2013年销售情况			合同制定①买者；②卖者；③双方协商	长期合同维系①双赢的合同；②情关系信息共享；③不需要维系；④其他	合同定价方式①随行就市；②加成定价；③其他	合同中销售补偿方式①低于市场价的批发价；②返利方式（数量搭赠、回购方式、费用分担）；③市场价加技术支持；④无	履约约束①无；②定金；③罚金；④其他	运输付费①买者；②卖者；③有补贴：运粮补贴	运输方式①铁路；②公路；③水路；④其他___	运费
		价格（区间）	销售周期	销售量								
粮食批发市场												
超市												
粮油商店（直营店）												
其他___												